# 中国金融市场经济分析

应展宇◎著

U0362214

清华大学出版社

北 京

## 内 容 简 介

本书结合改革开放以来中国金融体系的结构性变化，对现代市场经济中金融市场的功能定位进行了较为深入的思考，尝试通过中国金融结构变迁的独特性和大国经济体金融模式演变的内在逻辑对中国金融市场崛起的内在逻辑给出了一些独特的判断，从货币市场、股票市场、债券市场、衍生品市场和资产支持证券市场等众多子市场的维度构建了一个理解中国金融市场具体发展轨迹的分析框架，使读者在全景式熟悉中国各个金融子市场发展历史与现状的同时，能够了解这些市场运行和演变的一般性和特殊性经济逻辑。

**图书在版编目 (CIP) 数据**

中国金融市场经济分析 / 应展宇著.—北京：清华大学出版社，2022.8
ISBN 978-7-302-61669-6

Ⅰ. ①中⋯　Ⅱ. ①应⋯　Ⅲ. ①金融市场－经济分析－中国　Ⅳ. ①F832.5

中国版本图书馆CIP数据核字(2022)第145060号

责任编辑：梁云慈
封面设计：汉风唐韵
版式设计：方加青
责任校对：宋玉莲
责任印制：朱雨萌

出版发行：清华大学出版社
　　　　网　　　址：http://www.tup.com.cn，http://www.wqbook.com
　　　　地　　　址：北京清华大学学研大厦 A 座　　　　邮　　编：100084
　　　　社 总 机：010-83470000　　　　邮　　购：010-62786544
　　　　投稿与读者服务：010-62776969，c-service@tup.tsinghua.edu.cn
　　　　质 量 反 馈：010-62772015，zhiliang@tup.tsinghua.edu.cn
印 装 者：三河市天利华印刷装订有限公司
经　　销：全国新华书店
开　　本：185mm×260mm　　　印　　张：14　　　字　　数：320 千字
版　　次：2022 年 8 月第 1 版　　　印　　次：2022 年 8 月第 1 次印刷
定　　价：65.00 元

产品编号：096198-01

# 前　言

　　金融市场是现代金融体系的三大支柱之一。1978年以来，在中国共产党的坚强领导下，伴随着改革开放的伟大历史进程，金融市场从无到有、从小到大，不仅构建了一个以交易场所多层次、交易品种多样化和交易机制多元化为特征的市场体系，而且在规模上实现了跨越式的发展。截至2021年末，在货币市场交易额接近1 860万亿元（约为GDP的1626%）的同时，债券市场托管余额和沪深两市股票市值分别达到133.5万亿元和92万亿元（均居全球第二），银行间债券市场的交易总额达到了761.6万亿元，而交易所证券交易的总额为619万亿元（其中股票交易金额为257.2万亿元，债券现券和回购交易金额总计为361.8万亿元）。

　　40余年间，中国金融市场在稳步推进利率汇率市场化、建立现代企业制度、建设创新型国家，促进资本形成、优化资源配置进而推动经济发展中均发挥了重要作用，而这些作用的发挥与中国金融市场体系颇具特色的结构特征密切相关。

　　第一，从产品和市场构成看，以货币市场、资本市场、外汇市场及其相应衍生品市场为主体，黄金市场、保险市场等为补充的总体市场及产品结构渐趋合理和稳定。

　　关于金融市场的这一特征，集中表现在三个方面：一是货币市场交易日趋短期化，流动性管理功能不断凸显；二是债券和股票市场并重的资本市场成为投资的重要资金来源；三是市场化风险管理功能不断深化，市场的投资交易和避险交易结构趋于合理。

　　第二，从层次体系看，助力实体经济发展的多层次资本市场结构趋于完善。建立多层次资本市场是党中央、国务院从经济社会发展全局和改革开放大局出发，科学认识和准确把握社会主义市场经济条件下建设和发展资本市场的规律，根据不同时期经济发展和深化改革的根本要求提出的重大改革目标举措。早在2003年，党的十六届三中全会就提出"建立多层次资本市场体系"的目标，此后，在陆续创设了中小板（2021年已与主板合并）、创业板、"新三板"、科创板以及北京证券交易所，规范区域性股权交易市场，动态构建完善多层次股权市场体系的同时，积极推进交易所债券市场改革，努力实现银行间债券市场和交易所债券市场基于"互联互通"的协同发展。

　　目前，股权债权、现货期货、公募私募、场内场外协调发展的多层次市场格局已经初步形成。主板、创业板、科创板等板块错位发展、有机互联,允许红筹企业、未盈利企业、同股不同权企业上市,制度包容性逐步提升,较好地满足了实体经济的投融资需求。

第三,从发展路径看,中国金融市场也极具特色。首先,从金融体系发展的顺序来看,表现为"先金融机构后金融市场",金融市场的建立要晚于以银行为代表的多元化金融机构体系的形成,如集中性的证券交易所直到1990年底才正式开业。其次,从企业融资层面来看,表现为"先股市后债市",相对于股票市场1990年底开始如火如荼地发展,企业债和公司债市场的发展受到抑制,无论是发行还是交易一度均较为沉寂。最后,从融资期限看,表现为"先资本市场后货币市场",尽管货币市场出现很早,但交易规模在较长时期内并不高,1997年仅1.92万亿元,不到GDP的25%。此外,股票市场、债券市场和衍生品市场等内部发展路径也表现出类似状况:以股票市场为例,其板块层次的发展路径与自然演进型的国际惯例相反,是从金字塔顶端逐步向下发展,先形成主板市场,再相继形成二板、三板、四板市场等,体现出政府推动型的发展特征。

第四,从融资主体来看,中国金融市场呈现出以公有经济主体为主、非公有制经济的比重持续上升的发展态势,主体结构趋于合理平衡。

从债券融资看,尽管以中央政府、地方政府、政策性金融机构和国有控股企业为代表的公有主体仍占据了主体地位——2021年末,在133.5万亿元债券托管存量中政府债券存量为53.3万亿元,占比达到40%,但随着企业债、公司债发行制度的市场化变革,包括民营企业在内的众多非公有经济主体债券发行创新日益活跃,融资比重持续上升。值得一提的是,近年来交易所市场积极开展民企发债信用保护工具业务试点,并推出"纾困专项债",支持民营企业融资,成为民营企业债券融资的"主战场"。

A股市场的上市公司中,公有制企业和民营企业的上市数量逐步均衡。尽管从2010年开始民营上市公司数量就超过了国有上市公司,但国有企业一直是股票市场中上市企业的杰出代表和价值创造的重要载体,国有资本则是社会公共财富的"压舱石"。截至2021年末,国有控股上市公司达到1 317家,总市值为33.54万亿元,在上市公司总数中占28.11%,反映了公有经济主体地位的特色。

第五,从投资者角度看,以机构投资者为主的投资者结构初步形成。整体来看,多元化的机构投资者已成为中国金融市场的参与主体。由于中小投资者不直接参与货币市场和银行间债券市场的交易,货币市场上的交易者以银行、保险、券商、信托等机构为主,包括外资金融机构。资本市场上也是以基金、券商、银行、QFII、企业等机构投资者为投资主体。2021年末,按法人机构(管理人维度)统计,非金融企业债务融资工具持有人共计1 885家。从持债规模看,前50名投资者持债占比56.8%,主要集中在基金公司、股份制商业银行、国有大型商业银行和证券公司;前200名投资者持债占比86.2%。从交易规模看,2021年,非金融企业债务融资工具前50名投资者交易占比67.4%,主要集中在证券公司、股份制商业银行、基金公司和城市商业银行;前200名投资者交易占比92.4%。

第六,从开放角度看,中国金融市场呈现出一定的以外资进入为主的非对称开放结构。双向开放是中国金融开放的基本政策取向之一。现实地看,伴随着QFII(RQFII)

和 QDII 的不断完善，沪深港通、沪伦通等互联互通机制的建立和深化，资本市场双向跨境资金流动渠道逐渐拓展，同时按照"以我为主、循序渐进、安全可控、竞争合作、互利共赢"的基本原则，贯彻开放与监管并重的方针，将外资机构"引进来"和中资机构"走出去"相结合，成为推动资本市场持续健康发展的重要动力。但从市场资金流向和证券服务业国际化状况来看，"请进来"的发展态势还是比"走出去"更为明显，呈现出一种以外资进入为主的开放结构。

金融市场的出现和发展根植于实体经济运行的内在需求，中国也不例外。如果在改革之初，恐怕没有一个人会猜测到仅仅 40 年左右时间，金融市场这样一种制度创新会在中国得到如此快速的发展，会发挥如此重要的作用，乃至有"资本市场在金融运行中具有牵一发而动全身的作用"这样的定位和战略意义。换句话说，要想理解中国金融市场改革开放 40 余年来发展以及上述结构特征形成演变的经济逻辑，就需要立足中国经济金融运行的实际展开较为深入的思考。本书以改革开放以来中国金融体系的结构性变化为切入点，围绕中国金融体系中金融市场的形成与演变这一主题，对现代市场经济中金融市场的功能定位进行了较为深入的思考，全景式展示了中国金融机构与金融市场的阶段性变迁，并尝试通过中国金融结构变迁的独特性和大国经济体金融模式演变的内在逻辑对中国金融市场崛起的内在逻辑给出一些独特的判断，随后从货币市场、股票市场、债券市场、衍生品市场和资产支持证券市场等众多子市场的维度构建了一个理解中国金融市场具体发展轨迹的分析框架。本书立足中国金融市场运行的历史与现实，侧重于金融市场功能和制度层面的经济逻辑思考，分析视角较为独特，较适合金融专业学术型硕士研究生层次的教学之需，也可以作为金融专业硕士"金融机构与金融市场"相关课程的教学参考。

本书是笔者在比较金融体制和中国金融改革和发展等领域长期思考的一个阶段性总结，写作过程中得到了中央财经大学研究生精品教材建设项目和新文科·中国金融类专业课程教材体系与资源平台建设项目的支持。但本书得以顺利完成并不完全是作者个人努力的结果，而是与很多人的帮助和鼓励分不开的。吴晓求教授、王广谦教授、李健教授、赵锡军教授、瞿强教授及其他中央财经大学金融学院的同事和中国人民大学中国资本市场研究院的同仁长期的指导和无私的帮助为本书的完成提供了重要保障，乔婧媛、左振颖等我指导的博士和硕士研究生在数据更新方面也提供了有力支持。在本书的出版过程中，清华大学出版社的编辑团队做了大量专业和细致的工作，对于他们的辛勤付出，我由衷地表示感谢。

应展宇
2022 年 6 月 16 日于恒大城

# 目  录

# 第 1 章　导论

对于我国而言，1978 年 12 月党的十一届三中全会所确立的改革开放路线无疑开启了一个具有伟大意义的新时代，而这一时点也成为中华民族经济复兴伟大历程的新起点——大改革大开放"使我国成功实现了从高度集中的计划经济体制到充满活力的社会主义市场经济体制、从封闭半封闭到全方位开放的伟大历史转折"（胡锦涛，2007）。到 2012 年，"我国经济总量从世界第六位跃升到第二位，社会生产力、经济实力、科技实力迈上一个大台阶，人民生活水平、居民收入水平、社会保障水平迈上一个大台阶，综合国力、国际竞争力、国际影响力迈上一个大台阶，国家面貌发生新的历史性变化"（胡锦涛，2012）。而到 2017 年，"经过长期努力，中国特色社会主义进入了新时代，这是我国发展新的历史方位。中国特色社会主义进入新时代，意味着近代以来久经磨难的中华民族迎来了从站起来、富起来到强起来的伟大飞跃，迎来了实现中华民族伟大复兴的光明前景；意味着科学社会主义在二十一世纪的中国焕发出强大生机活力，在世界上高高举起了中国特色社会主义伟大旗帜；意味着中国特色社会主义道路、理论、制度、文化不断发展，拓展了发展中国家走向现代化的途径，给世界上那些既希望加快发展又希望保持自身独立性的国家和民族提供了全新选择，为解决人类问题贡献了中国智慧和中国方案"（习近平，2017）。客观地说，1978 年以来中国经济社会的复兴在带来一系列令人感到无比振奋的与增长相关的数据与伟大成就（或者说"中国奇迹"）的同时，也引发了很多在发展经济学领域中充满争议也极具吸引力的话题，中国金融市场从无到有进而引发的中国金融体系极具特色的结构性演进就是其中之一，过去 40 多年间中国不仅实现了以金融总量的迅猛增长和金融结构的巨大转变为内核的金融发展，且中国金融市场发挥了重要的制度支撑作用，成为中国经济保持持续、快速、稳定增长不可或缺的要素之一。

## 1.1　中国：一个快速崛起的开放型大国经济体

1978 年以来的 40 余年间，对内改革和对外开放的宏观经济政策组合使中国摆脱了计划经济时代"赶超型发展战略"的约束，在调整并确立"比较优势型发展战略"基础上基本完成了以"从计划到市场"为核心的经济转型，市场经济体制逐步成了全社会资源配置的基础进而决定性方式。伴随着这一伟大的经济转型，中国不仅在经济总量实现了历史性的提升，经济产业结构和经济增长方式也较改革之前发生了极为深刻的变化，成了世界舞台上一个举足轻重的开放型经济大国。

## 1.1.1 1978年以来中国经济总体实力的提升

1978年以来的40余年间，中国无疑是世界上发展速度最快、增长最有活力的经济体之一，经济总体实力明显得到了提升。

首先，从经济总量上看，以1978年3 678.7亿元人民币的GDP（约2 185亿美元，人均GDP则为385元人民币，约合228美元）为起点，到2019年GDP总量达到986 515.2亿元人民币（约14.30万亿美元）①，人均GDP达到了70 078元人民币（约1.02万美元），我国人均GDP历史上首次突破1万美元。2020年和2021年，中国经济面对新冠肺炎疫情带来的重重挑战，最终逆势实现全年正增长，GDP总量分别达到了1 013 567.0亿元人民币（约14.69万亿美元）和1 143 669亿元人民币（约17.73万亿美元），人均GDP分别继续上升至71 828元人民币（约1.04万美元）和80 976元人民币（约1.26万美元）（参见表1-1）。尽管2012年后中国经济进入新常态，经济增长速度有所放缓，仍创造了一个持续时间40余年、GDP年均增长率达9.19%、人均GDP年均增长率达8.22%的经济奇迹。②

表1-1　中国宏观经济总量指标：1978—2021年

| 年　份 | GDP（亿元人民币） | 人均GDP（人民币元） | 社会消费品零售额（亿元人民币） | 出口（亿美元） | 进口（亿美元） | 外汇储备（亿美元） | 财政收入（亿元人民币） |
|---|---|---|---|---|---|---|---|
| 1978 | 3 678.7 | 385 | 1 558.6 | 97.5 | 108.9 | 1.7 | 1 132.3 |
| 1980 | 4 587.6 | 468 | 2 140.0 | 181.2 | 200.2 | -13.0 | 1 159.9 |
| 1985 | 9 098.9 | 866 | 4 305.0 | 273.5 | 422.5 | 26.4 | 2 004.8 |
| 1990 | 18 872.9 | 1 663 | 8 300.1 | 620.9 | 533.5 | 110.9 | 2 937.1 |
| 1991 | 22 005.6 | 1 912 | 9 415.6 | 718.4 | 637.9 | 217.1 | 3 149.5 |
| 1992 | 27 194.5 | 2 334 | 10 993.7 | 849.4 | 805.9 | 194.4 | 3 483.4 |
| 1993 | 35 673.2 | 3 027 | 14 240.1 | 917.4 | 1 039.6 | 212.0 | 4 349.0 |
| 1994 | 48 637.5 | 4 081 | 18 544.0 | 1 210.1 | 1 156.2 | 516.2 | 5 218.1 |
| 1995 | 61 339.9 | 5 091 | 23 463.9 | 1 487.8 | 1 320.8 | 736.0 | 6 242.2 |
| 1996 | 71 813.6 | 5 898 | 28 120.4 | 1 510.5 | 1 388.3 | 1 050.3 | 7 408.0 |
| 1997 | 79 715.0 | 6 481 | 30 922.9 | 1 827.9 | 1 423.7 | 1 398.9 | 8 651.1 |
| 1998 | 85 195.5 | 6 860 | 32 955.6 | 1 837.1 | 1 402.4 | 1 449.6 | 9 876.0 |
| 1999 | 90 564.4 | 7 229 | 35 122.0 | 1 949.3 | 1 657.0 | 1 546.8 | 11 444.1 |
| 2000 | 100 280.1 | 7 942 | 38 447.1 | 2 492.0 | 2 250.9 | 1 655.7 | 13 395.2 |
| 2001 | 110 863.1 | 8 717 | 42 240.4 | 2 661.0 | 2 435.5 | 2 121.7 | 16 386.0 |
| 2002 | 121 717.4 | 9 506 | 47 124.6 | 3 256.0 | 2 951.7 | 2 864.1 | 18 903.6 |
| 2003 | 137 422.0 | 10 666 | 51 303.9 | 4 382.3 | 4 127.6 | 4 032.5 | 21 715.3 |

---

① 不含港澳台地区的数据，下同。

② 比1952—1977年间的国民生产总值和人均国民生产总值的年均增长率（6.13%和3.95%）分别高出了41%和108%。此处的年均增长率为各年增长率的均值。

续表

| 年　份 | GDP（亿元人民币） | 人均GDP（人民币元） | 社会消费品零售额（亿元人民币） | 出口（亿美元） | 进口（亿美元） | 外汇储备（亿美元） | 财政收入（亿元人民币） |
|---|---|---|---|---|---|---|---|
| 2004 | 161 840.2 | 12 487 | 58 004.1 | 5 933.3 | 5 612.3 | 6 099.3 | 26 396.5 |
| 2005 | 187 318.9 | 14 368 | 66 491.7 | 7 619.5 | 6 599.5 | 8 188.7 | 31 649.3 |
| 2006 | 219 438.5 | 16 738 | 76 827.2 | 9 689.8 | 7 914.6 | 10 663.4 | 38 760.2 |
| 2007 | 270 092.3 | 20 494 | 90 638.4 | 12 200.6 | 9 561.2 | 15 282.5 | 51 321.8 |
| 2008 | 319 244.6 | 24 100 | 110 944.6 | 14 306.9 | 11 325.6 | 19 460.3 | 61 316.9 |
| 2009 | 348 517.7 | 26 180 | 128 331.3 | 12 016.1 | 10 059.2 | 23 991.5 | 68 518.3 |
| 2010 | 412 119.3 | 30 808 | 152 083.1 | 15 777.5 | 13 962.5 | 28 473.4 | 83 101.5 |
| 2011 | 487 940.2 | 36 277 | 179 803.8 | 18 983.8 | 17 434.8 | 31 811.5 | 103 874.4 |
| 2012 | 538 580.0 | 39 771 | 205 517.3 | 20 487.1 | 18 184.1 | 33 115.9 | 117 253.5 |
| 2013 | 592 963.2 | 43 497 | 232 252.6 | 22 090.0 | 19 499.9 | 38 213.2 | 129 209.6 |
| 2014 | 643 563.1 | 46 912 | 259 487.3 | 23 422.9 | 19 592.4 | 38 430.2 | 140 370.0 |
| 2015 | 688 858.2 | 49 922 | 286 587.8 | 22 734.7 | 16 795.6 | 33 303.6 | 152 269.2 |
| 2016 | 746 395.1 | 53 783 | 315 806.2 | 20 976.3 | 15 879.3 | 30 105.2 | 159 605.0 |
| 2017 | 832 035.9 | 59 592 | 347 326.7 | 22 633.5 | 18 437.9 | 31 399.5 | 172 592.8 |
| 2018 | 919 281.1 | 65 534 | 377 783.1 | 24 866.8 | 21 357.3 | 30 727.1 | 183 359.8 |
| 2019 | 986 515.2 | 70 078 | 408 017.2 | 24 994.8 | 20 784.1 | 31 079.2 | 190 390.1 |
| 2020 | 1 013 567.0 | 71 828 | 391 980.6 | 25 899.5 | 20 659.6 | 32 165.2 | 182 813.9 |
| 2021 | 1 143 669.7 | 80 976 | 440 823.0 | 33 634.7 | 26 865.4 | 32 502.0 | 202 539.0 |

数据来源：国家统计局、海关总署。

随着经济总量规模的不断扩张，中国社会消费品零售额也从1978年的1 558.6亿元增长到2021年的440 823.0亿元，年均增长率约14.07%[①]，而国家财政收入也从1 132.26亿元增长到202 539.0亿元，年均增长率约12.87%。

如果从实物量来考察，1978—2021年间，中国的粮食、棉花等主要农产品产量分别从30 476.5万吨和216.7万吨提升到68 285.0万吨和573.0万吨，均实现了产量翻番，保持了1.89%和2.28%的年均增长率，沙、布、粗钢、钢材、原煤、原油、水泥以及汽车等主要工业产品产量则获得了极为迅猛的增长（参见表1-2）。

表1-2　中国主要工业产品产量变化：1978年和2021年

| | 1978年 | 2021年 | 年均增长率（%） | | 1978年 | 2021年 | 年均增长率（%） |
|---|---|---|---|---|---|---|---|
| 纱 | 238.2万吨 | 2 873.7万吨 | 5.96 | 汽车 | 14.91万辆 | 2 652.8万辆 | 12.81 |
| 布 | 110.3亿米 | 502.0亿米 | 3.59 | 电视机 | 51.73万台 | 18 496.5万台 | 14.65 |
| 化学纤维 | 28.46万吨 | 6 708.5万吨 | 13.55 | 家用冰箱 | 2.8万台 | 8 992.1万台 | 20.66 |

---

[①] 此处使用的年均增长率为复合年均增长率，下同。

续表

| | 1978 年 | 2021 年 | 年均增长率（％） | | 1978 年 | 2021 年 | 年均增长率（％） |
|---|---|---|---|---|---|---|---|
| 粗钢 | 3 178 万吨 | 103 524.3 万吨 | 8.44 | 原煤 | 6.18 亿吨 | 41.3 亿吨 | 4.52 |
| 钢材 | 2 208 万吨 | 133 666.8 万吨 | 10.01 | 原油 | 1.040 5 亿吨 | 1.988 8 亿吨 | 1.52 |
| 水泥 | 6 524 万吨 | 238 000 万吨 | 8.72 | 天然气 | 137.3 亿立方米 | 2 075.8 亿立方米 | 6.52 |
| 化肥 | 869 万吨 | 5 543.6 万吨 | 4.40 | 发电量 | 2 566 亿度 | 85 342.5 亿度 | 8.49 |

资料来源：国家统计局，此处使用的年均增长率为复合年均增长率。

其次，随着经济产业结构的不断变迁和优化，中国的工业化和城市化进程有了长足的推进，极大地改变了中国经济的原有分布格局。从经济产业结构上看，由于受新中国成立后长期实施的"赶超型发展战略"的约束，改革之初的中国产业构成呈现出偏重重工业，忽视轻工业以及建筑业、运输业以及服务业的扭曲状况。1978 年 GDP 中第一产业、第二产业和第三产业的比重为 28.2∶47.9∶23.9，随着改革开放进程的不断推进，发展战略的转变使得中国 GDP 中第一产业的比重不断下降，而第三产业的比重则相对不断上升，三大产业的构成趋于合理：2007 年三大产业比重为 11.7∶49.2∶39.1，而 2011 年则变为 10.1∶46.8∶43.1，2013 年则进一步调整为 10∶43.9∶46.1，第三产业增加值历史性地首次超过第二产业；2021 年三大产业的比重进一步变为 7.3∶39.4∶53.3，第三产业的比重呈稳步上升态势。

与工业化进程推进相适应，改革开放以来中国城市化进程明显加快，城镇人口比例从 1978 年的 17.92% 上升到了 2010 年 49.95%，2013 年和 2021 年分别达到 53.7% 和 64.72%。

再次，改革开放以来，中国工业产值结构发生了极为显著的变化——国有企业的份额不断下降的同时，2000 年之前集体企业和城乡个体企业的份额不断上升，而 2000 年之后随着企业所有制的多元化，单纯集体企业的比重也开始下降，以私营企业形式出现的城乡个体企业比重保持不断上升态势，有限责任公司、股份有限公司、外商投资企业等其他企业的份额显著上升（参见表 1-3）。

表 1-3　中国工业产值结构的变化　　　　单位：亿元，%

| 年　份 | 总　额 | 国有企业 | | 集体企业 | | 城乡个体企业 | | 其他企业 | |
|---|---|---|---|---|---|---|---|---|---|
| | | 产值 | 份额 | 产值 | 份额 | 产值 | 份额 | 产值 | 份额 |
| 1978 | 4 237 | 3 289 | 77.63 | 948 | 22.37 | 0 | 0.00 | 0 | 0.00 |
| 1980 | 5 154 | 3 916 | 75.98 | 1 213 | 23.53 | 1 | 0.02 | 24 | 0.47 |
| 1985 | 9 716 | 6 302 | 64.86 | 3 117 | 32.08 | 180 | 1.85 | 117 | 1.20 |
| 1990 | 23 924 | 13 064 | 54.61 | 8 523 | 35.62 | 1 290 | 5.39 | 1 047 | 4.38 |
| 1995 | 91 894 | 31 220 | 33.97 | 33 623 | 36.59 | 11 821 | 12.86 | 15 231 | 16.57 |
| 2000 | 85 673 | 24 667 | 28.79 | 11 908 | 13.90 | 5 220 | 6.09 | 43 878 | 51.22 |
| 2006 | 316 589 | 46 329 | 14.63 | 9 175 | 2.90 | 67 239 | 21.24 | 193 846 | 61.23 |

续表

| 年　份 | 总　额 | 国有企业 | | 集体企业 | | 城乡个体企业 | | 其他企业 | |
|---|---|---|---|---|---|---|---|---|---|
| | | 产值 | 份额 | 产值 | 份额 | 产值 | 份额 | 产值 | 份额 |
| 2010 | 698 591 | 84 318 | 12.07 | 10 383 | 1.49 | 213 339 | 30.54 | 417 856 | 59.81 |
| 2011 | 844 269 | 96 740 | 11.46 | 11 059 | 1.31 | 252 326 | 29.89 | 484 144 | 57.34 |
| 2012 | 929 292 | 77 521 | 8.34 | 10 970 | 1.18 | 285 621 | 30.74 | 555 180 | 59.74 |
| 2013 | 1 029 150 | 82 580 | 8.02 | 11 514 | 1.12 | 329 694 | 32.04 | 605 362 | 58.82 |
| 2014 | 1 107 033 | 49 586 | 4.48 | 7 668 | 0.69 | 372 176 | 33.62 | 677 603 | 61.21 |
| 2015 | 1 109 853 | 45 202 | 4.07 | 6 727 | 0.61 | 386 395 | 34.81 | 671 529 | 60.51 |
| 2016 | 1 158 999 | 40 649 | 3.51 | 5 920 | 0.51 | 410 188 | 35.39 | 702 242 | 60.59 |
| 2017 | 1 133 161 | 38 465 | 3.39 | 4 790 | 0.42 | 381 034 | 33.63 | 708 872 | 62.56 |
| 2018 | 1 049 491 | 42 335 | 4.03 | 1 926 | 0.18 | 311 970 | 29.73 | 693 260 | 66.06 |
| 2019 | 1 067 397 | 20 454 | 1.92 | 1 569 | 0.15 | 361 133 | 33.83 | 684 241 | 64.10 |
| 2020 | 1 083 658 | 25 169.9 | 2.32 | 1 338 | 0.12 | 413 564 | 38.16 | 643 586 | 59.39 |

资料来源：1978—1995 年数据来自林毅夫等（2008），此后数据来自《中国统计年鉴》（2001—2021）。

从实践来看，中国非国有经济的快速增长不仅贡献了 GDP 以及工业生产总值的相当份额，更为重要的是在创造了大量就业机会的同时，充当了技术创新乃至矫正国民经济结构的重要力量，成为推动中国经济持续、健康发展最为重要的因素之一。

最后，开放经济取代封闭经济，积极融入经济全球化进程，重新确立基于比较优势的出口导向策略，实现从"进口替代型"向"出口导向型"发展模式转变是 40 余年来中国经济崛起的核心方略。40 多年后的今天，中国早已融入了经济全球化的大潮，不仅中国经济与世界之间的关系日益密切，而且中国已经成为全球经济的重要一极——1978 年，中国对外贸易进出口总额仅 206.4 亿美元（其中出口额 97.5 亿美元，进口额 108.9 亿美元），1992 年达到了 1 655.3 亿美元（其中出口额 849.5 亿美元，进口额 805.8 亿美元），是 1978 年的 8 倍，到 2021 年进出口总额达到 60 500.1 亿美元（其中出口额为 33 634.7 亿美元，进口额为 26 865.4 亿美元），超过 1978 年的 293 倍。

中国的外汇储备规模则从 1978 年的 1.67 亿美元一度增长到了 2014 年年底的 3.84 万亿美元，此后略有回落，2021 年年底为 3.25 万亿美元。

如果从外贸依存度（进出口总额占国内生产总值比重）这一指标看，相对美、日等发达国家接近 20% 的水平，中国经济的开放度近年来有了极为显著的提升，从 1979 年的 10.8% 上升到了 2006 年的 65.7%，此后有所回落，到 2018 年接近 33% 的水平，2021 年这一指标为 34.2%。

随着经济开放度的不断提升，中国在国际分工体系中的地位也在不断发生变化，其出口商品中的制成品比重在 1980 年为 49.7%，1992 年上升到 80%，2006 年则高达 94.5%，其后这一指标基本维持该水平，2021 年中国出口商品金额超过 3.3 万亿美元，其中工业制成品的金额为 3.2 万亿美元（海关总署，2021）。

从外资的引进看，中国目前不仅已成为吸引外商直接投资总额最高的发展中国家，而且和发达国家相比，也仅次于美国——从相关统计数据来看，相比1984年的12.58亿美元外商直接投资额，2020年中国实际使用外商投资金额达到了10 000亿元，折合1 444亿美元，其与GDP之比为0.98%，接近1%（1993年甚至高达6.2%）。

此外，在经济保持高速增长的同时，中国的人类发展指数大幅提升——1975年，中国的人类发展指数只有0.527，到2004年达到了0.768，2013年稍有回落（为0.719），2020年又上升到0.781，绝对水平有了显著的提高。①

## 1.1.2　改革开放以来中国居民生活水平的提升

伴随着总体经济实力的不断提升，中国居民收入进而生活标准也实现了长足的进步。

首先，从人均经济量来看，在人均GDP从1978年的385元增长到2020年71 828元的大背景下，中国城镇和农村家庭人均收入分别从343.4元和133.6元增长到了2020年的43 834元和17 131元。城镇和农村居民食品消费支出占总支出的比重（恩格尔系数）分别从1978年的57.5%和67.7%下降到2020年的29.2%和32.7%。

其次，从居民实际生活标准看，以1978年生活消费品极端困乏的状况为起点，目前尽管中国居民的人均消费仍显著低于发达经济体，但无论是中国的城镇还是农村地区，居民的生活标准都有了极为显著的改善，其中最为突出的标志就是在居住环境得到大幅改善（城镇和农村人均住宅建筑面积分别从1978年的6.7平方米和8.1平方米增加到了2005年的26.1平方米和26.7平方米，而2019年二者分别达到39.8平方米和48.9平方米）的前提下，居民家庭拥有的耐用消费品数量及其普及度有了迅猛的增长。在中国的城市地区，2008年几乎所有家庭都拥有洗衣机和至少一台空调、彩电和移动电话，微波炉和计算机也非常普及，其中在高收入家庭（如果以购买力平价测算，中国这部分群体的收入水平业已超过了30%的美国家庭，人数接近5000万）中汽车的拥有也非常普遍；相对城市地区而言，2008年的中国农村居民生活水平尽管相对仍较低（家庭收入仅城市地区的60%左右，如果考虑农村家庭人口数量更多，人均收入则更为低下），但相对改革之初，甚至1985年而言，不仅家庭贫困率有了极为迅猛的下降[按照世界银行（2009）关于贫困线的标准及统计，2007年前4年，贫困率就下降了2/3，到2007年贫困人口仅占了农村总人口的4%，而到2020年底，全面打赢脱贫攻坚战，9 899万农村贫困人员全部脱贫，"一个都不掉队"成为全面小康的标志性成就]，而且从自身耐用消费品拥有量的增长看，鉴于起点较低，其增长幅度也极为惊人，增速也要高于城市地区。到2020年，随着生活方式的变迁，居民拥有的主要耐用消费品在结构上有了较大变化，而空调、汽车、计算机、手机、电冰箱等主要耐用消费品的拥有量进一步增加（参见表1-4）。

---

① 但从相对水平，或者说世界排名看，2004年的中国人类发展指数位列世界第81名，而2020年则仅列第85名，仍处于相对落后的地位（联合国，2020）。

表 1-4 中国居民生活标准的水平和提高

| | 1985 年 | 2008 年 | | 2020 年 | | 2002—2008 年 | | 2008—2020 年 | |
|---|---|---|---|---|---|---|---|---|---|
| | | 农村 | 城市 | 农村 | 城市 | 农村 | 城市 | 农村 | 城市 |
| | | 100 户家庭拥有数 | | | | 年均增长率（%） | | | |
| 空调 | | 9.8 | 100.3 | 73.8 | 149.6 | 27.5 | 11.9 | 22.4 | 4.1 |
| 汽车 | | | 8.8 | 26.4 | 44.9 | | 46.9 | | 17.7 |
| 照相机 | | 4.4 | 39.1 | 2.2 | 19.3 | 4.8 | -2 | -6.7 | -6.8 |
| 彩电 | 4 | 99.2 | 132.9 | 117.8 | 123.0 | 8.6 | 0.8 | 1.7 | -0.8 |
| 计算机 | | 5.4 | 59.3 | 28.3 | 72.9 | 30.2 | 19.2 | 18.0 | 2.1 |
| 微波炉 | | | 54.6 | 19.7 | 56.5 | | 9.9 | | 0.3 |
| 手机 | | 96.1 | 172 | 260.9 | 248.7 | 38.4 | 18.3 | 10.5 | 3.8 |
| 摩托车 | | 52.5 | 21.4 | 53.6 | 18.2 | 11 | -0.6 | 0.2 | -1.6 |
| 电冰箱 | 1 | 30.2 | 93.6 | 100.1 | 103.1 | 12.6 | 1.2 | 12.7 | 1.0 |
| 电话 | | 67 | 82 | | | 8.6 | -2.2 | | |
| 摄像机 | | | 7.1 | | | | 24.4 | | |
| 洗衣机 | 1 | 49.1 | 94.7 | 92.6 | 99.7 | 7.5 | 0.8 | 6.5 | 0.5 |

资料来源：《中国统计年鉴》。

2019 年年末，按照每人每年 2 300 元（2010 年不变价）的农村贫困标准计算，农村贫困人口仅剩 551 万人，贫困发生率降至 0.6% 的低位，同时全年贫困地区农村居民人均可支配收入达到 11 567 元。2020 年，中国在实现现行标准下农村贫困人口全部脱贫的基础上，农村居民人均可支配收入达到 17 131 元，农村居民家庭恩格尔系数为 32.7%，2021 年农村人均可支配收入持续增加至 18 931 元（国家统计局，2022）。

最后，从全社会公共产品和服务的提供看，随着经济的快速发展，中国基础教育、医疗卫生、社会保障以及交通等基础设施都有了长足的进展，居民的福利水平总体上有了大幅度的提高：

（1）在基础教育领域，伴随着政府教育经费投入的不断增加，中国基础教育的条件得到了明显改善，各级初高中以及高等教育的入学率和升学比率大幅度提升。学龄儿童入学率、小学升学率、初中升学（含升入技工学校）率和高中升学（普通高校，含电大普通班）率分别从 1990 年的 97.8%、74.6%、40.6% 和 27.3% 上升到了 2010 年的 99.7%、98.7%、87.5% 和 83.3%，到 2016 年达到 99.9%、98.7%、93.7%、94.5%，直接导致全民教育素质显著提升。从历次人口普查数据看，1982 年全国文盲率高达 22.81%，2000 年下降到 6.72%，2010 年继续下降到 4.08%，2020 年仅有 2.7%，每 10 万人拥有的大专及以上受教育程度人口及高中和中专受教育程度人口数量则分别从 1982 年的 615 人和 17 892 人上升到 2000 年的 3 611 人和 33 961 人，2010 年上升到 8 930 人和 14 032 人，2020 年上升到 15 467 人和 15 088 人。

（2）在医疗卫生领域，尽管中国的医疗卫生体制改革步履维艰，但无论是从卫生机构数、医院数、卫生机构病床数还是从医生数等指标来衡量，中国医疗卫生事业在过去 40 余年间均取得了长足的进展（参见表 1-5），其最为突出的标志就是中国居民预期寿命从 1982 年的 66.28 岁（男性）和 69.27 岁（女性）上升到了 2000 年时的 69.63 岁（男性）和 73.33 岁（女性），2010 年则上升为 72.38 岁（男性）和 77.37 岁（女性）。之后的抽样调查数据和生命登记及人口普查估算则显示，中国居民预期寿命在 2015 年为 76.3 岁（男性 73.6 岁、女性 79.4 岁），2019 年上升为 77.3 岁（中国卫生健康事业发展统计公报，2020）。

表 1-5　中国医疗卫生事业的增长：1978 年、2005 年和 2019 年

| | 1978 年 | 2005 年 | 1978—2005 年增长率 | 2019 年 | 2005—2019 年增长率 |
|---|---|---|---|---|---|
| 总人口（万人） | 96 256 | 130 756 | 35.8% | 141 008 | 7.84% |
| 卫生机构数（万个） | 16.67 | 29.90 | 76.2% | 100.75 | 236.96% |
| 医院数 | 9293 | 18703 | 101.3% | 34 354 | 83.68% |
| 卫生机构病床数（万张） | 204.17 | 336.75 | 65.9% | 880.7 | 161.53% |
| 医院床位数（万张） | 110.00 | 244.50 | 122.3% | 651.97 | 166.65% |
| 卫生人员数（万人） | 310.56 | 542.69 | 74.7% | 1 292.8 | 138.22% |
| 医生数（万人） | 103.30 | 193.83 | 87.6% | 386.7 | 99.50% |
| | 1985 年 | 2005 年 | 1980—2005 增长率 | 2019 年 | 2005—2019 增长率 |
| 医院诊疗人次数（亿次） | 12.55 | 13.87 | 10.52% | 38.4 | 176.86% |

数据来源：《中国卫生统计年鉴》（2006）、《中国卫生健康统计年鉴》（2020）。

（3）在社会保障领域，随着 1986 年针对合同工"退休养老基金账户"的建立，中国计划经济时期由国家统筹、企业实施对职工和职工家属的老年保险、养老保险、工伤保险等全面社会保障的制度安排开始了改革进程：1991 年，中国城镇地区开始广泛推行养老保险基金的社会统筹，而从 1995 年开始，以城镇企业职工基本养老保险制度和基本医疗保险制度为重点的社会保障体系初步成型。2010 年参加城镇企业职工基本养老保险的人数达到 2.57 亿人，失业保险、城镇职工基本医疗保险、工伤保险等社会保险参保人数在 2010 年也分别达到了 1.34 亿人、2.37 亿人和 1.62 亿人，新型农村社会养老保险试点参保人数在 2010 年达到了 1.03 亿人，其中 2 862.6 万人为达到领取待遇年龄的参保人。2019 年参加城镇企业职工基本养老保险的人数达到 4.35 亿人，失业保险、城镇职工基本医疗保险、工伤保险等社会保险参保人数在 2021 年也分别达到了 2.30 亿人、3.54 亿人、2.83 亿人。城乡居民社会养老保险参保人数在 2021 年达到了 5.48 亿人，其中实际领取待遇人数在 2020 年达到了 1.61 亿人，占当年参保人数的 29.6%。[1] 此外，到 2010 年年底，全国享受城市最低生活保障人数达到 2 310.5 万人，农村居民最低生活保障人数达 5 214.0 万人，而 2021 年年底，全国享受城市最低生活保障人数为 738.0 万人，农村居民最低生活保障人数为 3 474.0 万人。

基于上述诸多维度的事实，改革开放以来中国普通居民的生活状况无疑实实在在地

---

[1]　自 2012 年 8 月起，新型农村社会养老保险和城镇居民社会养老保险制度全覆盖工作全面启动，合并为城乡居民社会养老保险。

发生了极大的改善——如果以联合国开发计划署公布的基于健康长寿的生活、知识以及体现的生活水平三个维度得到的人类发展指数来判断，1975 年中国的人类发展指数只有 0.527，而到 2020 年则达到了 0.781，其绝对水平有了显著的提高。

### 1.1.3　中国经济的崛起与世界经济版图的重构

持续 40 余年的"经济奇迹"促使中国在世界经济舞台上的地位不断提升，也为中国再次成为世界上最强盛的经济体之一带来希望——尽管不同国家间存在的价格水平差异使得国别经济比较并非一件易事，但如果仅从美元计价的 GDP 总量的全球排名看，2007 年中国的 GDP 总量就超过德国，成为世界第三大经济体，而到 2010 年则更是超过日本，成为仅次于美国的世界第二大经济体（表 1-6）。

表 1-6　全球前 10 的经济体：GDP 和增长率

| | 2010 年 GDP（简单汇率测算） | | 2010 年 GDP（PPP） | | GDP 增长：1990—2010 年（不变价格） | | 2010 年人均 GDP（PPP） | | 1990—2010 年人均 GDP 增长（不变价格） | |
|---|---|---|---|---|---|---|---|---|---|---|
| | 国家/地区 | 10 亿美元 | 国家/地区 | 10 亿美元 | 国家/地区 | 增长率（%） | 国家/地区 | 美元 | 国家/地区 | 增长率（%） |
| 1 | 美国 | 14 658 | 美国 | 14 256 | 中国 | 10.5 | 美国 | 47 284 | 中国 | 9.6 |
| 2 | 中国 | 5 878 | 中国 | 8 765 | 越南 | 7.4 | 荷兰 | 40 765 | 越南 | 5.9 |
| 3 | 日本 | 5 459 | 日本 | 4 159 | 印度 | 6.5 | 澳大利亚 | 39 699 | 印度 | 4.7 |
| 4 | 德国 | 3 316 | 印度 | 3 526 | 安哥拉 | 6.1 | 加拿大 | 39 057 | 韩国 | 4.6 |
| 5 | 法国 | 2 583 | 德国 | 2 806 | 苏丹 | 5.9 | 比利时 | 36 100 | 中国台湾 | 4.3 |
| 6 | 英国 | 2 247 | 俄罗斯 | 2 139 | 马来西亚 | 5.8 | 德国 | 36 033 | 波兰 | 3.8 |
| 7 | 巴西 | 2 090 | 英国 | 2 110 | 孟加拉国 | 5.4 | 中国台湾 | 35 227 | 泰国 | 3.7 |
| 8 | 意大利 | 2 055 | 巴西 | 2 108 | 尼日利亚 | 5.3 | 英国 | 34 920 | 智利 | 3.7 |
| 9 | 加拿大 | 1 574 | 法国 | 2 013 | 韩国 | 5.3 | 法国 | 34 077 | 孟加拉国 | 3.5 |
| 10 | 印度 | 1 538 | 意大利 | 1 740 | 智利 | 5.1 | 日本 | 33 805 | 马来西亚 | 3.5 |

注：2010 年人口低于 1000 万，GDP 低于 500 亿美元，或者少于 15 年 GDP 观察数据的国家或地区除外。

资料来源：IMF 世界经济展望报告（2011 年 4 月）。

与 GDP 总量的国际排名提升相比，更为引人关注的是中国在世界产出中所占份额的变化——如果以当前价格和汇率水平测算，中国 2008 年 GDP 占世界的份额为 7.2%，2013 年则为 12.3%，2018 年进一步上升到近 16% 的水平，2021 年，面对复杂严峻的国际环境和国内疫情散发等多重考验，中国经济实现稳增长，2021 年中国 GDP 占全球经济比重预计超过 16%，对世界经济增长的贡献率预计将达到 25% 左右。[①]

如果以制造业部门——其目前已经高度国际化（不仅约 30%~40% 制造业新增产值用

---

① 资料来源为国家统计局。

于出口，且其余部分与外国商品之间具有极高的可替代性，而且其构成类别不断丰富、结构不断完善、层次不断提升，对外竞争力明显增强）——进行国际比较的话，2008年中国约占全球制造业新增产值的15%（与日本相当），大致相当于GDP份额的两倍（OECD，2010），2021年中国制造业增加值为31.4万亿元，连续12年位居世界首位，占全球比重近1/3。此外，从农产品产量看，中国的粮、棉、油产量早在20世纪80年代中期就开始稳居世界第1位（其中谷物约占世界总产量的20%），煤、钢、水泥、化肥、棉布、电视机等产量目前也占据了世界第一的水平，发电总量为世界第一，在2019年中国发电量已占全球总量的1/4。中国还是全球最大的汽车生产国和消费国，2021年中国汽车产量和销量分别为2 652.80万辆和2 625万辆，占世界汽车市场份额已接近33%。当前，中国产品已遍布世界各个角落，走进全球的居民家庭，客观上中国成了"世界工厂"。

## 1.2　中国经济崛起中的"金融发展之谜"

正如艾伦等（Allen等，2005）所指出的那样，如果仅从现有关于法律、制度、金融与经济增长的主流金融发展文献出发，持续40余年的中国金融体制改革进而金融发展进程可能是世界经济发展史中一个较为特殊的"例外"。1978年以来，以极为薄弱的法律（及其执行）、制度环境为背景，渐进转型中的中国金融体系不管从总体结构还是总量上看都获得了极为快速的成长，而且对中国经济的转型与腾飞起到了至关重要的支撑作用。那么，作为一个特殊的"新兴＋转轨"的经济体，中国金融体系是如何通过改革一步一步走到今天的格局？与发达国家乃至俄罗斯、东欧等其他转轨国家相比，中国的金融发展存在特殊性吗？如果说有，那么究竟是哪些因素成为中国金融发展最为关键的决定因素呢？应该说，在改革持续40余年、中国经济金融总量日益庞大的今天，这些问题越来越吸引了众多中外学者的关注，并在某种程度上可以视为中国经济崛起中的"金融发展之谜"。

### 1.2.1　中国经济崛起中金融的角色

借助于帕加诺（Pagano，1993）和姆琳德（Murinde，1996）基于内生增长理论的简化分析框架（$g=As\theta-\delta$，其中$g$为经济增长率，$A$为外生技术、$s$为储蓄率、$\theta$为转化效率、$\delta$为漏损率），一般认为，金融体系在（内生）经济增长中存在三个主要机制：①金融体系的存在和发展能够减少利差、佣金等金融资源的漏损率，增加储蓄转向投资的比例，从而有助于经济增长；②金融特有的信息生成、项目筛选等功能，可以通过提高社会边际投资生产率促进经济增长；③随着金融的发展，储蓄规模的变化可以引致储蓄率$s$的变化，进而作用于经济增长。

如果从这样一个角度来考察中国经济增长中金融的角色，我们首先要对改革开放以来中国GDP增长中资本、劳动以及全要素生产率（TFP）三个因素的贡献率有所了解。借助表1-7，我们可以发现：①资本投入进而资本存量的快速增长一直以来都是GDP增长最为重要的因素，在1978—2005年间的贡献度达到了43.7%。②劳动力的增长，尤其是伴随着改革推进出现了劳动力从农村转移到城市引发的"人口红利"尽管在1978—1990年间一度为GDP增长贡献了近1/4的份额，但随着改革的深入，再加上计划生育政策效应的日益凸显，进入1990年代之后其贡献率明显下降，2003—2008年间的贡献度仅7.5%。平均来看，其在1978—2005年间的贡献率接近16.2%。③1978—2005年间全要素生产率的提升对GDP的贡献平均达到了40.1%，且这一比率总体上保持了较为平稳的变化态势，既显示了中国作为一个后发国家，通过学习和技术引进或转让等途径进而利用发达国家已有科技成果提升经济增长速度的巨大潜力，同时也反映了改革作为一种制度创新所蕴涵的巨大潜力。

表 1-7　中国GDP、固定资本、劳动和全要素生产率（TFP）的增长：1978—2008年　单位：%

| 时　期 | GDP | 要素投入平均增长 | | | 平均TFP增长 | GDP增长贡献平均归因 | | |
|---|---|---|---|---|---|---|---|---|
| | | 固定资本 | 劳动 | 教育 | | 固定资本 | 教育增强劳动 | TFP |
| 1978—2005年 | 9.5 | 9.6 | 1.9 | 2.7 | 3.8 | 43.7 | 16.2 | 40.1 |
| 1978—1985年 | 9.7 | 9.2 | 3.4 | 4.5 | 3.2 | 40.6 | 26.6 | 32.8 |
| 1985—1990年 | 7.7 | 6.9 | 2.5 | 2.9 | 3.1 | 38.8 | 21.5 | 39.7 |
| 1990—1995年 | 11.7 | 9.1 | 1.4 | 1.9 | 6.7 | 33.3 | 9.5 | 57.3 |
| 1995—2000年 | 8.6 | 10.5 | 0.9 | 1.6 | 3.2 | 52.7 | 10.5 | 36.8 |
| 2000—2005年 | 9.5 | 12.6 | 1.0 | 1.8 | 3.1 | 57.1 | 10.6 | 32.3 |
| 2003—2008年 | 10.8 | | | | | 55.5 | 7.5 | 38.0 |

资料来源：珀金斯和劳斯基（Perkins and Rawski，2008）；2003—2008年的数据来源OECD（2011）。

　　立足上述分析视角，当我们从中国金融之于经济的现实来看，客观地说，以银行，尤其是国有控股的大型商业银行为主导的金融架构显示出一定的宏观效率（如储蓄动员、维持经济平稳运行等），但在资源配置效率，进而促进经济持续发展方面也存在非常突出的问题。

　　从宏观有效性视角着眼，中国当时的金融市场结构最值得称道的有两个方面：一是储蓄动员，二是宏观经济稳定。首先，在市场经济条件下，储蓄主体和投资主体分离的倾向日益突出，使得金融体系的储蓄动员和资源配置功能的重要性日益凸显。从储蓄动员角度看，中国的金融体系还是较为有效的——1995—2020年间，中国的年均储蓄率达到了44.77%，其中隐含国家信用支持的国有银行扮演着重要的角色，即便在通货膨胀率高企、银行不良资产比率远超国际水平的背景下，银行储蓄存款在改革开放40余年间始终维持了较高的增长势头，为中国高投资率，进而经济的持续增长态势的维持提供了最为重要的金融支持。其次，从宏观稳定的维持来看，以国有银行为主导的中国金融体系也提供了一个非常便利的调控机制，1997年东南亚金融危机和2007年美国次贷危机两个特殊时期中国宏观经济的相对平稳运行，就非常清晰地显示了国家对国有主导金融机构体系的控制能力及效果。

但较为突出的储蓄动员和宏观稳定能力并不意味着以国有商业银行为主导的中国金融体系在资源配置效率，进而与实体经济运行之间存在良好的适应性。

第一，从总体上判断，中国储蓄资源配置效率并不理想，如果用储蓄支撑率来做一个简单判断，我们发现 1995—2006 年间，尽管中国经济维持了 9.4% 的高增长率，但如果考虑单位经济增长所需要的储蓄资源，却达到了 4.5%，比印度等其他新兴市场国家要高。

第二，金融体系与民营经济的融资和经济格局不相匹配，支持力度不足。从中国工业增加值的分布来看，2007 年国有及国有控股工业企业所占比重仅 32.8%，而以私人企业为主的非国有经济占比则达到 67.2%，同期我国乡镇企业、个体企业、三资企业短期贷款之和仅占金融机构全部贷款的 11.1%，没有体现出金融对非国有企业的足够支持作用。[①]

第三，农村金融较为落后，成为整个金融体系中最薄弱的环节。中国是一个农业大国，解决农业、农村、农民这一"三农"问题成为构建社会主义和谐社会最为关键的环节之一。但客观地说，随着改革的深入，农村与城市相比占有金融资源的差距不断扩大，大量的农村金融服务无法得到满足，已经成为农村经济发展最为重要的制度约束之一。

在这样一种金融市场结构约束下，再加上国有金融机构对非国有经济融资的歧视以及资金价格的扭曲等金融压抑措施，在改革开放过去的 40 多年间，中国经济增长模式以及产业结构事实上处于一种自我强化状况，导致总体上看，尽管中国建立了较为完善的工业体系（尤其是依托中国资源禀赋的制造业体系），但技术向市场的转化或产业化在中国依然非常困难，诸多民营经济只能依靠廉价的劳动力资源和国内相对扭曲的能源等价格，进入门槛相对较低的加工行业，产业结构长期处于较为低级的状况，在国际分工格局中处于一种不合理的状态。

## 1.2.2　中国金融体系演进的独特之处

如果从演进的角度考察 1978 年以来中国的金融发展，我们可以发现其在很多方面与美国等发达国家相比存在显著的差异。

第一，政府主导金融市场结构的演进。从制度演进角度看，对于包括中国在内的转轨经济体而言，特殊的制度起点与经济背景决定了其金融体制改革从一开始就是政府主导的强制性、自上而下的制度变迁过程，政府行为或者说各种政治势力的角力在很大程度上成为推动金融体制改革的重要力量。

由于中国在改革进程中始终保持着强有力的政府控制，因此当"改革的车轮"开始运动之后，即便在财政迅速下降时，可靠的国家信誉消除了中国国有银行储蓄存单持有

---

[①]　不仅如此，事实上，金融压抑使得当前不仅国有银行无法为民营经济提供有效的融资服务，而且企业债券市场和股票市场也很难为民营经济提供有效的金融支持。

者的风险顾虑，再加上适当的利率政策刺激，国家能够克服税收制度的局限，利用国有银行体系，迅速集中起分散于民间部门随着货币化进程日益增加的储蓄，使得政府依旧主导着金融体制的变革进程，国家仍然能够保持对传统的软预算国有企业边际内价格的控制并给予强有力的资金支持，而来自市场（民间金融创新，包括对外开放引发的创新动力）的力量在中国一直是以辅助角色出现的。

第二，在金融管制尚未完全放开（即金融压抑）的背景下，中国微观主体的经济行为并非完全的市场化。当前，中国利率和汇率均尚未完全实现市场化，资金价格存在一定程度的低估，使得企业投融资存在较为明显的扩张冲动，同时也为尚未完全实现商业化的中国银行（尤其是国有控股商业银行）提供了较为宽松的经营环境（一个主要表现就是较高的存贷款利差）。如果再考虑到中国当前较为稀缺的金融产品，在中国经济持续增长、社会财富不断累积的今天，不仅居民的资产选择空间较为狭窄，而且直接导致了银行流动性的充盈，事实上也使得银行在较长时期里缺乏创新动机。

此外，中国地方政府对银行等金融活动的干预，也在一定程度上扭曲了企业、银行等主体的经济行为。

第三，金融监管体系以及外部环境的制约，使得中国金融市场完整性与透明度远没有达到较为理想的状态，不仅银行违规违法事件时有发生，而且金融市场中的市场操纵、虚假信息以及内幕交易等事件偶有发生，极大地限制了金融市场的发展空间。此外，中国的产权保护（含破产机制）、会计准则、法律法规等还存在相当的改进余地，金融市场发展的基础设施建设仍处于不断完善阶段。

第四，货币市场发展的相对滞后，使得中国经济金融运行中的流动性缺乏足够的保障。

此外，在"超常规发展机构投资者"思维中出现的中国证券投资基金由于发展时间较为短暂，加之现有的市场环境制约，尽管规模扩张较为迅猛，但从行为来看，也远没有在总体上发展到较为成熟的程度。

所有这些特征都决定了目前以国有银行为主导的中国金融结构处于一种自我强化的路径依赖状态，或者说从中国当前的情况而言，包括货币市场、股票市场等在内的金融市场发展受到诸多制度性约束，如果没有来自政府层面的强力改革措施的推出，仅仅依靠市场的力量很难打破现有的金融格局。

## 1.3 本书的结构与内容

### 1.3.1 本书的内容框架

本书的内容框架如图1-1所示。

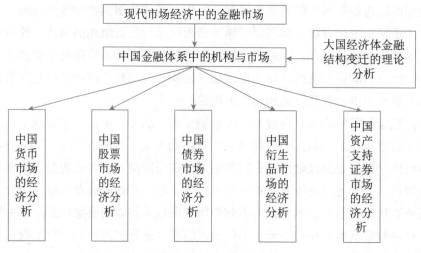

图 1-1    本书结构框架

## 1.3.2    本书的主要内容

第 1 章导论中，我们对十一届三中全会召开以来，中国调整并确立"比较优势型发展战略"，完成以"从计划到市场"为核心的经济转型所取得众多成就进行了梳理和总结，并结合经济发展中的"中国金融发展之谜"，就本书的写作背景、写作思路及内容做了一个概要介绍和说明。

第 2 章涉及对现代市场经济中金融市场的一般理论分析。我们在简单介绍制度视角下的金融市场界定及其分类的基础上，明确了包括金融市场在内的交易场所是由一系列制度规范和创造、应用这些规则的从事特定商品或契约交易的人组成的市场组织。沿着这一思路，探讨了金融市场等交易场所的交易功能、价格发现功能等经济功能；从交易场所发展的萌芽、现代证券交易所的形成和发展、现代商品交易所的形成和发展以及交易场所的最新发展四个部分阐述了包括金融市场在内的交易场所的发展历史。在此基础上，结合国内外各类交易场所发展成功的案例，从理论上归纳金融市场等交易场所成功的经验。

第 3 章涉及对 1978 年以来中国金融市场及其在中国金融体系中地位变迁的历史描述。在我们看来，1978 年以来的中国金融结构大致经历了从存款货币银行（尤其是国家专业银行）垄断模式到银行为主、市场为辅的银行主导型金融模式的转变。尽管 1990 年以来，中国金融结构并未发生质的改变，但可以发现 2007 年之前相对银行而言，资本市场在金融体系中的地位呈上升态势，而 2008 年之后约有 5 年的时间这种结构变化出现了一定程度的逆转，在银行体系迅猛发展的背景下，资本市场的地位呈现日益边缘化的态势。2014 年之后，随着对股票市场地位的重新认识以及债券市场的快速发展，中国的金融结构演变又在相对意义上呈现出新的变化态势，提升金融市场的地位也成为一种共识。在我们看来，中国金融结构的整体演进具有很多独特性，诸如金融演进的目标模式模糊且呈阶段性变化、金融演进的动力主要来自于政府、"以点带面、重点突破基础上一般跟进"的金融演进策略到"从易到难、从低成本领域到高成本领域改革的渐次展开"的金融改革顺序选择等,其演进路径呈现极为明显的"渐进式"色彩。

第4章主要是基于第3章关于中国金融结构变迁以及莱文等对全球金融结构变迁中市场重要性不断提升的分析,立足中国这样的大国经济体的金融转型来思考金融市场发展的内在逻辑。我们发现,40余年来,由于无论从规模指标、行为指标还是效率指标着眼,相对于银行而言,大国经济体的股票市场均变得更大、更活跃并更有效率,进而其金融结构总体上呈现向市场导向演进的态势。金融结构的这一演变态势并不因初始金融模式的差异而不同,存在较为显著的趋同现象。经济增长模式从增长型发展向创新型发展的转型是开放型大国经济体金融结构演变的内在根源,而开放和技术变革则是引发这些国家强化或趋同市场主导型金融模式进而增长模式转型的直接动因。随着中国经济环境的变化,其现有银行主导型金融结构面临着巨大挑战,股票市场在金融体系中的地位急需提升。

第5章涉及中国货币市场的经济分析。我们在五个阶段划分的基础上,对改革开放以来中国货币市场的发展历程进行了简单勾勒,从市场发展动力、功能定位、组织模式等方面概括了其发展特征,借助1996年以来中国货币市场发行结构、交易结构、参与主体结构和资金流向结构等多个维度的分析,从结构视角对中国货币市场的发展及其特殊性进行了进一步介绍,随后立足中国经济金融发展实际,就中国货币市场发展尤其是结构性变迁的内在逻辑提供了一个分析,最后结合现代金融体系中货币市场流动性调剂/管理这个核心功能定位,就中国货币市场的未来发展提出了一些政策建议。

第6章涉及中国股票市场的经济分析。在这一章,我们首先从市场规模、融资额度、市场交易、市场结构、投资者、证券监管以及对外开放等方面对1990年以来的中国股票市场发展做一个简单勾勒,随后围绕着股权分置制度、证券发行上市制度(从额度制、核准制到注册制)、再融资制度、证券交易制度和退市制度等,对中国股票市场基础制度的形成和演变做了介绍和分析,之后结合中国股票市场运行与实体经济背离这个现象,从一般性和特殊性两个方面分析了这种背离形成的原因,介绍了中国股票市场产生、发展的特殊逻辑,最后基于新时代中国经济发展的现实需求,就未来中国股票市场的发展给出了一些政策思考。

第7章从金融脱媒这样一个独特视角出发,对1979年以来中国债券市场的发展做了一个经济层面的思考。在我们看来,金融脱媒是资金融通试图绕开商业银行等传统"存贷媒介"而通过一些新兴机构或新型融资手段直接完成配置的现象,换句话说,金融脱媒的实质可视为商品金融对关系金融的替代,而在过去的40多年间,中国金融体系发生了较为明显的结构性变化,其重要标志之一就是中国债券市场在金融体系中的相对重要性有了长足的提高,相应地引致了商业银行资产端脱媒的加速,企业债券融资在社会融资规模中的占比从2002年的1.6%持续上升到2016年的16.9%,接着大幅回落后又恢复到2021年的9.5%。[①]我们发现债券市场在中国引发的金融脱媒表现出明显的阶段

---

① 2019年9月起,中国人民银行完善"社会融资规模"中的"企业债券"统计,将"交易所企业资产支持证券"纳入"企业债券"指标。

性，而之所以会出现这样一种状态，是因为企业债市场一度长期受到"隐性担保"等因素约束，政府及作为既得利益者的商业银行均不愿其得到发展。2005年以来，在金融管制日益放松的背景下，中国的商业银行意外地成为推动并参与企业债市场的重要主体，进而演变出一个与债券市场相伴生的银—企"双赢"格局。

第8章涉及对衍生品市场的经济分析。在我们看来，自20世纪70年代初以外汇期货为代表的金融期货出现以来，衍生品（尤其是金融衍生品）市场实现了极为迅猛的发展，成为全球金融体系中不可或缺的一部分。衍生品的发展部分是由于类似布雷顿森林体系崩溃这样的外在事件，但也许更重要的，是金融市场更深层次变革共生（或者说是金融功能深化）的产物。与美、欧等发达国家中衍生品市场的出现和发展时间一般要明显滞后于股票、债券等基础资产市场不同，中国股票、债券等基础资产市场与其衍生品市场的出现几乎是同步的。在经济运行市场化程度较低的背景下，中国这种颇为独特的基础资产与衍生品市场同步发展路径选择造成了早期衍生品市场发展的混乱，并最终导致了场内金融衍生品的长期缺失。2005年以来中国金融机构的一些市场化风险管理需求主要是通过银行间市场中的衍生品交易得以实现的。衍生品市场的发展将成为中国金融体系实现现代化的关键一环。只有当中国形成了一个场外和场内市场协同、标的资产类型完整且期限多样化、市场微观结构合理的衍生品市场体系之后，中国的金融体系现代化才能成为现实。

第9章涉及资产支持证券的经济分析。在这一章，我们首先在介绍资产证券化的经济内涵以及过手证券、转付证券等传统资产证券化的基本操作模式的基础上，对融传统资产证券化与信用衍生品特性于一身的合成型资产证券化做了较为细致的说明，就传统型资产证券化和合成型资产证券化在融资结构设计、发起人职责、对支撑资产依赖度、现金转移结构条款以及交易后续处理安排等方面进行了对比。随后结合2005年试点的资产支持证券在中国经历的颇为曲折的发展历程，将资产证券化视为一种连接银行与市场的重要创新进行了理论层面的分析。在我们看来，由于目前中国（信贷）资产支持证券规模处于较低水平，其对银行的现实冲击并不明显。但长远地看，包括资产支持证券在内的中国债券市场潜力巨大，这既是推动中国银行业务模式转型的重要推动力，也是银行业务转型的结果。

## 2.1　引　言

如果从功能视角来考察金融体系，经济学家们一般认为金融首要，也是最基本的功能是在不确定性条件下，（以资金为媒介）实现一国或地区的经济资源在亏拙主体与盈余主体之间跨期或跨区域配置的优化（Merton 和 Bodie，1995；Tharkor，1996；Allen 和 Gale，2000）。容易理解，金融功能有赖于一些独特的金融部门、金融组织与金融制度来实现，而这种金融部门、金融组织与金融制度的复合体也就构成了一国金融体系①。借助图 2-1，可以发现在经过长期的历史演变之后，金融体系虽然在形式上仍然保留了其原先的金融机构、金融市场以及金融监管机构等基本架构的历史名称，但由于证券化、金融全球化、金融自由化以及金融工程化等因素的冲击或影响，金融机构和市场的内涵及外延都发生根本性的变化，进而从根本上改变了传统金融体系中机构和市场的业务或者说服务对象界限，使现代金融体系中的市场与机构紧密交织在一起，日益呈现复杂化的发展态势。

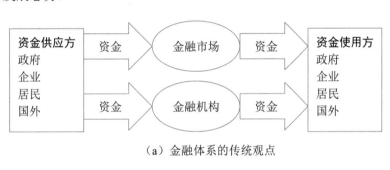

（a）金融体系的传统观点

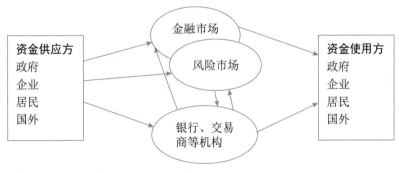

（b）金融体系的现代观点

图 2-1　金融体系

---

① 虽然"金融体系（或金融体制）"这样一个概念当前已经成为一个较为流行的提法，但规范意义上的"金融体系"概念的理论界定却并没有达成共识。参见艾伦和盖尔（Allen和Gale，2001）和瞿强（2001）做出的界定。

## 2.2 金融市场：经济内涵及分类

### 2.2.1 金融市场的经济内涵

在现代市场经济体系中，金融市场在国家／地区的经济发展中起着至关重要的作用。尽管有很多人认为金融市场作为一种交易场所，无非指的是进行资金要素交换的场所或区域（进而供求关系的总和），但这一理解只是形象地刻画了其表面现象，而没有深入其内核。从理论上说，金融市场就是资金要素在不同主体之间"制度化、组织化的交换"，进而金融市场是"由一系列制度规范和创造、应用这些规则的从事特定商品或契约交易的人组成，目的是改善各自的效用。换句话说，包括金融市场在内的交易场所是个人或组织团体之间关系契约的网络。这一关系契约可以是正式的，也可以是非正式的"（Furubotn 和 Richter，1997）。

沿着这种思路，包括金融市场在内的交易场所无非"是生产资料私有制条件下的劳动分工的社会体系……交易所不是一个场所、一件物品或一个集合体。交易场所是一个过程，它是由分工合作的当事人之间相互作用的行为驱使的"（米赛斯，1949）。换句话说，包括金融市场在内的交易场所作为市场的构造之一，包括了异常丰富的活动，除了定价、运输及联络客户等具体交易活动外，或许最重要的活动有两个方面：一是信息的收集、处理和传递、交流等活动，即要求"谈判和执行大量的信息交换"（西蒙，1991）；二是围绕产权让渡所引起的一系列契约活动，包括契约的签订、磋商和执行等。

现实中的金融市场是一个内涵极为丰富的制度构造，可以从不同的角度来考察：

（1）从交易场所特征的角度着眼，多莫维茨（Domowitz）认为，金融市场是具有下述特征的一个交易系统：一是提供交易执行设施；二是以买卖报价形式定时地或持续地披露价格信息；三是通过交易过程、规则和机制进行价格发现；四是拥有做市商系统或者买卖盘驱动系统或者单一竞价系统；五是出于交易执行目的将交易集中化；六是拥有会员；七是通过系统规则和设计来创造流动性，买卖报价有规律地进入，从而使买卖双方对其委托以及报价成交抱有合理的预期。

（2）从制度层面来看，人们通常将金融市场视为一个有组织的市场，这种"市场观点"一直是人们的主流认识。例如美国《证券交易法》就将证券交易所定义为任何组织、协会或群体，不管它们是否以公司形式存在，它们组成、维护或提供市场场地或设施，从而将证券买卖双方聚集起来，或者履行通常认为的证券交易所功能。欧洲的《投资服务指引（ISD）》也遵循了这种市场观点，将交易场所定义为金融工具市场，并且具有以下特征：一是正常运作；二是管理层的监管决定了市场运作状况、进入市场的条件和上市条件；三是遵守《投资服务指引》规定的所有报告和透明性要求。

（3）从运作角度着眼，金融市场就是企业（或类似于企业）。马尔赫林（Mulherinl）首先强调将金融市场定义为创造金融工具市场的企业，而不是通常认为的市场；帕多（Padoa）将证券交易所视为生产复合产品的企业，其生产过程被划分为上市、交易和结算三个阶段，这三个阶段使交易所可以提供上市服务、交易服务、结算服务和市场信息服务。因此交易场所被理解为一个应用特定技术生产复合产品的企业将更具革命意义。作为企业，交易所出售的产品包括：上市服务、交易服务、结算服务和市场信息服务，其直接客户包括上市公司、证券中介机构以及信息服务商等，其间接客户包括机构投资者、个人投资者以及其他中介等，这是对交易所本质认识的"企业观点"。

此外，也有学者将金融市场看成"中介中的中介"，例如多莫维茨和李（Domowitz&Lee）认为经纪商——自营商、注册交易所、豁免注册的交易所，以及证券商协会之间的区别并不明显，履行相似功能的组织有时受到迥然不同的监管。从这一角度出发，可以简单地将交易场所视为如银行或证券商那样的中介机构，其主要职能是收集买卖委托并提供交易撮合的方法。

## 2.2.2　金融市场的经济分类

### 1. 按照交易对象的不同，可分为商品交易所和金融证券交易所

商品交易所以商品为交易对象，但一般不仅限于商品的现货交易，更多地涉及商品的远期、期货等衍生品交易，而金融证券交易所则以股票、债券以及相关金融衍生品作为交易对象。

近年来，随着比特币等数字资产概念的形成，交易场所的交易对象较之前有进一步的拓展。换句话说，交易对象出现了向介于商品和证券之间模糊地带发展的态势。

### 2. 按照参与者的地域分布进而辐射范围，可分为全球性交易所、地域性交易所和多元性交易所

（1）全球性交易所。全球性交易所的市值、成交量和流动性在某一经济体系中均处于领先地位，其交易产品包括全球性股票存托凭证、第一次上市股票、本国知名企业的股票以及相应的衍生产品，而其客户则来自全球范围。要成为全球交易所必须具备三个基本条件，即丰富的市场资源、悠久的金融文化传统以及完善的系统架构。全球性交易所具有两个显著特征：一是影响力跨越国界，引导着全球资本的流动方向，并成为北美自由贸易区、欧盟、东盟等经济体的资本集聚中心。二是活动领域超越时区，成为跨国企业上市的首选地和机构投资者全球投资组合的重要组成部分。全球性交易所也可能在交易所联盟中产生。若干国家的交易所可通过购并结盟来整合运作资源，发挥协同效应，以巨大的流动性来吸引更多的市场参与者。

（2）地域性交易所。对各国证券交易所而言，如果无法成为全球性交易所，可退而求其次成为地域性交易所，即在一国经济体系中扮演重要角色，成为该国企业的最主要上市场所，投资者主要由国内投资者所构成。与全球性交易所相比，地域性交易所的主要优势在于提供当地上市股票、债券、期货、期权以及其他金融产品的交易，成为这些产品的流动性中心。因此，地域性交易所的股价指数成为该国经济状况的"晴雨表"，而相应的指数产品将对国际投资者产生巨大吸引力。例如，如果国际投资者认为瑞典的国民经济在次年会有高速增长，那么他将会购买指数衍生产品，而不是购买具体的某股

票。另外，地域性交易所也可以建立"国家特色"，如斯德哥尔摩交易所和赫尔辛基交易所已成为移动通信类股票的交易中心，而奥斯陆交易所则成为船运类股票的交易中心。由于上述交易所在相关行业的分析师群体和流动性上具有绝对优势，因此将吸引国际投资者的积极参与。在此基础上，这些交易所将发展相应的行业指数产品，以进一步强化作为行业类股票交易中心的地位，进一步扩大产业链条，发挥网络效应。

（3）多元性交易所。某些地域性交易所不但成为本国企业的上市和交易中心，而且在其他相关领域具有核心竞争力，因此，这些交易所的业务超越了传统的上市和交易活动，在某种程度上更类似于多元化企业。多元性交易所包括三种商业模式：以技术为导向；以经济发展为导向；还有些交易所成为某个企业集团的一部分。显然，多元性交易所并不具有单一的业务方向，这一点与全球性交易所和地域性交易所具有显著不同。

### 3. 根据组织形式划分，可分为交易所市场（场内市场）和场外（OTC）市场

场外市场是交易的普遍状态和原生状态。场内市场是在场外市场发展到较高级阶段后，把市场上一些有共性的东西抽取出来，并将其标准化后进行交易的场所。场内市场可以认为是场外市场的一级衍生，是交易市场的衍生产品。

从构造上说，场外（OTC）市场和交易所市场没有什么共同之处。场外市场没有地点（从理论上说，交易对手方可以在世界的任何一个地方），因此没有地址；它没有规定的会员，因此也没有规则；它没有固定的交易产品，而且没有边界（比如就衍生品而言，一个OTC衍生品可以作为一个单独产品交易或者镶嵌在一个证券中交易）。由于这些原因，场外市场不仅很难准确地定义，进而难以得到有意义的统计，并且难以对其进行监管——不管是对于市场参与者还是外部监管者。唯一可以施加一些规则的方法是每个市场参与者所在国家或地区的法律规定。

场外市场基于信用，场内市场基于统计。场外市场通常是信用交易，保证金很少或没有，也没有逐日盯市制度，没有涨跌停板，没有熔断，基本不存在追加保证金的情况。场内市场通过逐日盯市，试图将信用考察排除在外。信用风险在场外市场分散在每一单、每一个客户身上，场内市场则是用逐日盯市制度把风险集中起来。逐日盯市的理论基础是统计，其保证金额度的计算以大宗商品的价格符合统计学正常的分布为假设前提。尽管这种假设在一般情况下问题不大，但出现极端行情时，理论基础将不复存在。正是由于场内交易的理论基础异常薄弱，被场内交易集中起来的风险才需要更加权威的机构去背书，否则无法得到市场认同。

### 4. 按照交易方式，可分为现货交易所和衍生品交易所

从理论上看，一项资产（实物的或金融的）的购买或出售可以分成3个部分：①双方间的合约，包括一方同意支付和一方同意交货；②由资产购买人向出售人的实际现金支付；③由出售人向购买人的实际资产交付。一般认为，在①中合约本身的谈判就是买卖或交易，进而交易谈判的时点就是交易日期。

有了交易日期的概念，我们可简单地根据交易的第2部分和第3部分的时间与交易

日期的相对关系来刻画 4 种基本交易类型：

现货交易：当购买人的现金支付和出售人的资产交付在谈好交易之后立即发生时，就是所谓的"现货交易"，或者说现场购买资产。

远期交易：当购买人同意将来支付其在将来收取的资产时，双方就达成了一种"远期交易"，或者说购买了将来或延期交付的资产。

预付远期交易：当购买人同意立即向出售人支付货款以换取将来收到的资产时，双方就达成了一项预付远期合约。

付款在后的远期交易：当出售人立即交付资产且同意将购买人的付款推延至将来时，双方就达成了付款在后的远期交易。

衍生品是以交付标的资产中或转移现金中的某些明确的延迟要素来区分的，如在典型的远期购买或销售协议中，单位交易价格、质量、单位数量、交货的地点和时间等条件在合约谈判时都要明确，但在将来指定日期之前，既不会进行支付，也不会进行实物交付，或者说在合约成立时，标的资产不出现实际所有权的转移，而仅仅是达成在将来某一交付日期转移标的资产所有权的协议。

# 2.3 交易场所（金融市场）的历史发展：一个简要回顾

人类的交易行为，经历了一个由物物交换到现货交易（以货币为媒介的交易）再到期货交易的逐步发展的历史进程。而以标准化期货合约为基础、以清算所为核心、以保证金制度为保障的现代商品（期货）交易所的建立，距今不过百余年的历史。历史地看，早期的商品交易所并不像我们今天习以为常的那样一直都具有广泛的影响力和市场效率，相反，它们是经过很长一段时间的发展才得以成长和成熟的。随着现代经济的持续扩张，为了适应一个不断变化的世界的需要，许多更为完善的规则和更为新颖的合同的出现使得交易所的内涵及外延不断拓展，其在现代市场经济中的地位也越发突出。

## 2.3.1 交易场所发展的萌芽时期：12—16世纪

历史地看，金融市场是从贸易集市演变而来。在欧洲，中世纪的国内贸易在市场进行，国际贸易在集市进行。12—13 世纪北欧和南欧之间的佛兰德布匹、皮革等商品贸易主要通过法国极为兴旺的香槟酒集市（Champagne Fairs）进行，而这可能是人类最早的集市之一。在集市上，来自不同地方的商人相互签约，在不存在法律实施的条件下成功地保证了合约的实施。从现有的一些记载看，这些集市组织得非常好，不仅定期举办（1 年 2 次或 4 次）、有固定地点，而且在发展了一套规范程序的同时——比如 9 天用于布匹贸易（6 天展览、3 天销售），11 天用于皮革贸易，两周用于按重量销售的货物，然后在固定的日期结算（厄舍，1943），为了协调商业往来，市场参与者们还发展出他们自己的商业法典——商法仲裁者，由那些享有商业地位的法官来负责管理（米尔格罗姆、诺斯河温加斯特，1990）。

各地集市兴衰时期是不同的。当14世纪法国香槟集市走下坡路时，集市中心移向了北欧通往意大利西边路线上的日内瓦，而比利时的布鲁日也在这一期间获得了贸易中心的地位。1445年，法国国王禁止法国商人参加日内瓦集市，不久以后在里昂建立了一个法国集市。大约在同一时期，安特卫普逐渐取代了布鲁日的地位——开始的时候，安特卫普每年举办两次集市，到从贝亨奥普佐姆获得这两次集市的支付款项后，每年举办4次集市，最后成为商品与货币的经常性国际市场。到了16世纪末，当安特卫普连续遭受荷兰人（1572年）和西班牙人（1585年）的封锁与围困之后，来自波罗的海地区的粮食、匈牙利的铜和西班牙的银子的供给被切断了，众多的外国商人移向了阿姆斯特丹，再加上荷兰当时的国际经济地位，导致阿姆斯特丹在很短的时间内成为欧洲贸易金融的中心，并持续达150年之久（直到1730年左右，伦敦才取代了阿姆斯特丹在世界贸易金融中的地位）。

从当时的情况看，16、17世纪的荷兰之所以非同一般，就在于其对商业贸易的热爱、宗教的多元化以及受限制的政府。也许正因如此，阿姆斯特丹才会在后来自然而然地成为世界商业的绝对中心。由于位于国际贸易往来的集结地，阿姆斯特丹才会成为商业信息交易的中心；并且，它处理这些信息的能力才会发展成为当地的专业技术从而形成规模经济；这些又导致在18世纪的大部分时间里，阿姆斯特丹的金融中心地位都不可动摇。从历史角度看，在阿姆斯特丹得以获得并最终确立其国际金融中心地位的时候，1530年参照布鲁日贸易广场模式而创建的荷兰阿姆斯特丹交易所通过促进荷兰经济贸易以及金融信息的传播起到了至为关键的支撑作用——正如巴斯金和米兰提（1997）所注意的那样，从私有信息获利的机会助长了投机活动，后者又会通过金融市场价格推动信息的传播：证券交易所通过支持保证金交易和期权交易创造了流动性，而流动性又巩固了这类交易的基础。从1551年或1552年开始，伊丽莎白女王的皇家汇兑人托马斯·格雷欣爵士常驻安特卫普，后来（1571年）他在伦敦建立了皇家交易所，将其作为经营国际票据的场所。

伴随着交易所的进一步完善和发展，经济中开始出现了一些带有传统远期、期货合约等性质的衍生品合约。当时，资金放贷人经常在农产品种植时期放贷，并同时以一个确定的价格买入未来的收成来收回他们的贷款〔这种协议往往是不具有流动性的双边协议，其中的（远期）定价反映了放贷人的优势或垄断地位〕；16世纪末，随着捕鲸业的兴起，投机性远期协议开始出现并逐渐形成了一个市场[①]；到了1571年英国伦敦皇家交易所，尤其是1611年阿姆斯特丹证券交易所成立之后，商品、政府债券和股票的期权和期货合约（当时也称为"时间交易"或"风中交易"，因为买卖时从来没有看到真实的货物，

---

[①] 资本主义早期，地理大发现和各种发明创造给人们带来更多获利的机会，投机性意识也逐渐在西方社会普及——如果一种商品包含的诸如产地遥远、交送时间不明等不确定性因素越多，那么这件商品的投机价值也就越大。据说，最早的投机性远期协议与捕鲸有紧密的联系：海洋的神秘多变、捕鲸船员的吉凶未卜、捕获鲸鱼的尺寸大小等等都充满了不确定性，使得很多投机者愿意投身其中。因此，16世纪末，鲸鱼在被捕捉之前，市场就开始了买卖。（斯泰因赫尔，2003）

而是在空气中交易）开始出现在德·拉·维加（De la Vega，1688）的著作中。

## 2.3.2 现代证券交易所的形成和发展：19世纪—20世纪70年代

由于直到 19 世纪末甚至"一战"之前，欧洲一直是世界经济最发达的地区，所以这一时期的欧洲资本市场，特别是作为世界金融中心的英国资本市场的发展状况就基本上代表了世界资本市场发展的主流。[①]但"一战"之后，由于战争以及其他因素的影响，美国取代了英国的世界经济霸主地位，相应的世界金融中心也从伦敦转向纽约，此后美国资本市场就成为世界资本市场发展的"领头羊"，一直引导着世界资本市场的发展。这里，我们就以"一战"为界，分别对两个时期英国与美国资本市场的发展做一介绍。

### 1.19 世纪中期至"一战"之前的英国资本市场

1802 年，1773 年成立的伦敦证券交易所正式获得英国政府批准，成为世界上首家实行会员制的现代证券交易所。在 19 世纪初的时候，英国的股票（含债券）交易已经相当活跃。据科普（1942）估计，1800 年整个伦敦市场已经拥有了数百个个体投资者与企业以及 700 个执照经纪人，且英格兰银行成为所有业务的中心。19 世纪中期，在经历了"泡沫风暴"导致的大约百年停滞之后，由于当时大工业建设所需的运河和铁路的发展所需的资金规模巨大，导致了英国《泡沫法案》的废止，英国资本市场，尤其是公司股票市场获得了巨大发展——1860 年政府债券在所有证券总值的比重超过 50%，而到 1914 年这一比例就只有不到 5% 了——为英国工业革命提供了有力的金融支持。表 2-1 列示了伦敦股票交易所 1853—1913 年证券的演变状况，虽然没有展现英国这一时期的整体的资本市场（如政府债券的发行规模），但从中我们也对英国资本市场的发展有一个初步的了解。

英国资本市场此间的金融创新主要是与普通股与优先股股票种类有关——绝大部分英国上市公司有至少两种以上类型的股票，有些还有更多。

表 2-1　伦敦股票交易所：证券分布（已付资本）1853—1913 年（总规模百分比）　单位：%

|  | 1853 年 | 1863 年 | 1873 年 | 1883 年 | 1893 年 | 1903 年 | 1913 年 |
|---|---|---|---|---|---|---|---|
| 政府证券 | 76 | 67 | 59.3 | 52 | 39.5 | 36 | 34.8 |
| 铁路 | 18.5 | 27.7 | 32.1 | 40.6 | 49.4 | 44.2 | 43.4 |
| 公用事业 | 2 | 1.7 | 1.4 | 2.8 | 2.9 | 2.9 | 4.6 |
| 金融服务 | 1.1 | 1.6 | 5.4 | 2.8 | 4.1 | 6.3 | 6.4 |
| 工商业 | 1.8 | 1.7 | 1.4 | 1.2 | 3.5 | 9.9 | 9.6 |
| 采矿业 | 0.6 | 0.3 | 0.3 | 0.6 | 0.7 | 0.6 | 1 |
| 总金额（百万英镑） | 1215.2 | 1610.4 | 2269.1 | 3634.3 | 4899.2 | 6978.3 | 9550.3 |

资料来源：转引自 Allen（1993）《Stock Market and Resource allocation》，Michie（1987），表 2.4P.54。

---

[①] 事实上，当时除去欧洲诸强以及美国、日本以外，很多国家或地区的金融体系仍然停留在以银行为主的发展阶段，有些国家或地区甚至并不存在规范意义上的资本市场。

## 2."一战"之后至 1970 年代的美国资本市场

在地球的另一端，美国资本市场在这一时期也获得了迅速的发展。19 世纪中期后，首先是南北战争激发了美国国债市场规模的迅速扩张，开创了美国资本市场发展的先河，此后，横亘美洲大陆的铁路建设所需的巨大资金要求刺激了美国公司股票市场的迅猛发展。由于第一次世界大战沉重打击了英国经济，也动摇了其世界经济中心的地位，而美国经济同时却获得了巨大发展，因此就在"一战"之后，伦敦世界金融中心的地位最终被纽约所取代。此后以纽约为核心的美国资本市场就一直被视作世界资本市场发展的代表。

在资本市场的发展中，证券发行规模是最重要的一个衡量指标。图 2-2 展示了 1925—1940 年美国资本市场证券发行与换新业务的基本趋势变化。从中可以看出，虽然"一战"后，美国资本市场取得了长足的发展，到 1930 年证券发行总额突破了 100 亿美元，但此后 1929—1933 年的"大萧条"对于美国资本市场产生了巨大冲击，资本市场几乎处于崩溃的边缘——证券发行锐减，到 1933 年的证券发行仅仅只有 7 亿美元，直到 1940 年也不过恢复到 1930 年的 50% 水平。

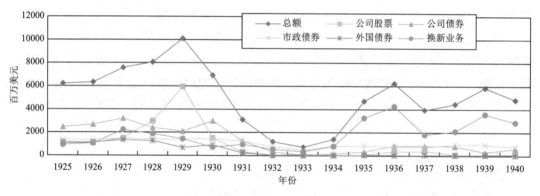

图 2-2　美国资本市场活动：新发行与换新业务（1925—1940 年）

20 世纪 40 年代以后，由于监管环境以及经济运行等因素的影响，美国资本市场仍然是债券市场发展占主要趋势。这主要是因为：①此间发生的第二次世界大战以及随后而来的朝鲜战争，使得美国政府支出急剧膨胀，国债发行规模一直居高不下；②公司股票、债券发行的监管环境发生了巨变，信息披露逐渐规范化。考虑到股票发行本身有一定的负面信息作用，而且当时美国联储与财政部实质上实行一种"钉住利率"的联合政策，利率水平较为稳定，公司筹资时也倾向于发行债券。

进入 20 世纪 60 年代，美国资本市场的格局发生了意义重大的变化——伴随着美国工业化程度的提高，新的产业、新的中介机构开始主宰资本市场的发展。就资本市场的发行主体而言，有两个主要变化：一是相对于工商企业而言，公用事业作为股票市场与债券市场主要发行人的地位开始凸显；二是原有的工商业，如铁路设备、纺织等传统产业开始萎缩，如通过大规模并购削减生产能力，而电信等一些新兴产业则开始成为市场的主体。就中介机构而言，共同基金的崛起是这一时期美国资本市场发展过程中最引人注意的事件——共同基金的发展，使众多的中小投资者规避了巨大的交易成本与信息、技术劣势，进而获得了参与市场的机会，达到资产多样化的投资目的。因此，在短期之内，无论是货币市场基金还是投资基金在美国从规模到形式就都获得了惊人的发展。

虽然资本市场无论从发行、交易的规模，还是参与主体都发生了巨大的变化，但这一时期美国资本市场上的金融产品创新却不太明显，如早期仅有的一些产品创新，如"收入债券""信托凭证"等，都没有成为市场发展的主流。

## 2.3.3　现代商品交易所的诞生与发展：19世纪40年代—20世纪70年代

现代意义（或者说制度创新意义）上的期货交易进而期货市场产生在19世纪中后期的美国芝加哥——1848年组建的芝加哥期货交易所（CBOT）在1865年正式推出了标准化的期货合约，同时实行了保证金制度，向签约双方收取不超过合约价值10%的保证金来作为其履约担保。

期货市场开始于19世纪早期的美国中西部，当时的社会非常简单，主要以农业为主。当时的芝加哥是一个仅有4000名居民的新创建城市。

对于大部分地区而言，农业显然是一个季节性极强的产业。一般来说，谷物在春天被耕种，而秋天则是其收获的季节。这意味着即使秋天有充足的供应，但到了冬天，农业也会经历一次浩劫。不仅市场供应紧俏，而且收入也会随之紧缩。农民在淡季中无法维持正常的开销。许多农民和磨坊主都面临破产的威胁。为了这个地区的生存和发展，变革势在必行。

最先出现的是远期合约——第一个有记录的远期合约的时间是1851年3月13日。这种合约的交易数量为3000蒲式耳，交货期为当年6月份，价格为每蒲式耳低于3月13日当地玉米市价1美分。他们在位于面粉店上面的一个房间里达成了这些远期合约。这间屋子就是芝加哥期货交易所（Chicago Board of Trade, CBOT）的第一间官方办公地点。

然而，考虑到远期合约没有对交货时间和商品质量进行标准化，远期合约存在很多其自身难以克服的缺陷。此外，由于远期合约是买卖双方之间达成的协议，所以经常会出现当市场条件的变化使得交易变得无利可图时，有些交易者不愿意或者无法履行合约相关条款赋予义务的情况。为了解决这个问题，芝加哥期货交易所（CBOT）同意为合约制定更多的框架，而这就形成了我们今天所知道的现代期货合约。期货合约的标准化主要体现在合约中的商品质量、数量以及交货时间和地点等方面。此外，为了解决交易一方违约风险的问题，交易所需要参与者提交初始保证金。这意味着交易者需要在交易所存入按合约价值一定比例所确定的保证金存款才能开始交易。

期货合约发展的过程中其他一些关键措施的实施使其在实践中变得更为有效。收获和运输条件决定了谷物产品的交货时间。在美国中西部，天气是一个大问题。而正是基于这方面的考虑，他们选择3月作为交货时间——因为3月是冬天过后的第一个月，此时运输条件往往已经得到了改善。5月是将陈年谷物清仓并为在夏秋季节收割的新谷储藏做准备工作的好时候。12月是冬天来临之前农民们可以成功运送谷物的最后一个月，因此12月变成了官方的新谷运送时节，此时的合约交割几乎完全是由刚刚收获的农产品来实现的。

期货交易演进中可能最为重要的一个变化就是投机主体的出现。随着这些合约变得更加标准化，很多谷物领域的个人专业人士开始了以这些合约的价格波动为前提的投机活动，即在一个较短时期内的买卖双向交易。一般来说，投机者们在预期未来某个时间可通过（高价）卖出期货合约赚取差价的前提下，在当前（低价）买入玉米期货合约，而在整个过程中这些投机者并没有在未来实际进行玉米实物交（或收）货的意图。投机者带给期货市场的好处是提供了流动性。而一个有流动性的市场才不会产生异常的价格运动。从这种意义上说，投机者的存在有助于期货市场的价格稳定。

## 2.3.4　包括金融市场在内交易场所的一些新近发展态势

### 1. 期货期权等衍生品交易所

随着社会现代化程度的持续提升，其他国家和地区开始意识到期货合约对于经济稳定的重要性。英国、巴西、德国、法国、日本、新加坡、澳大利亚和中国香港的交易所开始进行期货交易。

世界市场的全球化为不同国家和地区交易所之间创造了联系的需要。随着世界变成一个有协同效应的大社会，产生了对电子化联系和进行24小时不间断交易的需求。美国的期货交易所通过创造国际化的产品、延长交易时间并且创造一个电子化的买卖竞价市场等途径，在满足这种需求的过程中扮演了非常重要的角色。

最值得注意的发展是全球交易执行（GLOBEX）系统（由芝加哥商品交易所CME研发）和A项目（Project A）系统（由美国芝加哥期货交易所CBOT研发）。在德国，德意志期权和期货交易所（Deutsche Terminborse Exchange）完全取消了公开喊价交易并严格按照电子化市场交易进行运作。

在GLOBEX系统中，个人投资者可以交易SP-500期货指数、mini-SP500期货指数和NASDAQ100期货指数及其微型合约等。个人投资者也可以在GLOBEX中进行货币类交易。

在Project A系统（现为Eurex）中，个人投资者可以交易长期国债、中期国债、期权和所有可以在芝加哥期货交易所（CBOT）交易的谷物产品。电子化交易方式设计的目的是通过在盘后交易时段提供附加的接入设备来支持公开喊价交易制度。

随着社会变得越来越现代化，金融市场的现代化程度也不断提高。通过技术进步推动的信息渠道的增加、与交易有关的数字功效的提升，世界经济的一体化成为导致我们今天正在经历的金融革命的主要推动力。期货业将会持续成长来适应金融世界不断演进的需求。

## 2. 数字资产交易场所

2013 年以来，随着比特币等完全以数字形式存在的虚拟货币①的出现，依托区块链技术的数字资产交易场所如雨后春笋一般在包括中国在内的全球各地涌现出来——保守估计，到 2018 年 6 月底，全球的加密币交易平台总数超过了 500 家，且当时数字货币交易平台正在以日均 1.75 家的速度增加，月增速约为 22.4%。

尽管目前不仅理论界对于比特币等数字资产是否代表一种真实的货币来提供稳定的价值储藏功能还存在不同的见解，不同国家对于比特币也有不同的定位，但对于它充当一种替代性交易载体的潜力则在理论界少有争议。因为从实践来看，比特币超越了现有的制度性支付体系，可以视为一种无须传统金融机构介入来实现支付的 P2P 电子货币。②

一般认为，包括比特币在内的数字资产（除了比特币之外，还有其他密码货币，这些密码货币通常被称作"代币 altcoins"，即比特币的替代品）不大可能替代主要货币来作为任何一个时点的交易媒介。但是，它的出现及其交易价格的波动彰显了在没有政府背书情况下电子货币的可行性。比特币等密码货币目前仍然是一种处于早期阶段的创新，相应的制度结构仍处于开发过程之中，同时，针对比特币等密码货币管理、账户记录和供给相关程序的协议也将随着时间的推进而不断演变。

从实践来看，尽管把比特币视为一种纯粹私人部门开发的货币这种理念吸引了较大的关注，且对其安全的担忧也普遍存在——诸如在没有政府保证的情况下，技术能够保证所有权和交易架构吗？如果比特币等数字资产变成各类非法活动最偏好的一种交易媒介，公共部门会有什么反应？等等。但比特币等加密货币的交易已在全球范围内成为现实，比特币等交易价格相对于美元等国际主要货币的价值呈现出极高的波动性。现实地看，比特币等数字资产及其交易目前处于发展的幼稚期，仍在不断进展。

## 3. 绿色资产交易场所

随着人类对环境恶化问题的日益关注，碳排放权、排污权、用水权、节能权（用能权）等绿色资产交易场所的涌现是近年来全球交易场所发展中不可忽视的一类创新。

碳排放权交易（简称碳交易）是这类交易场所历史最为悠久的一类交易。碳排放交易是为促进全球温室气体减排，减少全球二氧化碳排放所采用的市场机制。联合国政府间气候变化专门委员会通过艰难谈判，于 1992 年 5 月 9 日通过《联合国气候变化框架公约》（UNFCCC，简称《公约》）。1997 年 12 月于日本京都通过了《公约》的第一个附加协议，即《京都议定书》（简称《议定书》）。《议定书》把市场机制作为解决二氧化碳为代表的温室气体减排问题的新路径，即把二氧化碳排放权作为一种商品，从而形成了二氧化碳排放权的交易，简称碳交易。

---

① 关于比特币的论文，参见中本聪（2013）和耶尔马科（2013）。
② 一笔典型的信用卡交易至少涉及 5 个主体（位于终端的两家银行、一家信用卡公司、一个支付处理机构和一家清算所）且需要数天时间完成清算。借助于比特币，一笔交易仅仅需要在两个比特币账户之间的交易和一次电子确认流程。

# 2.4　金融市场的经济功能分析

对于任何一个金融市场而言，其所有的经济活动围绕着产品、交易和监管三个方面展开，进而产品、交易和监管也就构成了金融市场竞争的三个主要环节，或者说支撑金融市场发展的"三足"。

## 2.4.1　交易功能

市场的本质就是交易。交易功能是金融市场最基本的功能，也是金融市场之合理性所在。与其他市场的组织形式相比，金融市场是一个高度集中的市场，汇集了大量的资金交易需求，从而为供求双方提供了一个高流动性且成本低廉的场所，最大限度地满足了投资者的交易需求。

在没有交易成本的经济环境中，证券交易可以通过"两两"方式进行，不需要任何正式的经济组织。但在现实世界中，投资者在买卖过程中存在着交易对象搜寻、信息不对称、交易违约等一系列交易成本，如果没有一个集中的交易市场，那么投资者彼此之间就必须互相接触以确定交易价格和交易数量，然后才能完成交易。假设每个投资者的交易成本为 $T$，那么 $N$ 个投资者的总交易成本就为 $N(N-1)T/2$。但是，如果存在一个可供交易的集中市场，那么总交易成本将降低为 $NT$。从"两两"交易到交易市场的演变见图 2-3。

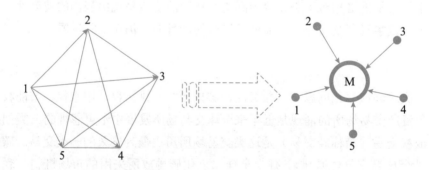

图 2-3　从"两两"交易到交易市场的产生

上述例子表明，交易市场的产生可以降低信息不对称性、强化交易契约效力、建立集中的交易设施，从而有效地降低交易成本。然而，上述功能的实现需要在交易服务提供者之间建立明确的合作关系，因而需要交易所这一正式组织来便利和协调上述合作关系。从历史角度看，交易所的形成与发展与社会化大生产，或者说社会分工的不断深化与协同合作进而社会交易费用的节约或降低密不可分，换句话说，在一个以个体自然生产为主、不产生商品交换行为的社会中，并不需要交易所。

从内核上看，交易所，尤其是证券交易所和金融衍生品交易所的构建和完善将其使用者通过货币化卷入了一个共同的市场，将未来的活动纳入现在的市场交易（资本化），从而延伸了市场经济的范围和领域。因此，作为市场的一个重要组成部分，交易所是从事经济活动的当事人之间在基于普遍信任之上，借助于货币（一般等价物）以及各种金融资产形式，调动经济资源在时间、空间、不同人群中重新配置的复杂关系契约网络。这种网络在现实中表现为一种制度化、组织化的交换，不仅"涉及社会规范、习惯、制度化的交换关系，以及信息网络（有时是有意组织的）"（多西，1988；霍奇逊，1993），还包括"应用这些规则的从事特定商品交易的人"，其目的在于"改善各自的效用"（Furubotn 和 Richter，1997）。

从这个意义上考察，之所以交易所能够存在和发展，是因为与这种制度相关的组织设计极大地便利了市场交易活动中最为重要的两个活动：一是信息的收集、处理和传递等活动，"市场要求谈判和执行大量的信息交换"（西蒙，1991）；二是围绕着产权让渡所引起的一系列契约活动，包括契约的签订、磋商和执行等。首先，交易所交易的产品的一个关键特征在于其高度的标准化，使得交易对手无须就交易合约的很多细节进行私下磋商，极大地便利了交易进行；其次，标准化的合约意味着交易对手之间可以进行多边的净头寸结算，而无须持有合约等候到期的实物交割，这无疑是一个实质性的交易效率改进；最后，从制度上讲，多边对手的信用风险最终由结算所的单一风险所代替——一般来说，结算所成为每一笔交易所执行交易的对手，进而使交易者无须考虑交易潜在的对手风险。这一点对于交易的达成显然具有极为重要的推动作用。

## 2.4.2 价格发现（或信息显示）功能

金融市场的核心是交易，交易就需要有一个价格。交易所的价格发现功能是其交易功能的直接延伸，也可以说是交易功能实现的前提。信息作为"不确定性的负量度"（Arrow，1973），不仅是现代经济的核心概念，也是市场经济中分散决策主体关注的重点。[1] 因此，作为市场经济的一种独特制度安排，交易所潜在而又至关重要的功能之一就是充当实现市场经济中部门行为协调的信息源。

竞争性的证券交易所是一个天然的信息吸收、集成和显示的场所。[2] 尽管价格作为一种信息机制的思想可追溯到哈耶克（1945），但对证券交易所中股票等价格信息内涵的分析始于 Grossman（1976）。借助于 Green（1972）的"理性预期均衡"这一概念，Grossman 在一个简化的"两资产模型"中以信息与投资者行为的既定联系（当获得利多信息，他就会购买相应的证券，进而抬高股价；如果信息是利空，他就会卖出股票从而压低价格）为基础，揭示了特定条件下私人信息体现在股票（市场）价格集成和传递的基本过程。在这一场所，当市场实现理性预期均衡时，股票价格将成为一个集成市场

---

① 对于信息在资源配置过程中的作用，Allen和Gale（2000）曾做过较为深入的分析，他们认为（金融资产）价格在资源配置过程中主要起到三种不同的作用：显示资金的稀缺性（或价值）、风险分析与信息集成。

② 事实上，自20世纪六七十年代有效市场假说（EMH）问世之后，股票市场（价格）有效提供信息的程度以及反映可用信息程度的研究就一直是理论界关注的焦点。

上全部可用信息的充分统计量，进而交易者们虽然可以试着从私人信息收集中获利（即存在 N 个信道），但市场交易却会将宝贵的信息传递给了别人，或者说仅需 1 个信道（市场价格），市场就可以向交易者传递其决策所需的所有私人信息。同时，借助期货市场，Grossman 和 Stiglitz（1976）利用一个简单模型对信息的整合过程做了一个说明。此外，作为 Grossman（1976）的拓展，在线性价格函数等假设之上，Hellwig（1980）、Verrecchia（1982）运用更为复杂的数理模型分析，展示了多种证券存在情况下信息的显示过程。

但是，尽管 Grossman（1976）说明了股价的信息显示过程，只要私人信息的收集需花费成本，这一过程就存在一个悖论。一方面，如果价格体系把一切信息都告诉了交易者，那么对于知情交易者而言，虽然其获得了一定的信息价值，但花费了成本，进而其财富减少了；而对于不知情交易者而言，在无须承担成本的情况下，价格体系完全向他们显示了所有信息，进而可以免费获得信息价值，从而知情交易者福利严重劣于不知情交易者，进而导致没有一个交易者产生信息收集动机转变为知情交易者。另一方面，如果没有人收集信息，由于获得信息后福利的确可以得到改善，某些人又会产生收集信息的动机。这显然构成了一个两难的"悖论"，或者说私人信息收集的均衡并不存在，这就是 Grossman 和 Stiglitz（1976，1980）分析的核心。为了解释这一悖论，Grossman 和 Stiglitz 引入了额外不确定性存在（噪声，noise），进而在存在噪声的情况下，价格体系就只能向不知情交易者传递部分信息，从而知情交易者仍然有信息收集的动机。

作为对上述证券交易所信息显示过程的一个补充，Allen（1990）利用类似 Grossman（1976）的分析模型，通过对微观主体信息收集前后的自身福利的变化与信息成本的比较分析，对股票市场参与者的信息收集动机做了一个经济学分析。而 Boot 和 Thakor（1993）则从证券设计视角出发，认为相对于债券、贷款等债务性证券而言，股票是一种对市场信息反应更为敏感的证券。

此外，20 世纪 70 年代以来，伴随着金融产品的创新过程风起云涌，资本市场中出现了许多全新的资产品种，股票价格信息内涵有了进一步强化的态势。之所以会出现这种变化，是因为衍生品市场是一个完全由供求决定价格的自由市场——市场中聚集了大量的偏好有异、信息来源不同的买者和卖者，而买卖双方根据掌握的信息充分竞争形成对未来市场供求的理性预期，其价格一般是真实、合理的，具有较强的前瞻性，对现货市场的价格走势具有指导意义。因此，衍生市场的出现使得金融的信息披露功能得到了强化。

## 2.4.3　维持市场公正功能

金融交易必须有价格，但单有价格还不够，价格还必须是公平的、合理的。公平合理的交易价格的形成有赖于两个方面：一是信息的充分披露，二是有效的监管。由于交易所具有与一般市场不同的运行特性和市场结构，如信息透明度要求高、参与者利益联系紧密、价格波动频繁、容易产生市场操纵和欺诈行为、投机盛行等。这些垄断、外部性和不对称信息的广泛存在所造成的交易所失灵使得交易价格很难自发公平，因此，交易所是一个需要实行监管的市场。实际上，成熟的交易所通常就是一个高度监管的市场。

## 2.4.4 风险分散功能

鉴于市场运行中生产技术、需求、原材料以及利率、汇率等变动导致的广泛不确定以及禀赋（财富、经济活动性质等）不同决定的主体风险源、风险承担能力以及风险偏好等差异的存在，风险配置的优化，或者说通过风险形态变换及敞口转移等风险管理活动实现不同主体风险承担能力与风险承担敞口的最优匹配向来是个人、企业等微观主体关注的重点。考虑到风险如同能量，只要现实经济活动存在，它既不会凭空产生，也不会凭空消失，只能从一种形式转化为另一种形式，或者从一个物体转移到另一个物体，因此，交易所作为市场经济中一种制度安排，其主要功能之一就是允许个人分散资产组合，对冲异质风险，参与者可根据自己的风险承受能力来调整资产组合的风险，换句话说，交易所的存在和发展，使得风险从一个参与者转到另一个参与者，从这个地点转到那个地点，或者将分散的风险集中管理，或者将集中的风险分散化。从理论上说，交易所这种在既定的时点上，不同的投资者可以进行风险交换的便利可以理解为"横向风险分担"——交易所中的交易实际上表达了不同参与者在某一个既定时点上对风险的不同感受，因而交易所也就提供了表达不同投资者的不同意见的机制（Allen，1993）。

与 Diamond（1967）仅强调生产者禀赋差异不同的是，Saint-Paul（1992）突出了股票市场对技术选择带有决定性的投资收益风险分担的影响。在他的模型中，生产率的提高意味着选择了更加专业化的技术，而这种更专业的技术却使得企业对应用该技术产生的获利能力波动（如难以预见的需求变化，有时也称为"技术弹性"）变得更加敏感。容易理解，如果缺乏外部风险分担机制，当企业面对高"技术弹性"时，往往会选择更缺乏专业性，进而更缺少生产性的技术。Saint-Paul 认为在弹性技术的机会成本很高时，股票市场通过允许主体的多种分散化投资、交易，就成为一种有效且富有吸引力的风险分担机制。使用相同的方法，Saint-Paul（1993）对发展中国家常见的技术两重性难题进行了分析，认为正是股票市场的欠发达才使其无法有效地分散生产性风险。

如果说上述研究主要着重证券交易所这一制度内在的风险配置功能分析的话，那么以 Markowitz（1952）在组合投资理论中的"均值—方差"方法为基础，Sharpe（1964）、Lintner（1965）以及 Mossin（1966）提出的资本资产定价模型（CAPM）则从数理视角为证券交易所中多种不相关证券存在下分散化投资策略的风险管理作用做了深刻的说明。在把风险划分为"系统性风险"与"非系统性风险"两大类的基础上，Sharpe 等说明了虽然总体风险一定，但证券投资组合中的非系统性风险可以通过分散化得到消除（进而市场不会对投资者承担的非系统性风险支付风险溢价），而其系统性风险的溢价与市场总体资产组合呈正比例关系。这是证券交易所存在之后，投资者获得风险优化配置"免费午餐"的根源所在。

当然，关于证券交易所风险配置功能更为拓展的分析是在 Merton（1973，1975，

1977）基于"连续金融"资产定价理论系列研究问世之后才成为现实的——在假设市场无摩擦且连续、有限负债证券（如股票）的价格动态（服从伊腾类型的随机过程）、存在无风险债券、投资者关于证券收益与方差有一致性预期的基础之上，Merton 借助于复杂的数学分析描述了一个模型，论证了只要其中存在对应重要普遍性风险源的多样证券（共同基金），有限证券的"动态交易"同样可以实现风险的最优配置。①

　　1972 年至今，以远期、互换、期货、期权以及近年来不断涌现出来的各种"结构化"金融工具为代名词的金融创新并不是经济运行的偶然，而是经济、金融发展到一定阶段的必然产物，或者说包括期货在内的衍生品（尤其是金融衍生品）的出现和发展是风险分散功能深化的必然产物。1972 年外汇期货的推出是布雷顿森林体系崩溃，固定汇率体系转向浮动汇率体系后汇率波动风险加大的产物，1975 年的利率期货，则是为了规避高通货膨胀环境中利率波动加剧的风险，而 1982 年推出的股指期货则是为了规避股票投资的系统性风险，因此金融衍生产品能够更好地完善、强化金融体系的风险转移功能，把风险转移到最能够承担风险的经济主体身上，实现风险配置的优化。风险的有效配置与信息的有效披露的结合，在客观上有助于实现整个社会资源配置优化。随着衍生产品交易的日益广泛以及金融工程技术的日益成熟，金融衍生产品的交易极大地减少原有基础金融产品交易所产生的支付压力，进而其在支付系统中的作用也渐趋明显。此外，可转换债券与股票期权等衍生金融工具出现以后，借助其独特的"结构化"特性使它们可以融合股权控制与债权控制的长处，进而在公司治理方面也日益显得重要了。

## 2.4.5　资金集聚功能

　　金融体系的储蓄动员功能一般指的是银行与市场等金融制度安排将全社会极为分散、或多或少的储蓄资金聚集起来并使其流向具有高生产性投资项目的能力。一般来说，规模经济、范围经济等因素造成的投资以及技术创新的不可分割性决定了储蓄动员功能对现代市场经济运行有着极为重要的推动作用。问题是在现实中，由于主体的偏好不一，很难自然地基于个体实现两者的有效吻合，而尽管银行等金融中介提供一些具有"标准契约"性质的产品（存款合同）来在保证流动性的同时动员储蓄来满足盈余者的需要，但银行独特的资产负债结构要求也决定了它不可能提供符合所有主体要求的"完全证券"系列，② 因此，单纯由金融中介提供的产品无法满足经济的内在要求，削弱了储蓄者的储蓄动机和投资者的投资动机。而随着股票市场的出现发展，大量的基于市场的证券得以出现，或者说金融体系中的证券完全化程度得到了加强，满足了不同偏好主体不同的

---

① 事实上，Merton的这一理论和更早一些的Black和Schols（1973）的"期权定价理论"结合在一起成为现代金融工程理论的基石之一，进而宣告了一个全新风险管理阶段的到来。

② 对储蓄主体而言，银行只提供存款，只有流动性、安全性等保障，而无法获得更高的投资收益。对投资主体而言，由于传统上，银行只提供短期贷款，贷款的规模一般还受抵押物价值的限制，而现实中，很多投资项目所需的资金不仅规模大，而且要求的期限也很长，结果使得很多项目根本就得不到资金支持。

流动性需要，进而可能极大地扩展了储蓄者的选择范围，引致储蓄率的提高（Llewellyn，1992）。

## 2.4.6　流动性提供功能

功能视角中的流动性——当经济主体想实现消费的任何时候，如果某项资产能使其这种需求在跨期优化得到满足，那么这种资产就是具有流动性的——是一个非常独特的经济概念，源于 Diamond 和 Dybvig（1983，以下简称 DD）的经典文献：在一个 3 时点的生命周期模型中，DD 注意到由于长短期投资收益之间存在的不可逆性（即投资效率高的两期项目无法在短期内变现，而短期投资项目提供的收益却少于长期项目）与未来消费的不确定性（即对早期消费者而言存在流动性冲击，且这种冲击一般为私人信息，无法为他人获知进而纳入保险市场），所以在缺乏金融体系的自给自足经济中，期初的主体不愿长期让渡资金支配权，或者说为了满足消费需求而被迫推迟生产性投资，导致出现投入过多效率低下但却拥有流动性的（短期）项目，而高效率同时却不能流动的投资项目则无法获得资金支持的现象，进而在严重阻碍经济长期增长的同时也损害了个人福利，而当银行（存款）与股票（市场）出现之后，通过它们独特的流动性提供机制（即资产期限转换），消除流动性冲击，进而在宏观和微观两个层面实现资源配置的帕雷托改进。[①]

尽管在早期文献中，流动性提供的研究主要集中于银行，而股票市场仅以一种无法提供最优流动性的参照而存在（Bryant，1980；DD，1983；Qi，1994），但自 Jacklin（1987）之后，大量的文献探讨了银行流动性提供功能的稳健性，进而股票市场在流动性提供中的功能引起了学者的广泛关注，如 Jacklin（1987）分析了假设 DD 模型中存在拥有两期生产技术的企业且该公司在初始时点可发行股票的情况。其分析表明，由于利用股票交易，主体（股东）可在时点 1 获得股利的同时将股票在市场上出售，两类主体完全可以实现 DD 意义上的最优消费平滑（即 Jacklin 认为在流动性提供方面银行并不能做得更好）。Wallace（1988）借助一个 3 时点独立主体模型，对 DD 模型做了一个与 Jacklin 不同的解释，他认为在一个主体隔离的世界中，银行才是股票市场的替代，或者说只有当经济中的主体相互隔离、不相往来时，DD 模型的结论才能成立。Haubrich 和 King（1990）改变了 DD 中主体资源禀赋固定条件下由于未来个人效用不确定导致的流动性偏好假设，试图通过假设效用固定（或确定）但未来资源禀赋不确定导致的流动性偏好需求来模型化银行与市场的功能，认为银行存款的不可交易性是 DD 意义上金融中介存在的必要条件。Levine（1991）则认为，在股票市场存在的前提下，如果交易者只是根据股价进行交易而并不管卖出者是否受到或受到怎样的流动性冲击，那么由于其可以通过交换股票而不是被迫提前清算生产性资本，所以只要经济中有些微观主体可以不必经

---

① 在 DD 模型中，当金融市场出现时，微观主体的效用得到了改善；但市场提供的流动性，对于微观主体而言并非最优，尚存在帕雷托改进的余地，而基于银行的银行活期存款可以向经济中提供最优流动性。

历这种冲击（即存在 DD 模型中的晚期消费者），且这些主体也希望增加生产资本在其财富中份额的话，那么股票市场就为那些受制于流动性风险的消费者提供了与其他主体交换投资的机制，进而鼓励主体以生产资本形式保有更多财富份额。[1]

虽然 Jacklin（1987）、Levine（1991）等强调了股票市场在流动性提供中的作用及其对银行的影响，但当前学术界关于金融体系流动性提供功能的主流观点是把银行和股票市场视为两种竞争性的机制（Diamond，1997；Von Thadden，1998，1999；Allen，Gale，2001）。借助"有限参与"[2] 这样一个现实约束，Diamond（1997）论证了银行可通过两种方式创造流动性。第一，通过转移来自市场的流动性需求，银行的存在有效弥补了市场流动性缺口，这有助于提供市场的流动性，使非流动性资产的价格高于其完全由主体直接持有时的价格。第二，如果投资者对风险极度厌恶并且市场参与程度极为有限，银行存款通过跨部门补贴，可以增加短期收益，而由此我们可以得出：一方面，银行的流动性提供功能是资本市场的一种补充，建立在市场不完全（如交易成本、信息成本导致的市场有限参与等）基础之上；另一方面，与市场相比，银行存在资本市场所无法实现的流动性提供措施（如跨部门补贴），因此银行的出现对流动性提供有着重要作用。Von Thadden（1998，1999）则认为如果存款人可以在银行之外从事市场交易，银行提供流动性保险的能力将受到制约，而且资产的可逆性越强，银行的流动性提供能力越弱。

此外，鉴于一方面银行在提供流动性过程中，存在挤兑或其引致的银行危机的可能性，另一方面当个体风险厌恶系数不断增大时，即便从个体来看，银行介入流动性提供的程度越高，微观主体效用越能得到改善，但从宏观上看，却表现出越来越多的资源被投向短期低效的投资项目，进而使经济增长受到损害，所以，证券交易所在流动性提供中的作用不容忽视。

## 2.5 交易场所成功发展的经验：基于历史和现实的一个理论总结

纵观世界不同地区、不同类型交易所的发展历史，我们大致可以总结出以下几点交易所成功发展的决定要素。

---

[1] 此外，Levine（1991）还认为投资于企业的平均资本量对私人人力资本积累的效率可能会通过外部性而产生一个正面的影响，而这种外部性的存在则可为实物资本投资不仅可以通过公共产品的特性来提高公司的技术水平，而且可鼓励人们的相互作用来加快培训进程这一假设所证实。

[2] 所谓"有限参与"，是指由于进入资本市场的门槛过高，从而在进入市场之前就对投资者进行了"隐性"的筛选，部分投资者不会选择进入资本市场。

## 2.5.1 来自经济内部的强劲市场需求驱动是交易所获得成功的根本原因

在现代市场经济中，商品交易所、证券交易所乃至当前出现的文化产权交易所等都是一类专业从事金融服务提供的金融中介机构，其存在和发展的目标取向都应该是更有效地履行某些经济功能进而满足来自于市场内部的基本金融需求。

那么，什么是驱动交易所发展的内在需求呢？要想回答这一问题，需要我们了解交易所的经济功能所在。从理论上说，任何金融机构或市场——不论是过去和现在——的存在都具有六个基本功能：一是提供支付服务以完成资产、货物和服务的交换；二是为大型项目或企业提供资金来源；三是将资源从储蓄者转移到贷款者；四是风险管理；五是为非集中化的决策及其协调提供需要的价格信息；六是激励创造式的贷款者能够绩效良好。因此，我们可以认为交易所这类特殊的金融中介的存在和发展的内在根源也在于有效地履行这些经济功能。如果以衍生品交易所为例，我们可以发现其存在和发展的革命性意义在于服务范围的拓展、效率的提高和风险管理的成本降低，由此打开了新的经济活动空间（在缺乏衍生品交易所进而衍生品时，经济中的有些经济活动被认为是风险过高而不能进行），同时还给未来经济活动提供价格和预期的波动率（这些信息显然有助于理性的投资和生产决策）和合适的激励。换句话说，风险管理、价格信息和激励是衍生品交易所发展产生最直接影响的功能，而这些功能和其他功能（支付、汇集和转移资金）一起共同作用于经济运行，以更好的效率和创新改进社会的最终福利。

从现实角度看，尽管交易所满足的经济功能并没有改变，但随着时间的推移，伴随着经济发展水平及其阶段性、产业结构、收入水平、技术环境以及金融理论的变化，需求变得更复杂了，给供应者的创新带来了压力。

（1）经济发展水平及其阶段性。金融的本质并非资金的自我循环，金融最重要、最根本的目的是通过自身推动实体经济的发展。因此，经济发展处在什么水平、什么阶段，客观上要求与此相适应的金融制度的出现，换句话说，一国（或地区）金融制度的安排，客观上受到一国（或地区）经济发展水平及其阶段性的制约。在农业经济社会，由于生产相对简单，经济的技术含量很低，所以资金规模的集中度不高，以票号、钱庄等为代表的提供简单融资为主要功能的金融机构就足以满足当时经济发展阶段和生产方式；进入工业化时代之后，市场经济机制驱使经济规模迅速扩大，需求成为拉动供给的主要驱动力，进而帮助处于萌芽状态的现代工业实现规模化的新型金融制度创新成为内生于经济的自发需求，正是在这种需求的推动下，现代商业银行制度出现了，金融寡头出现了，股份制经济也出现和发展了，相应地证券交易所、商品交易所也慢慢为市场所接受。

（2）不同的产业特征要求不同的金融制度支持。农业和现代工业，成熟产业和新兴产业等对资本规模的要求是不一样的，从而要求不同的金融制度与之相匹配。现代科学技术迅速而成规模地转化成产业，必然要求与之相适应的金融制度的出现，而这种金融制度就是建立在证券化、市场化和流动性基础之上的交易所或市场。之所以有这样的判断，是因为考虑到现代科学技术的产业转化过程中既存在资本收益的高成长性也隐含着资本活动的高风险性，无法单纯地依靠银行等金融制度来实现，而交易所作为一种基于证券化的制度创新，成功地引入了众多分散的投资者，并通过流动性有效地优化配置风险，可以有效地满足这种不断升级的产业结构演进的内在需求。

（3）与收入水平相适应的偏好。从实践来看，收入水平的高低是交易所经济发展的必要条件。收入水平很低的时候，需求结构处在一个比较低的阶段，对金融服务的要求也极为有限。当收入水平达到一定程度后，人们就会对金融服务提出要求，包括提供资产管理的金融服务要求，以实现财富升值甚至个人精神效用提升。这一点在包括中国在内的世界各国都是如此。以中国为例，传统的农业经济使得在长达 2000 年的封建社会中，土地成为人们首要的资产选择，有了钱就买土地，后来有了钱就建房子。后来发现，土地这种资产有一种不可抗拒的外部风险（政治），这种风险一旦来临，土地资产的流动性就会大大降低。因此，当经济的货币化程度不断加深的时候，国债加存款成为中国老百姓的首选。这种情况在 1978—2000 年间的 20 余年间几乎没有太大的变化。进入 21 世纪之后，伴随着人们收入水平的不断提升，虽然我们不能说中国老百姓的投资偏好发生了根本性的变化，但或许正在发生重大的变化——他们正在选择具有成长性同时又具有一定风险的资产，因为这种资产给人们带来了选择权和资产的流动性。这就是以证券交易所为代表的交易所发展给人们带来的理念上的变革——现实地看，中国老百姓面对的这种资产的范围目前日益拓宽，从最初的单纯的股票、债券等金融资产，目前已经延展到房地产、艺术品、文化产品的产权等。

（4）信息技术的发展和金融理论的完善。信息技术的迅猛发展，不仅使市场之间的空间分割不再存在——技术降低了通信成本、交易成本以及计算和跟踪头寸的成本，将地区性的交易所变为全国性的交易所，最近又成为全球性的交易所，进而任何特定交易对象的交易量都出现了增长。以前不经济的活动变得有利可图了，以前只能分离的活动可以捆绑起来以调和成越来越复杂的"混合产品"或者将以前集成化的产品分离开来，更为重要的是，极大地便利了信息的传播，有效缓解了信息不对称问题。尤其是套利技术的提出和完善，一方面使得这种行为在瞬间就能完成，另一方面则使得市场在这一机制的促使下不断地趋向于均衡。如果金融信息技术不发达，交易所可能也会有所发展，但不可能发展到今天的程度。

在我们看来，交易所作为一种制度创新，其兴起最为根本的原因就在于这些变化导致的强劲市场需求，进而交易所经济的成功也正是这种强劲市场需求驱动的自然产物。离开了这些来自实体经济的内在需求，交易所就如同"空中楼阁"或"无本之末"，尽管短期内可能受到热捧，但一旦投机热潮散去必然以失败告终。

## 2.5.2 恰当的合约设计是交易所成功的直接原因

当市场需求客观存在时，交易所的成功在很大程度上就依赖于交易合约的成功。无论从理论还是实践来看，交易所推出的合约成功与否主要受三个经济因素所制约：基础产品的风险、一个同质产品定义的需求与必要的流动性，在这些基础的特征之上还有 5

个重要的特征：与基础工具相关的特征，与合约本身有关的特征，与交易所其他活动互补性，交易所引入新合约的竞争因素以及监管限制。这里我们以期货交易所为例对相关因素作一分析。

（1）基础工具。由于现货和期货市场的紧密联系，对于期货合约的基础商品或工具而言，存在一个具有市场深度和流动性的现货市场是极为重要的。与"具有深度和流动性"的现货市场相联系的概念是基础商品或工具应当是同质性的商品——商品的同质性可以使交易成本较低，交易的一方无须和每一方就质量问题进行协商，进而交易参与者可以集中关注价格而非数量或质量。另一个影响合约成功的重要因素是现货市场高的价格波动性——当价格波动性低的时候，潜在的套期保值者会发现保值的成本超过了其收益。

（2）产品设计。交割特征是期货合约设计中的关键因素之一。它们决定了当期货合约到期时现货和期货价格的趋同程度，进而套利和套期保值能力很大程度上取决于交割规定。对于商品期货而言，很重要的一点是设计的交割系统能使质量和各种交割商品之间的关系符合商业需求，而对金融期货而言，由于最后一个结算价（收盘价）将作为基准用现金进行交割，所以得到这个价格的程度就极为关键。尤其值得注意的是，对于非完美同质的金融产品交割，必须设计成允许不同品种能够通过"转换因子"以"调整后"的价格交割。合约设计的另一个重要方面是合约的定价必须容易理解。成功的合约对保值者和投机者都有吸引力。

（3）其他合约的互补性。在设计期货合约时，交易所需要考察现有的交叉保值。保值者可能不愿转移到一个新合约，除非保值的精确度加强到足以抵消用现有合约进行交叉保值的较低的成本（较高的流动性）。换句话说，除非新合约的基差风险降低到足以抵销较高的交易成本，那么保值者才会乐于使用新的合约。

（4）竞争性因素。有的时候，交易所试图通过交易一个类似但并不严格相同的品种而入侵其他交易所的产品领域。如果新合约的条款更好地适应了潜在使用者的需求，新合约可能从旧的、更成熟的合约中赢得交易量，或者建立另一个有流动性的市场。但通常再设计一个类似合约，多数情况下以失败告终，因为它们缺乏足够的优势来补偿作为第二个出现的类似合约的劣势。

（5）合约监管。从实践来看，要寻找合适的合约对于交易所而言是一个巨大的挑战，经常受到缺乏合适的立法支持、规定和法律过时以及限制性的税收结构等因素的限制，这些显然需要在监管方面有所调整或放宽。否则，巨大的法律风险会使得合约很难为市场参与者所接受而导致失败。

## 2.5.3　良好的市场组织（含市场微观结构设计）是交易所成功的重要支撑

交易所的组织（含市场微观结构设计）是确保交易所成功的重要制度支撑体系。众所周知，交易所作为一类中介机构，其最主要的功能在于为交易双方提供平台，本身并不进行相关合约的交易。但从实践来看，交易所的组织有两种不同的模式：

一是以证券交易所等为代表的模式，其中交易所仅仅充当交易的中介或撮合主体，其与交易双方不发生直接的经济往来。

在这种交易所组织模式中，交易机制，或者说市场微观结构设计及选择就成为影响交易所成功的重要因素。从交易机制的角度看，市场微观结构主要包括以下7个方面的内容：①价格形成方式，如定期（集合）交易模式和连续交易模式、订单驱动和报价驱动（做市商制度）等不同机制之间的选择；②市场的开盘、收盘制度和开收盘价格的确定机制，大宗交易的确定机制等价格形成机制的特殊方面；③订单形式及订单匹配原则的选择；④交易的离散构件；⑤使市场波动平滑、价格稳定、有序的监控机制，如断路器措施、涨跌幅限制、最大报价档位等；⑥交易信息披露；⑦交易支付机制。

二是以商品或金融衍生品交易为代表的模式，在交易所中设置了结算所的类似制度安排（其组织形式或是交易所的一个部分，或者是一个单独的共识）的前提下，结算所成为每一笔交易所执行交易的对手方，直接参与到交易所的交易之中。显然，在前一种市场组织模式中，交易所的定位相对简单，只需确认交易双方的资信以及资金、证券等状况以及市场的公开、公平、公正，无须更多地干预交易者的行为，而在后一种市场组织模式中，尽管结算所通过成为相关交易所上市合约的法定对手方，结算所的头寸总是平衡的，进而将自己从市场风险中隔离开来，但其却直接暴露在其结算会员的对手风险中。这意味着与结算所完整性直接相关的对手方风险暴露成为确保该类交易所成功运行的重要保障。

从实践来看，这类交易所组织模式重点需关注的因素包括：会员要求；资信监察；对会员的监视；足够的保证金系统和操作系统的可靠性；在出现会员违约或市场紧急情况时的处理步骤；结算所的财务资源以及承受主要会员违约的能力；监管环境和在财务困难情况下政府的支持；结算所和与结算所相联系的风险暴露之间的系统联系。显然，在整个市场运行过程中，结算所执行极为关键的功能，通过监管、监视和保证会员的责任来保证交易所交易合约的完整性。一旦客户指令被经纪商在交易所交易池内执行，该指令即通过结算会员作为交易方被传输到结算所，或者是结算会员为自己结算。所有的结算必须由结算会员进行。

从这类交易所的组织来看，首先，交易所需要在谨慎的会员标准和吸引会员的需求两者之间取得平衡。一般来说，交易量会吸引到那些标准较宽松、资本金和保证金要求较低的交易所。结算所的清偿能力是一件公共物品，当然会得到会员的认同，但可能不像多数公共物品那样价值完全。结算所要求更严格的会员标准的能力取决于合约的重要程度、当地监管者要求的严格程度以及竞争性交易所的存在。

其次，恰当的保证金制度极为关键。当一条指令在交易所交易池内被执行后，结算会员必须放置可接受的抵押物（现金、国债或高等级银行签发的信用证等）。在合约持有的过程中，必须维持可接受的保证金水平，且根据市场变化的情况，必须维持的保证金数量会每天变化（逐日盯市）——这是结算所用来保护它们不受客户违约影响的主要安全措施。所有的保证金将被持有到对冲或者交割，结算所利用其风险分析系统计算保证金要求，并且在紧张情况下有重新评估保证金要求的灵活性。结算所可以要求增加保证金来规避信用风险，提供额外保护。

再次，多数交易所的结算机构对一个既定的合约规定投机头寸的最高限制，与之相适应往往存在对大户头寸报告的要求。

最后，对会员相关公司的情况的监控。从实践来看，母公司或其他相关公司的突然亏损会影响结算会员履行合约义务的能力。换句话说，所有的结算会员会受到初始的随后的资信监察。其中，对结算会员客户资金分离（以及其他保护客户资金的措施）的监控是一个重要的结算所功能。

## 2.5.4　灵活高效的流动性提供机制是交易所成功的基本前提

流动性是交易所的核心要素之一。从实践来看，流动性不仅为交易所中的投资者提供了转让和买卖证券的机会，为筹资者提供了筹资的必要前提，而且市场的许多发展与创新（诸如指令驱动、以交易为基础的证券市场的支配地位、套利驱动的组合管理、风险的定价等）都需要相关的市场保持流动性（核心是在不利的市场环境下能够产生连续的价格），且一旦市场缺乏流动性而导致交易难以完成，这些产品进而整个市场也就失去了存在的必要。

## 2.5.5　竞争驱动的创新是交易所经济演进的内在动力

从美国的情况看，20 世纪 30 年代出现的、到 20 世纪 70 年代在经济和政治影响方面已可以和纽约大银行相竞争、相抗衡的独立的美国投资银行业的存在，无疑是确保美国金融市场竞争存在及强度进而交易所发展的内在动力。

之所以有这样的判断，是因为无论是从理论还是实践来看，这种市场竞争压力在一个由全能银行主导的金融体系中几乎是不可能发生的，因为很难想象一个全能银行会以牺牲自身利益来换取客户利益的增强，自觉地采取步骤通过劝说一个公司客户绕开（高成本的）银行直接发行低成本的短期债务工具，从而将财务运作市场化，即便全能银行同时还是短期债务工具发行的牵头经理人。在理论上，由于金融创新和市场发展之间具有"自我强化"的互动特征 [ 这一方面是因为金融创新产生了现有证券中的信息敏感性部分，从而鼓励投资者去获得更多的信息，而这会提高某一公司证券的流动性并使市场定价更有效率（Boot 和 Thakor，1993）；另一方面可能是金融创新的"学习效应"降低创新的"成本门槛"（Merton，1995）]，所以，不仅与分散的银行业相比，集中的银行业会导致更低的人们对银行信贷的需求（由于相对较高的信贷价格和更加突出的特殊关系的信息垄断问题所致），而且一个集中的全能银行系统与一个商业银行和投资银行被明确监管在各自领域内运作的功能分离的金融系统相比，在动态上表现出较低的创新性，同时全能银行业越集中，其金融创新的速度就越慢，其金融市场演进的步伐也将越慢（Boot 和 Thakor，1997）。

## 2.5.6 宽松有效的监管是确保交易所成功的外部保障

从美英等交易所经济最为发达的国家来看，旨在保持市场竞争性和信息有效性的法律环境的形成，是交易所，尤其是证券交易所成功演进的基础条件之一。

就美国而言，在 1934 年 SEC（美国证券交易委员会）设立之后，SEC 通过积极利用法律工具，制定了严格的信息披露标准（以及与之相适应的会计准则）和对内幕交易、市场操纵、虚假陈述等违法行为的惩罚打击措施，使市场的完整性与透明度得到了极大的提升，确保了资本市场不再是少数"职业内幕人士"的领地，而是成千上万普通投资者愿意作为存款替代投资的场所。这为美国金融模式的形成和发展提供了至关重要的基础设施。

**思考题** ▶

1. 试结合金融市场发展的历史和现状，谈谈你对金融市场未来发展态势的认识。
2. 金融市场的经济功能有哪些？在你看来，随着金融市场的发展，金融市场的功能会如何变化？

# 第 3 章　改革开放以来中国金融体系的结构演变

1978 年年底以来的 40 余年，毫无疑问是中国金融业蓬勃发展的 40 余年，是中国金融体制发生深刻变革的 40 余年，是金融在中国国民经济发展中地位迅速提高的 40 余年。中国的金融发展不仅体现在金融总量规模的增长、金融机构体系的多元化等，而且表现为金融结构的变迁、金融运行调控机制的变革进而引致的金融运行效率的提升。本章试图在勾勒 1978 年以来中国金融体系的结构性变迁的基础上，对中国金融结构变迁的独特性及其内在逻辑给出分析。

## 3.1　改革开放以来中国金融体系阶段性变迁

### 3.1.1　1979—1990年间的中国金融体系

历史地看，尽管国有企业的股份制改革试点始于 1983 年，股票、（企业）债券等证券的发行和交易在 1980 年代中期开始萌芽，但总体上看，1990 年之前的中国金融结构虽较之前的由中国人民银行"大一统"的模式显得更为复杂，逐渐恢复或设置了国家（专业）银行、保险公司、信托投资公司以及证券公司等类型多样的金融机构[①]，金融机构的内在构成却仍较为简单，呈现出存款货币银行，尤其是国家（专业）银行垄断的态势，而非银行金融机构在全社会资金流动中仅仅充当了辅助角色。

#### 1. 存款货币银行体系结构

在中国，这一时期存款货币银行主要有三类——以工、农、中、建为主体的国家银行，农村信用合作社和城市信用合作社。[②]

借助于表 3-1，我们可以清晰地发现无论从存款还是贷款所占的份额情况看，这一

---

[①]　1979—1984年以工、农、中、建四家国有银行的或恢复或设立为核心，在建立"二级银行体制"的同时形成、完善了中国银行业的主体架构。信托投资公司和租赁公司等非银行金融机构也在这一时期陆续出现：1979年10月，中国第一家信托投资公司——中国国际信托投资公司成立；1981年4月，中国东方租赁有限公司成立，标志着融资租赁业开始进入中国金融体系。1986年之后，中国银行业的主体准入资格出现了较大的改变，企业资本开始进入银行业，出现了交通银行、招商银行等银行，使得在国有银行之外出现了股份制银行。除银行类机构外，中国的保险公司（中国人民保险公司1949年就设立）、证券公司（1987年之后）尽管这一时期也有发展，但规模上极为弱小，承载的功能也极为有限。

[②]　按照中国人民银行的统计，这一时期的国家银行涵盖了中国农业银行（1978—1990年）、中国银行（1978—1990年）、中国工商银行（1984—1990年）、中国建设银行（1985—1990年）、交通银行（1988—1990年）、中信实业银行（1988—1990年）。农村信用合作社的统计覆盖1979—1990年，而城市信用合作社则始于1986年。

时期国家银行占据了中国存款货币银行，乃至中国整个金融体系的绝对垄断地位（相对存款而言，国家银行在贷款中的垄断地位更为突出），而由于历史的原因，这一时期的农村信用合作社又明显较城市信用社的地位更为重要。

表 3-1　中国存款货币银行构成的变迁：1979—1990 年　　　单位：%

| 年　份 | 存　　款 | | | 贷　　款 | | |
|---|---|---|---|---|---|---|
| | 国家银行 | 农村信用社 | 城市信用社 | 国家银行 | 农村信用社 | 城市信用社 |
| 1979 | 86.12 | 13.88 | 0 | 97.72 | 2.28 | 0 |
| 1980 | 85.79 | 14.21 | 0 | 96.71 | 3.29 | 0 |
| 1983 | 85.01 | 14.99 | 0 | 95.43 | 4.57 | 0 |
| 1985 | 85.41 | 14.59 | 0 | 93.58 | 6.42 | 0 |
| 1986 | 84.60 | 14.95 | 0.45 | 92.82 | 6.94 | 0.24 |
| 1987 | 83.60 | 15.45 | 0.95 | 91.50 | 7.86 | 0.64 |
| 1988 | 82.73 | 15.52 | 1.74 | 91.00 | 7.85 | 1.15 |
| 1989 | 82.76 | 15.21 | 2.02 | 90.62 | 7.95 | 1.43 |
| 1990 | 82.60 | 15.20 | 2.20 | 90.12 | 8.40 | 1.48 |

资料来源：苏宁 . 中国金融统计（1949—2005）[M]. 北京：中国金融出版社，2007.

### 2. 存款货币银行存贷款结构

为了更为完整、细致、准确地把握这一时期中国存款货币银行体系（实际上也就是当时的中国金融体系）的资金运行状况，我们有必要考察一下这一时期中国存款货币银行存贷款结构的变化。

#### （1）存款结构

借助表 3-2，我们可以清晰地发现 1979—1990 年间存款总量保持较快增长，从 1 362.56 亿元增长到 13 942.94 亿元，同时存款货币银行的存款结构发生了较为明显的变化，储蓄存款在存款所占的比重不断提高（从 1979 年的仅 20.6% 上升到了 1990 年的 51%），企业存款、财政存款和农村存款的份额整体上看都出现了显著的下降。

表 3-2　中国存款货币银行存款规模及其存量结构：1979—1990 年

| 年　份 | 存款总量 / 亿元 | 企业存款 /% | 财政存款 /% | 储蓄存款 /% | 农村存款 /% |
|---|---|---|---|---|---|
| 1979 | 1 362.56 | 34.41 | 10.91 | 20.62 | 10.85 |
| 1980 | 1 689.66 | 33.20 | 9.51 | 23.42 | 10.06 |
| 1985 | 4 559.95 | 38.07 | 8.86 | 35.58 | 4.38 |
| 1990 | 13 942.94 | 29.15 | 3.06 | 51.06 | 2.82 |

资料来源：苏宁 . 中国金融统计（1949—2005）[M]. 北京：中国金融出版社，2007.

#### （2）贷款结构

借助表 3-3，可以发现这一时期中国存款货币银行的贷款在保持较高增长速度的同时，其贷款结构也发生了颇为显著的改变——农业贷款比重相对保持稳定，流动资金贷款所占比重不断下降（11 年的下降比例达到了 20 个百分点），而固定资产贷款的比重则从无到有，有了明显上升，1990 年底时达到了 12.65%。

表 3-3　中国存款货币银行贷款规模及其存量结构：1979—1990 年

| 年　份 | 贷款总额 / 亿元 | 流动资金贷款 /% | 农业贷款 /% | 固定资产贷款 /% |
|---|---|---|---|---|
| 1979 | 2 082.47 | 91.38 | 8.62 | 0 |
| 1980 | 2 478.08 | 88.01 | 10.08 | 1.92 |
| 1985 | 6 198.38 | 73.47 | 12.51 | 11.07 |
| 1990 | 17 511.02 | 71.27 | 7.10 | 12.65 |

资料来源：苏宁 . 中国金融统计（1949—2005）[M]. 北京：中国金融出版社，2007.

### （3）存款货币银行存贷款结构

借助表 3-2 和表 3-3 中列示的存款和贷款数据，我们可以发现这一时期中国存款货币银行存在较为明显的"超贷"现象，也就是贷款总规模明显超出了其存款规模。在这 11 年间，存贷比（贷款总额 / 存款总额）最高的年份是 1979 年，达到了 153%，此后尽管存贷比呈下降态势，但到 1990 年末，这一指标也达到了 126%（参见图 3-1）。

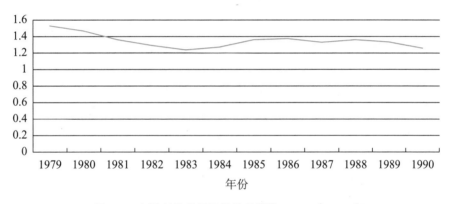

图 3-1　中国存款货币银行的存贷比：1979—1990 年

资料来源：苏宁 . 中国金融统计（1949—2005）[M]. 北京：中国金融出版社，2007.

如果进一步分析不同类型银行的存贷比，我们还可以发现"超贷"的主体是国家银行，而农村信用合作社、城市信用社则并不存在这一现象，表现为"存差"。这实际上意味着在改革之初的中国，构成人口 3/4 以上的农民通过国家银行体系成为政府的一大净贷款人。

## 3.1.2　1991—2000年间的中国金融体系

1990 年 12 月上海证券交易所的成立，在中国金融体系演变历程中无疑是一个极具标志性的事件，自此之后，资本市场开始成为中国金融体系不可或缺的一个构成部分，进而在一定程度上改变了中国之前存款货币银行垄断的金融运行模式，使之逐渐转变为一个银行主导型的金融模式。

## 1. 资本市场的兴起与中国金融体系（结构）的模式转变

在早期国有企业股份制改革试点的基础上，1990 年 3 月，国家允许上海、深圳两地试点公开发行股票，两地分别颁布了有关股票发行和交易的管理办法，集中性的资本市场开始萌生。在发展初期，市场处于一种自我演进、缺乏规范和监管的状态，并且以分割的区域性试点为主。到 1992 年 10 月，国务院证券委员会和中国证券监督管理委员会的成立，则标志着中国资本市场开始建立全国统一监管框架，进而从区域走向了全国，掀起了资本市场发展新篇章，同时也引发了中国金融运行模式(金融结构)的历史性变化。

借助于表 3-4，我们可以清晰地发现在这一时期，股票市场的发展非常迅猛——在上市公司数量从 1992 年的 52 家增长到 2000 年的 1 088 家的基础上，股票总市值从 1 048 亿元增长到了 48 091 亿元，股票交易总额相应地从 681 亿元增长到了 60 826 亿元，累计境内筹资额达到 5 088 亿元。股票市场的快速发展，对中国金融体系结构产生了巨大的影响——如果以存款货币银行总资产 / 股票总市值来测度，可以发现这一指标从 1993 年的 1 126% 迅速下降到 2000 年的 289%；境内股票发行筹资额占银行贷款增加额的比率，则从 1993 年的 4.96% 增加到了 2000 年的 11.55%。

表 3-4　中国股票市场与银行：1992—2000 年

| 年　份 | 股票市场 | | | | | 存款货币银行 | | | 银行总资产 / 股票总市值（%） |
|---|---|---|---|---|---|---|---|---|---|
| | 股票总市值（亿元） | 股票总市值 /GDP（%） | 股票交易总额（亿元） | 上市公司总数（家） | 境内筹资额（亿元） | 银行资产 /GDP（%） | 银行私人信贷 /GDP（%） | 银行贷款增加额 / 境内筹资额 | |
| 1992 | 1 048.13 | 3.93 | 681.25 | 53 | — | — | 91.00 | | — |
| 1993 | 3 531.0 | 10.2 | 3 667.0 | 183 | 314.54 | 112.49 | 101.18 | 4.96 | 1126 |
| 1994 | 3 690.6 | 7.89 | 8 127.63 | 291 | 138.05 | 107.37 | 89.43 | 1.91 | 1402 |
| 1995 | 3 474.3 | 5.94 | 4 036.47 | 323 | 118.56 | 105.11 | 87.70 | 1.27 | 1839 |
| 1996 | 9 842.4 | 14.5 | 21 332.2 | 530 | 341.52 | 110.58 | 93.32 | 3.2 | 800 |
| 1997 | 17 529.2 | 23.44 | 30 721.8 | 745 | 933.82 | 121.60 | 100.72 | 8.72 | 548 |
| 1998 | 19 505.6 | 24.52 | 23 544.3 | 851 | 803.57 | 130.76 | 113.11 | 6.99 | 566 |
| 1999 | 26 471.2 | 31.82 | 31 319.6 | 949 | 897.39 | 137.45 | 119.33 | 8.27 | 466 |
| 2000 | 48 090.9 | 53.79 | 60 826.7 | 1088 | 1 541.02 | 140.18 | 119.67 | 11.55 | 289 |

资料来源：中国证监会《中国证券期货统计年鉴》；苏宁《中国金融统计（1949—2005）》。

## 2. 金融机构体系结构

### （1）存款货币银行体系的结构

借助于表 3-5、表 3-6，我们可以发现这一时期股份制商业银行以及城市商业银行发展颇为迅猛，导致国有商业银行在总资产中的比重不断下降（10 年下降超过 23 个百分点），到 2000 年股份制商业银行在总资产中的比重已经上升到 11%，成为重要的构成部分。

表3-5 中国存款货币银行资产结构：1991—2000 年　　　　单位：亿元

| 年　份 | 银行业资产总计 | 国有商业银行 | 占比（%） | 股份制商业银行 | 占比（%） | 城市信用社 | 占比（%） |
|---|---|---|---|---|---|---|---|
| 1990 | 28 960.0 | 27 889.0 | 96.3 | 1071.0 | 3.70 | — | — |
| 1995 | 63 898.70 | 49 772 | 77.89 | 4 682.2 | 7.33 | 3 039.2 | 4.76 |
| 1996 | 78 706.40 | 59 470.5 | 75.56 | 6 673.3 | 8.48 | 3 747.8 | 4.76 |
| 1997 | 96 034.20 | 72 134.5 | 75.11 | 7 781.1 | 8.10 | 4 989.4 | 5.20 |
| 1998 | 110 364.60 | 82 592.2 | 74.84 | 9 525.3 | 8.63 | 5 606.3 | 5.08 |
| 1999 | 123 264.20 | 91 763.0 | 74.44 | 11 429.3 | 9.27 | 6 301.3 | 5.11 |
| 2000 | 139 076.30 | 101 444.6 | 72.94 | 15 290.8 | 10.99 | 6 784.9 | 4.88 |

资料来源：苏宁．中国金融统计（1949—2005）[M]．北京：中国金融出版社，2007.

表3-6 国有银行与非国有存款货币银行存贷款结构：1991—2000 年　　　单位: %

| 年　份 | 存款份额 | | | 贷款份额 | | | 资本金份额 | | |
|---|---|---|---|---|---|---|---|---|---|
| | 国有银行 | 非国有金融机构 | 非国有增幅 | 国有银行 | 非国有金融机构 | 非国有增幅 | 国有银行 | 非国有金融机构 | 非国有增幅 |
| 1991 | 81.2 | 18.8 | 1.46 | 87.2 | 12.8 | -8.31 | 75.59 | 24.41 | 17.47 |
| 1993 | 72.32 | 27.68 | 35.55 | 83.23 | 16.77 | 16.95 | 72.86 | 27.14 | 7.78 |
| 1995 | 69.81 | 30.19 | 2.41 | 78.78 | 21.22 | 10.12 | 61.61 | 38.39 | 7.90 |
| 1997 | 69.88 | 30.12 | -0.82 | 77.84 | 22.16 | -2.51 | 64.39 | 35.61 | -4.17 |
| 1999 | 71.01 | 28.99 | -4.26 | 77.28 | 22.72 | 0.80 | 85.51 | 14.49 | -17.44 |
| 2000 | 68.45 | 31.55 | 8.83 | 74.71 | 24.29 | 6.91 | 75.63 | 24.37 | 68.18 |

资料来源：苏宁．中国金融统计（1949—2005）[M]．北京：中国金融出版社，2007.

### （2）银行和非银行金融机构的结构

这一时期，证券公司、信托投资公司和保险公司都获得了不同程度的发展，使得中国金融机构类型的多样化进一步深入拓展——就总资产而言，证券业和保险业的年均增长速度达到了48.3%和30.2%，信托业相对较低，为15.6%。但从资产规模上看，即便到了2000年，证券公司、信托公司和保险公司资产总和不过14 346亿元，约占存款货币银行总资产的10%（如果扣除信托公司的资产，则仅占银行总资产的6.6%）。1990—2000年中国主要非银行金融机构的相关数据见表3-7。

表3-7 中国主要非银行金融机构的发展：1990—2000 年

| 年　份 | 证券公司 | | 信托投资公司 | | 保险公司 | |
|---|---|---|---|---|---|---|
| | 数目（家） | 资产（亿元） | 数目（家） | 资产（亿元） | 数目（家） | 资产（亿元） |
| 1990 | 44 | 72.7 | 339 | 1 224.4 | 5 | 241 |
| 1993 | 91 | 564.2 | 389 | 4 329.3 | 7 | 649 |
| 1995 | 97 | 832.0 | 392 | 5 708.6 | 10 | 954 |
| 1997 | 90 | 2 519.8 | 237 | 4 406.0 | 22 | 1 810 |
| 1999 | 83 | 3 104.52 | 239 | 6 323 | 27 | 2 724 |
| 2000 | 101 | 5 753 | 60 | 5 219 | 32 | 3 374 |

资料来源：《中国金融年鉴》（2001）。

### 3. 存款货币银行的存贷款结构

#### （1）存款结构

和 1979—2000 年相比，这一时期中国银行的存款结构变化的轨迹出现了显著差异，那就是企业存款所占比重止跌回升，2000 年其比重较 1991 年上升了 6.6 个百分点，甚至超过了改革之初（1979 年），而储蓄存款所占比重则先升后降，在 1997 年达到 56.17% 的高位后，2000 年的数据几乎与 1991 年相同，财政存款和农村存款的比重则保持相对的稳定，变化并不明显。1991—2000 年中国存款货币银行存款规模及其结构见表 3-8。

表 3-8　中国存款货币银行存款规模及其结构：1991—2000 年

| 年　份 | 存款总额（亿元） | 企业存款（%） | 财政存款（%） | 储蓄存款（%） | 农村存款（%） |
|---|---|---|---|---|---|
| 1991 | 17 972.84 | 29.02 | 2.81 | 51.44 | 2.82 |
| 1993 | 29 645.99 | 29.26 | 1.69 | 51.28 | 3.62 |
| 1995 | 53 882.1 | 32.15 | 1.87 | 55.05 | 2.22 |
| 1997 | 82 392.8 | 34.78 | 1.91 | 56.17 | 1.86 |
| 1999 | 108 778.9 | 34.18 | 1.96 | 54.81 | 1.95 |
| 2000 | 123 804.4 | 35.62 | 2.83 | 51.96 | 2.13 |

资料来源：苏宁. 中国金融统计（1949—2005）[M]. 北京：中国金融出版社，2007.

#### （2）贷款结构

从贷款结构看，这一时期中国存款货币银行的短期流动资金贷款比重呈现较为明显的波动态势，在整体下降的趋势下，1997 年、1998 年出现了显著的提升，而中长期贷款的比重则呈明显的上升态势，从 1991 年的 14.43% 上升到了 2000 年的 28.11%，增幅接近 1 倍。1991—2000 年中国存款货币银行贷款规模及其结构见表 3-9。

表 3-9　中国存款货币银行贷款规模及其结构：1991—2000 年

| 年　份 | 贷款总额（亿元） | 短期贷款（%） | 农业贷款（%） | 中长期贷款（%） | 有价证券及投资（%） |
|---|---|---|---|---|---|
| 1991 | 21 116.4 | 69.26 | 7.40 | 14.43 | 2.04 |
| 1993 | 32 955.83 | 64.85 | 7.29 | 15.77 | 2.62 |
| 1995 | 50 544.09 | 66.03 | — | 21.17 | 8.34 |
| 1997 | 74 914.07 | 73.98 | — | 20.65 | 4.90 |
| 1999 | 93 734.28 | 68.16 | — | 25.57 | 13.34 |
| 2000 | 99 371.07 | 66.16 | — | 28.11 | 19.78 |

资料来源：苏宁. 中国金融统计（1949—2005）[M]. 北京：中国金融出版社，2007.

#### （3）存贷款结构

从这一时期存款货币银行的存贷比指标变化看，"超贷"现象尽管仍出现在 1990—1993 年，但 1994 年之后则不复存在（参见图 3-2）。随着"超贷"现象的消失，存款货币银行的资产构成发生了显著的变化，有价证券及投资在资产中所占比重有了明显的上升。借助表 3-9，可以发现有价证券及投资占贷款的比重在这一阶段有了极为显著的提升，从 1991 年的 2.04% 提升到 2000 年的 19.78%，增幅近 7.5 倍。

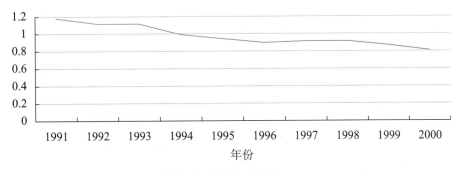

图 3-2 中国存款货币银行的存贷比：1991—2000 年

资料来源：苏宁 . 中国金融统计（1949—2005）[M]. 北京：中国金融出版社，2007.

### 4. 资本市场结构

就债券市场的发展而言，这一时期的债券发行主要集中在国债和政策性金融债，企业债的发行规模较为有限。与股票市场相比，如果仅就发行市场而言，这一时期的债券显然远较股票规模大。1991—2000 年债券和股票发行规模的对比见表 3-10。

表 3-10 债券和股票发行规模的对比：1991—2000 年 单位：亿元

| 年 份 | 1991 | 1993 | 1994 | 1995 | 1996 | 1997 | 1998 | 1999 | 2000 |
|---|---|---|---|---|---|---|---|---|---|
| 国债 | 281.25 | 381.3 | 1137.6 | 1 510.86 | 1 847.77 | 2 411.79 | 3 808.77 | 4 015.0 | 4 657.0 |
| 政策性金融债 | | | | | 1 055.6 | 1 431.5 | 1 950.23 | 1 800.89 | 1 645.0 |
| 企业债 | 249.96 | 235.8 | 161.75 | 300.8 | 268.92 | 255.23 | 147.89 | 158.0 | 83.0 |
| A 股筹资额 | 5.0 | 194.8 | 49.62 | 22.68 | 224.45 | 655.06 | 409.09 | 497.88 | 812.37 |

资料来源：《中国证券期货统计年鉴》（2008）。

## 3.1.3 2001—2007年间的中国金融体系

进入 2001 年之后，尽管股票市场遭遇了"国有股减持"引发的持续低迷，但随着 2005 年 4 月"股权分置"改革这一制度性变革的刺激，股票市场走出了一波极为强劲的上涨行情，直接导致资本市场在中国金融体系中的重要性（无论是从其规模还是从融资、社会辐射力等方面来看）显著上升，进而在一定程度上弱化了银行体系的作用，促发了金融结构的市场化变革。

### 1. 银行和股票市场的对比结构

借助于表 3-11，我们可以清晰地发现这一时期内股票市场的发展呈现较为明显的"先抑后扬"的态势。尽管 2001—2005 年，股票总市值下降了超万亿元，境内筹资额也陷入了历史性的低谷，但 2006—2007 年间，股票市场呈现了极高的增长速度，2007 年的股票总市值相当于 2005 年底的近 10 倍，而筹资额则接近 2005 年的 22 倍。

表 3-11　中国股票市场与银行：2001—2007 年

| 年　份 | 股票市场 | | | | | 存款货币银行 | | | 银行总资产 / 股票总市值（%） |
|---|---|---|---|---|---|---|---|---|---|
| | 股票总市值（亿元） | 股票总市值 / GDP（%） | 股票交易总额（亿元） | 上市公司总数（家） | 境内筹资额（亿元） | 银行资产 / GDP（%） | 银行私人信贷 / GDP（%） | 境内筹资额 / 银行贷款增加额（%） | |
| 2001 | 43 522.2 | 39.69 | 38 305.2 | 1 160 | 1 182.1 | 135.61 | 111.26 | 9.5 | 341.66 |
| 2002 | 38 329.1 | 31.85 | 27 990.5 | 1 224 | 779.8 | 178.95 | 118.85 | 4.1 | 561.79 |
| 2003 | 42 457.7 | 31.26 | 32 115.5 | 1 287 | 823.1 | 187.31 | 127.15 | 3.0 | 599.22 |
| 2004 | 37 055.6 | 23.18 | 42 334 | 1 377 | 862.7 | 187.95 | 120.09 | 4.5 | 810.91 |
| 2005 | 32 403.3 | 17.52 | 31 664.8 | 1 381 | 338.1 | 192.11 | 113.28 | 2.1 | 1 096.44 |
| 2006 | 89 403.9 | 41.33 | 90 469 | 1 434 | 2 463.7 | 204.01 | 110.73 | 3.9 | 493.61 |
| 2007 | 327 140.0 | 123.07 | 460 554 | 1 550 | 7 728.2 | 203.61 | 107.49 | 23.2 | 165.43 |

资料来源：《中国证券期货统计年鉴》（2008），《中国金融统计年鉴》（2008），IMF。

股票市场的迅猛发展极大地改变了中国的金融结构——2007 年，银行总资产占股票总市值的比率下降到了 165% 这一历史性低位。

### 2. 社会融资总量结构

在这一时期，社会融资总量从 2002 年的 20 112 亿元增长到 2007 年的约 59 663 亿元，保持了近 24.2% 的增长速度。从其构成看，贷款（含人民币和外币）所占的比重显著下降，从 2002 年的 95.5% 下降到 2007 年的 66.4%，降幅达到了近 30 个百分点；与之形成对应的则是，企业债券和股票融资的比重从 4.9% 上升到 11.1%，增长幅度超过 126%。

此外，鉴于未贴现银行承兑汇票属于货币市场的范畴，如果把这一融资渠道算作市场化融资的话，那么 2007 年通过市场渠道融资的比重达到 22.3%，接近 2002 年的 16 倍。2002—2007 年中国社会融资总量结构的变化见表 3-12。

表 3-12　中国社会融资总量结构的变化：2002—2007 年　　　　　　　　　　单位：%

| 年　份 | 2007 | 2006 | 2005 | 2004 | 2003 | 2002 |
|---|---|---|---|---|---|---|
| 社会融资总量（亿元） | 59 663 | 42 696 | 30 008 | 28 629 | 34 113 | 20 112 |
| 社会融资总量构成 | 100 | 100 | 100 | 100 | 100 | 100 |
| 人民币贷款 | 60.9 | 73.8 | 78.5 | 79.2 | 81.1 | 91.9 |
| 外币贷款 | 6.5 | 3.4 | 4.7 | 4.8 | 6.7 | 3.6 |
| 委托贷款 | 5.7 | 6.3 | 3.4 | 10.9 | 1.8 | 0.9 |
| 信托贷款 | 2.9 | 1.9 | — | — | — | — |
| 未贴现银行承兑汇票 | 11.2 | 3.5 | 0.1 | −1 | 5.9 | −3.5 |
| 企业债券 | 3.8 | 5.4 | 6.7 | 1.6 | 1.5 | 1.8 |
| 非金融企业股票 | 7.3 | 3.6 | 1.1 | 2.4 | 1.6 | 3.1 |

注：各项占比数据相加不等于 100，原因有两点：（1）数据取小数点后一位，四舍五入造成误差。（2）信托贷款有四年数据缺失或有关业务量很小。
资料来源：中国人民银行。

### 3. 金融机构体系结构

#### （1）商业银行体系结构

从不同类型商业银行占银行业总资产的比重变化情况看，这一时期国有银行、股份制银行和城市商业银行这三类主要的银行基本保持了相近的增长速度，机构体系的构成基本保持了较为稳定的态势。2003—2007年商业银行体系结构变化见表3-13。

表3-13　商业银行体系结构变化：2003—2007年

| 年　份 | 银行业总资产（亿元） | 国有银行资产（亿元） | 占比（％） | 股份制银行资产（亿元） | 占比（％） | 城市商业银行资产（亿元） | 占比（％） | 其他（亿元） | 占比（％） |
|---|---|---|---|---|---|---|---|---|---|
| 2003 | 276 583.8 | 151 940.6 | 54.9 | 38 168.3 | 13.8 | 14 621.7 | 5.3 | 71 853.2 | 26.0 |
| 2004 | 315 989.8 | 169 320.5 | 53.6 | 46 972.2 | 14.9 | 17 056.3 | 5.4 | 82 640.8 | 26.2 |
| 2005 | 374 696.9 | 196 579.7 | 52.5 | 58 125.2 | 15.5 | 20 366.9 | 5.4 | 99 625.1 | 26.6 |
| 2006 | 439 499.7 | 225 390.4 | 51.3 | 71 419 | 16.2 | 25 937.9 | 5.9 | 116 752.4 | 26.6 |
| 2007 | 525 982.5 | 280 070.9 | 53.2 | 72 494 | 13.8 | 33 404.8 | 6.4 | 140 012.8 | 26.6 |

注：2007年的统计口径和之前不同，国有银行中增加了交通银行，相关数据与之前不可比。
资料来源：银保监会

#### （2）银行业机构、保险业机构和证券业机构的结构

从银行、保险和证券三个行业的机构构成情况看，这一时期的变化趋势也较为明显，银行业所占比重低速下降，而保险、证券业机构则相对而言有所上升。2001—2007年中国金融机构体系的构成见表3-14。

表3-14　中国金融机构体系的构成：2001—2007年

| 年　份 | 银行业 | | 保险业 | | 证券业 | |
|---|---|---|---|---|---|---|
| | 规模（万亿元） | 占比（％） | 规模（万亿元） | 占比（％） | 规模（万亿元） | 占比（％） |
| 2001 | — | — | 0.46 | — | 0.63 | — |
| 2003 | 27.66 | 95.18 | 0.91 | 3.13 | 0.49 | 1.69 |
| 2004 | 31.60 | 95.38 | 1.20 | 3.62 | 0.33 | 1.00 |
| 2005 | 37.47 | 95.32 | 1.53 | 3.89 | 0.31 | 0.79 |
| 2006 | 43.95 | 94.43 | 1.97 | 4.23 | 0.62 | 1.33 |
| 2007 | 52.60 | 91.93 | 2.89 | 5.05 | 1.73 | 3.02 |

资料来源：银保监会

### 4. 资本市场结构

#### （1）股票市场结构

2004年5月中小企业板在深圳证券交易所的推出，在一定程度上意味着中国多层次股票市场的建设跨出了探索性的一步。截至2007年年底，中小企业板上市公司数达到202家，总股本339.64亿股，总市值为10 646.84亿元（其中流通市值3 823.66亿元），

分别占到了深沪两个市场的 13%、1.51% 和 3.25%（4.1%），逐渐成为股票市场的重要构成之一。

**（2）股票和债券市场结构的相对变化**

2001—2007 年间，中国的债券市场发展也颇为迅猛，公司债、分离交易可转债、资产支持证券等新的品种纷纷涌现，极大地促进了资本市场的发展。容易理解，债券市场的蓬勃发展对中国资本市场构成产生了较大的影响，但可惜的是，由于企业债和公司债发展的相对滞后，债券市场在 2001—2004 年间并未成为中国企业融资的主要场所，但这种情况在 2005 年之后有了很大的改变（参见表 3-15）。

表 3-15　2001—2007 年债券市场发行状况　　　　　　单位：亿元

| 年　份 | 国　债 | 金融债 | 企业债 | 公司债 | 可转债 | 分离交易可转债 | 资产支持证券 |
|---|---|---|---|---|---|---|---|
| 2001 | 4 884.0 | 2 590.0 | 147 | 0 | 0 | 0 | 0 |
| 2002 | 5 934.3 | 3 075.0 | 325 | 0 | 41.5 | 0 | 0 |
| 2003 | 6 280.1 | 4 561.4 | 358 | 0 | 181.6 | 0 | 0 |
| 2004 | 6 923.9 | 5 093.3 | 327 | 0 | 209.3 | 0 | 0 |
| 2005 | 7 042.0 | 7 117.0 | 2 046.5 | 0 | 0 | 0 | 140.6 |
| 2006 | 8 883.3 | 9 520.0 | 3 938.3 | 0 | 40 | 208.4 | 279.9 |
| 2007 | 21 883.2 | 11 904.6 | 1 719.9 | 112 | 90.9 | 99 | 178.1 |

注：2005 年以后，金融债的数据包含银行次级债券。

资料来源：中国债券信息网，《中国证券期货统计年鉴》（2008）。

## 3.1.4　2008年至今的中国金融体系

2008 年以来，无论是从金融体系中银行和股票市场的相对地位，还是从社会融资结构、企业融资结构、金融资产结构等视角着眼，中国股票市场的发展有别于之前的状况，呈现出颇为明显的相对萎缩态势。换句话说，这一阶段中国金融结构演变的特点是出现了逆转——资本市场的地位日趋边缘化，相反银行主导型金融模式却处于自我强化状态，银行在金融体系中的地位不断上升。

### 1.国民经济中银行与股票市场相对地位的变化

借助于表 3-16，我们可以发现相比 2007 年，2008 年中国股票市场总市值出现了极为明显的下降（跌幅接近 2/3），尽管 2009 年有所回升，但此后 5 年的持续低迷使得总市值基本在 24 万亿元左右低位盘整，并未出现较大的波动。2014 年之后，中国股票市场才开始出现恢复性上涨，此后尽管出现了 2018 年的价格异动，但整体呈现出稳步上涨的态势，2021 年股票市值达到了 91.6 万亿元，较 2013 年的 23.9 万亿元增长了 283%。

表 3-16　中国股票市场与银行：2008—2021 年 [①]

| 年　份 | 股票市场 | | | | | 存款货币银行 | | | 银行总资产 / 股票总市值（%） |
|---|---|---|---|---|---|---|---|---|---|
| | 股票总市值（亿元） | 股票总市值 / GDP（%） | 股票交易总额（亿元） | 上市公司总数（家） | 境内筹资额（亿元） | 银行资产 /GDP（%） | 银行私人信贷 /GDP（%） | 银行贷款增加额 / 境内筹资额 | |
| 2008 | 121 366.4 | 38.02 | 267 112.7 | 1 625 | 3 312.4 | 195.43 | 102.00 | 12.59 | 514.07 |
| 2009 | 243 939.1 | 69.99 | 535 987.0 | 1 718 | 4 834.3 | 226.01 | 124.41 | 19.92 | 322.90 |
| 2010 | 265 422.6 | 64.40 | 545 633.6 | 2 063 | 9 799.8 | 228.72 | 126.58 | 8.11 | 355.13 |
| 2011 | 214 758.1 | 44.01 | 421 644.6 | 2 342 | 7 154.4 | 232.17 | 123.10 | 9.61 | 527.51 |
| 2012 | 230 357.6 | 42.77 | 314 583.3 | 2 494 | 4 542.4 | 248.10 | 128.92 | 18.04 | 580.07 |
| 2013 | 239 077.2 | 40.32 | 468 729.0 | 2 489 | 4 131.5 | 255.25 | 134.32 | 21.55 | 633.08 |
| 2014 | 372 547.0 | 57.89 | 742 385.3 | 2 613 | 8 498.3 | 267.78 | 140.24 | 11.51 | 462.59 |
| 2015 | 531 462.7 | 77.15 | 2 550 541.3 | 2 827 | 16 361.6 | 289.39 | 152.59 | 7.50 | 375.09 |
| 2016 | 507 685.9 | 68.02 | 1 277 680.0 | 3 052 | 20 297.4 | 311.17 | 156.23 | 6.23 | 457.47 |
| 2017 | 567 086.1 | 68.16 | 1 124 625.1 | 3 485 | 15 535.0 | 295.39 | 154.90 | 8.71 | 433.41 |
| 2018 | 434 924.0 | 47.31 | 901 739.4 | 3 584 | 11 377.9 | 284.36 | 157.81 | 14.21 | 601.04 |
| 2019 | 592 934.6 | 60.10 | 1 274 158.8 | 3 777 | 12 538.8 | 286.38 | 165.39 | 13.41 | 476.47 |
| 2020 | 797 238.2 | 78.66 | 2 068 252.5 | 4 154 | 14 221.6 | 315.46 | 182.43 | 13.80 | 401.06 |
| 2021 | 916 088.2 | 80.10 | 2 579 734.0 | 4 615 | | 301.45 | | 11.91 | 376.34 |

资料来源：《中国证券期货统计年鉴》（2021）；中国人民银行；WIND；世界银行。

与股票市场同期低迷形成鲜明对照的是，2002—2021 年间中国银行业的存贷款规模保持高速增长，金融机构本外币贷款总额和存款分别从 2002 年的 14.0 万亿元和 18.3 万亿元增长到 2008 年的 32.0 万亿元和 47.8 万亿元，年复合增长率分别达到 15.0% 和 14.5%。尤其值得一提的是，2008 年以来中国为应对国际金融危机，通过扩大内需来保持宏观经济稳定而采取了强力信贷扩张政策却使信贷规模呈现井喷式增长的态势，相应地导致中国商业银行的总资产规模在很短的时间内突破了 200 万亿元的大关，到 2021 年年底达到了 288.59 万亿元的规模（银行业金融机构总资产规模为 344.76 万亿元）。

2008 年以来股票市场和银行迥然不同的运行态势，使得两者在金融体系中的相对地位发生了巨大的改变。2007 年年底，股票市值 /GDP 的比重超过了 100%，达到了 123.1% 的历史最高水平，而银行资产 /GDP 的比重也就是 203.6%，相对差距仅 80.5%，到了 2013 年年底，股票市值 /GDP 的比重仅 40.3%，而银行资产 /GDP 的比重则高达 255.3%，相对差距扩大到 214.93%（这意味着当前中国银行体系的资产规模达到了股票总市值的 6.3 倍，而 2007 年年底这一数字仅为 1.65 倍）。而即便 2014 年之后股票市场出现了恢复性上涨，银行资产规模仍维持了之前的高速，2021 年年底股票市

---

① 注：截至本书成稿，《中国证券期货统计年鉴》（2022）尚未公布，因此2021年境内筹资额未更新，值得参考的是，国家统计局发布的《中华人民共和国2021年国民经济和社会发展统计公报》显示，2021年沪深交易所A股累计筹资16 743亿元，比上年的15 417亿元增加1 326亿元。此外，银行私人信贷/GDP（%）来源于世界银行网站，暂时未更新到2021年。

值/GDP的比重也仅为80.1%，而银行资产/GDP的比重仍高达301.5%，中国银行体系的资产规模达到了股票总市值的3.8倍。

### 2. 社会融资总量结构

借助于社会融资总量这一指标，我们可以发现这一时期金融体系对实体经济的支持力度明显加大。2008年到2013年，中国社会融资总量由6.98万亿元扩大到17.32万亿元，年复合增长率19.9%，比同期人民币各项贷款年均增速高7个百分点。值得关注的一点是，与2007年的数据相比，尽管贷款（含人民币贷款和外汇贷款）在社会融资总量中的比重总体呈现逐年下降的态势（从66.2%下降到了54.8%，总体下降幅度17%），但非金融企业股票所占的比重下降幅度更为明显（从7.3%下降到了1.3%，总体下降幅度达到82%）。这意味着经过6年的发展，在贷款依旧占据社会融资最主要渠道的同时，股票融资在全社会的地位已经下降到可有可无的状态。

2014年之后，在银行贷款继续维持下降态势的同时，随着债券发行规模的不断扩大以及票据、委托贷款、信托贷款等渠道的波动加大，社会融资总量结构呈现出较大的变化。2014—2021年中国社会融资总量由16.46万亿元增加到31.34万亿元，年复合增长率9.6%。贷款（含人民币贷款和外汇贷款）依旧占据社会融资最主要渠道（从61.6%上升到64.2%），非金融企业股票所占的比重则略有上升（从2.6%上升为3.9%）。

### 3. 金融机构体系的结构

#### （1）银行业机构体系的结构

从这一时期银行业的构成变化情况看，5家大型国有银行所占的比重呈现稳步下降的态势（11年的下降幅度约10.9个百分点，其中2019年数据包括了邮政储蓄银行），而股份制银行、城市商业银行所占比重则均出现了上升（幅度分别为3.9个百分点和6.5个百分点）。在银行业总资产每年近20%增长幅度的背景下，这一银行构成变化态势表明业内竞争不断加剧，中小银行具有极为强烈的业务拓展意愿。2008—2021年中国银行业结构见表3-17。

表3-17　中国银行业结构：2008—2021年

| 年　份 | 银行业总资产（亿元） | 国有银行资产（亿元） | 占比（%） | 股份制银行资产（亿元） | 占比（%） | 城市商业银行资产（亿元） | 占比（%） | 其他（亿元） | 占比（%） |
|---|---|---|---|---|---|---|---|---|---|
| 2008 | 623 913 | 318 358 | 51.0 | 88 131 | 14.1 | 41 320 | 6.6 | 176 105 | 28.2 |
| 2009 | 787 691 | 400 890 | 50.9 | 117 850 | 15.0 | 56 800 | 7.2 | 212 151 | 26.9 |
| 2010 | 942 585 | 458 815 | 48.7 | 148 617 | 15.8 | 78 526 | 8.3 | 256 628 | 27.2 |
| 2011 | 1 132 873 | 536 336 | 47.3 | 183 794 | 16.2 | 99 845 | 8.8 | 312 898 | 27.6 |
| 2012 | 1 336 224 | 600 401 | 44.9 | 235 271 | 17.6 | 123 469 | 9.2 | 377 083 | 28.2 |
| 2013 | 1 513 547 | 656 005 | 43.3 | 269 361 | 17.8 | 151 778 | 10.0 | 436 403 | 28.8 |
| 2014 | 1 723 355 | 710 141 | 41.2 | 313 801 | 18.2 | 180 842 | 10.5 | 518 571 | 30.1 |
| 2015 | 1 993 454 | 781 630 | 39.2 | 369 880 | 18.6 | 226 802 | 11.4 | 615 142 | 30.9 |

续表

| 年　份 | 银行业总资产（亿元） | 国有银行资产（亿元） | 占比（％） | 股份制银行资产（亿元） | 占比（％） | 城市商业银行资产（亿元） | 占比（％） | 其他（亿元） | 占比（％） |
|---|---|---|---|---|---|---|---|---|---|
| 2016 | 2 262 557 | 814 277 | 36.0 | 428 931 | 17.2 | 282 378 | 12.5 | 736 971 | 32.6 |
| 2017 | 2 524 040 | 928 145 | 36.8 | 449 620 | 17.8 | 317 217 | 12.3 | 829 058 | 32.8 |
| 2018 | 2 682 401 | 983 534 | 36.7 | 470 202 | 17.5 | 343 459 | 12.8 | 885 206 | 33.0 |
| 2019 | 2 900 025 | 1 167 770 | 40.3 | 517 818 | 17.9 | 372 750 | 12.9 | 841 687 | 29.0 |
| 2020 | 3 197 417 | 1 284 290 | 40.2 | 578 325 | 18.1 | 410 699 | 12.8 | 924 103 | 28.9 |
| 2021 | 3 447 606 | 1 384 000 | 40.1 | 621 873 | 18.0 | 450 690 | 13.1 | 991 043 | 28.7 |

资料来源：银保监会。

### （2）银行类机构和非银行金融机构对比

从金融机构的资产构成情况看，这一时期银行、保险和证券三个行业的资产份额变化不大，机构之间的格局相对稳定，但相对而言，银行业比重略有下降，证券业略有上升，而保险业地位则实现了较大幅度提升（参见表3-18）。

表 3-18　中国金融机构体系的资产结构：2008—2021 年　　单位：万亿元

| 年　份 | 银行业 | | 保险业 | | 证券业 | |
|---|---|---|---|---|---|---|
| | 规模 | 占比（％） | 规模 | 占比（％） | 规模 | 占比（％） |
| 2008 | 62.39 | 93.22 | 3.34 | 4.99 | 1.20 | 1.79 |
| 2009 | 78.77 | 92.82 | 4.06 | 4.78 | 2.03 | 2.39 |
| 2010 | 94.26 | 93.07 | 5.05 | 4.99 | 1.97 | 1.95 |
| 2011 | 113.28 | 93.75 | 5.98 | 4.95 | 1.57 | 1.30 |
| 2012 | 133.62 | 93.64 | 7.35 | 5.15 | 1.72 | 1.21 |
| 2013 | 151.30 | 93.59 | 8.29 | 5.13 | 2.08 | 1.29 |
| 2014 | 168.20 | 92.19 | 10.16 | 5.57 | 4.09 | 2.24 |
| 2015 | 194.17 | 91.16 | 12.40 | 5.82 | 6.42 | 3.01 |
| 2018 | 268.20 | 91.39 | 18.33 | 6.25 | 6.95 | 2.37 |
| 2019 | 290.00 | 91.00 | 20.56 | 6.45 | 8.12 | 2.55 |
| 2020 | 319.74 | 90.53 | 23.30 | 6.60 | 10.15 | 2.87 |
| 2021 | 344.76 | 90.26 | 24.89 | 6.52 | 12.30 | 3.22 |

资料来源：银保监会、中国人民银行。

但值得强调的是，鉴于这一时期中国式"影子银行"体系发展迅猛，涌现出了大量银行理财产品、信托产品、证券公司理财产品这样的创新，各类机构的表外业务扩展速度惊人，单纯的表内资产结构可能无法清晰地说明这一时期不同机构实际涉及业务的规模。

### 4. 资本市场结构

#### （1）股票市场结构

多层次股票市场的建设一直是中国金融发展的重要内容。随着 2009 年 10 月创业板在深圳证券交易所和 2019 年 6 月科创板在上海证券交易所的分别创设、2021 年 9 月北京证券交易所的成立以及 2012 年 9 月全国中小企业股份转让系统（在中国也称作"新三板"）的设立，再加上 34 家区域性股权市场以及证券公司柜台市场，一个包括场内市场和场外市场进而能够满足不同类型企业融资需求和不同风险偏好投资者的多层次股票市场在中国可以说基本成形（参见图 3-3）。

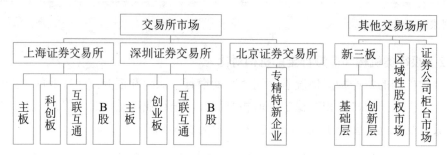

图 3-3　中国股票（股权）市场体系的构成

#### （2）债券市场结构

从这一时期的债券市场发行情况看，金融债和国债（尤其是地方政府债券异军突起）依旧是最主要的品种，但企业债规模较前期显著放大的同时，公司债发行规模也明显放大。[①] 目前，中国已形成了由利率债和信用债、场内和场外市场共同构成的，多层次、多品种的债券市场体系（参见图 3-4）。

| 中国债券市场 | | | | | | | | |
| --- | --- | --- | --- | --- | --- | --- | --- | --- |
| 政府/准政府债券（利率债） | | | 信用债 | | | | | |
| 国债 | 地方政府债券 | 政策性银行债券 | 金融债券 | 企业债券 | 公司债券 | 中期票据 | 短期融资券 | 其他 |
| 主要发行者：中央政府 | 地方政府 | 政策性银行 | 金融机构 | 非金融公司 | 非金融公司 | 非金融公司 | 非金融公司 | |
| 期限：3个月～50年 | 1～20年 | 1～10年 | >1年3～5年 | >1年3～10年 | >1年3～10年 | >1年3～5年 | ≤1年 | |
| 监管机构：财政部 | 财政部 | 人民银行银保监会 | 人民银行银保监会证监会 | 发改委 | 证监会 | 交易商协会 | 交易商协会 | |
| 交易平台：银行间交易所 | 银行间交易所 | 银行间交易所 | 银行间交易所 | 银行间交易所 | 交易所 | 银行间 | 银行间 | |

图 3-4　债券市场体系构成

---

[①]　企业债券的发行主体为中央政府部门所属机构、国有独资企业或国有控股企业，市场上也存在民营企业发行企业债的例子，但前提是经发改委审核。公司债的发行主体为股份有限公司或有限责任公司，目前我国国有企业的数量要远小于各类公司的数量，因此公司债的发行主体更为广泛。

2021 年末，中国债券发行规模达到 61.9 万亿元（其中银行间债券市场 53.1 万亿元，交易所债券市场 8.7 万亿元），债券托管存量规模 133.5 万亿元（其中银行间债券市场 114.7 万亿元，交易所债券市场 18.8 万亿元）。

## 3.2 中国金融市场与机构变迁的独特性分析

作为一个转轨经济体，中国金融体制改革策略的选择以及与之伴随的金融机构与市场相对地位变迁既与苏联、东欧等国家存在一定相似性，也存在较大差异。这里我们从目标模式选择、动力、路径与顺序选择以及推进策略安排等视角考察中国金融改革，可以对中国 40 余年来金融市场与机构相对地位变化的独特性有更深入的了解。

### 3.2.1 金融发展模式的目标选择

历史地看，与苏联、东欧国家在西方经济学家指导下的一开始就明确市场导向的经济金融体制改革——其核心是解除经济金融运行中的价格管制，实行浮动汇率，推进财产私有化和决策分散化——不同，在中国金融体制改革伊始，政府没有任何目标或改革路线图，而是随着改革进程的不断深入以及中国内外部环境的不断变化，在持续的阶段性目标调整（甚至经常反复）中最终确立了市场化的金融体制改革目标取向，期间，银行体系被一直视为改革重点，而对于金融市场地位的认识时有反复，一直到 2004 年之后，才基本肯定金融市场的重要作用，并采取多种措施来提升市场的相对地位（参见表 3-19）。

表 3-19    中国金融体制改革阶段性目标的变迁：1979—2021 年

| 时　间 | 金融体制改革目标 |
| --- | --- |
| 1979 | 邓小平提出的一个指导方向——"要把银行办成真正的银行"。 |
| 1986 | 在"建立国家调控市场、市场引导企业的经济运行机制"的经济体制改革核心思想基础上，确定（"七五"期间）金融体制改革目标：①建立一个以间接调控为主要特征的宏观调控有力、灵活自如、分层次的金融控制和调节体系；②建立一个以银行信用为主体、多种渠道、多种方式、多种信用工具筹集和融通资金的信用体系，推动资金的横向融通和流通，逐步形成一种以城市为依托，不同层次、不同规模的金融中心和适合我国国情的金融市场；③建立一个以中央银行为领导，国家银行为主体，保险机构以及其他金融机构并存和分工协作的社会主义金融机构体系；④建立一个以现代科学为基础的管理体系。 |
| 1993.11 | 在国务院颁布的《关于深化金融体制改革的决定》中，明确中国金融体制改革目标：建立在国务院领导下，独立执行货币政策的中央银行宏观调控体系；建立政策性金融与商业性金融分离，以国有商业银行为主体、多种金融机构并存的金融组织体系；建立统一开放、有序竞争、严格管理的金融市场体系。 |
| 1997.11 | 第一次全国金融工作会议召开。中国政府提出"力争用三年左右时间大体建立与社会主义市场经济发展相适应的金融机构体系、金融市场体系和金融调控监管体系，显著提高金融业经营和管理水平，基本实现全国金融秩序的明显好转，化解金融隐患，增强防范和抵御金融风险的能力，为进一步全面推进改革开放和现代化建设创造良好的条件"的金融体制改革阶段性目标。 |

| 时　间 | 金融体制改革目标 |
| --- | --- |
| 2002.2 | 第二次全国金融工作会议召开。中国政府确定了"十五"期间金融体制改革阶段性目标——进一步完善现代金融机构体系、市场体系、监管体系和调控体系，努力实现金融监管和调控高效有力，金融企业经营机制健全，资产质量和经营效益显著改善，金融市场秩序根本好转，金融服务水平和金融队伍素质明显提高，全面增强我国金融业竞争力，并明确这一阶段改革的核心是金融监管和国有商业银行的改革。 |
| 2007.1 | 第三次金融工作会议召开。中国政府提出"在深化国有银行改革基础上建设现代银行制度""加快农村金融改革发展，完善农村金融体系""大力发展资本市场和保险市场，建立多层次金融市场体系""全面发挥金融的服务和调控功能，促进经济社会协调发展""积极稳妥地推进金融也对外开放""提高金融监管能力，强化金融企业内部管理，保障金融稳定和安全"等多项中国金融体制改革的目标。 |
| 2007.10 | 党的十七大召开。党的十七大报告提出"推进金融体制改革，发展各类金融市场，形成多种所有制和多种经营形式、结构合理、功能完善、高效安全的现代金融体系"。 |
| 2012.01 | 第四次全国金融工作会议。突出"坚持金融服务实体经济的本质要求，牢牢把握发展实体经济这一坚实基础""有效解决实体经济融资难、融资贵问题""坚持市场配置金融资源的改革导向""坚持创新与监管相协调的发展理念，支持金融组织创新、产品和服务模式创新，提高金融市场发展的深度和广度""坚持把防范化解风险作为金融工作生命线，加强金融监管和调控能力建设，严厉打击金融犯罪，加强金融机构网络信息安全""坚持自主渐进安全共赢的开放方针，在确保国家经济金融安全的基础上提高金融对外开放水平"。 |
| 2012.10 | 党的十八大召开。深化金融体制改革，健全促进宏观经济稳定、支持实体经济发展的现代金融体系，发展多层次资本市场，稳步推进利率和汇率市场化改革，逐步实现人民币资本项目可兑换。加快发展民营金融机构。完善金融监管，推进金融创新，维护金融稳定。 |
| 2013.11 | 十八届三中全会。完善金融市场体系。扩大金融业对内对外开放，在加强监管前提下，允许具备条件的民间资本依法发起设立中小型银行等金融机构。推进政策性金融机构改革。健全多层次资本市场体系，推进股票发行注册制改革，多渠道推动股权融资，发展并规范债券市场，提高直接融资比重。完善保险经济补偿机制，建立巨灾保险制度。发展普惠金融。鼓励金融创新，丰富金融市场层次和产品。完善人民币汇率市场化形成机制，加快推进利率市场化，健全反映市场供求关系的国债收益率曲线。推动资本市场双向开放，有序提高跨境资本和金融交易可兑换程度，建立健全宏观审慎管理框架下的外债和资本流动管理体系，加快实现人民币资本项目可兑换。落实金融监管改革措施和稳健标准，完善监管协调机制，界定中央和地方金融监管职责和风险处置责任。建立存款保险制度，完善金融机构市场化退出机制。加强金融基础设施建设，保障金融市场安全高效运行和整体稳定。 |
| 2017.07 | 第五次全国金融工作会议。金融是国家重要的核心竞争力，金融安全是国家安全的重要组成部分，金融制度是经济社会发展中重要的基础性制度。必须加强党对金融工作的领导，坚持稳中求进工作总基调，遵循金融发展规律，紧紧围绕服务实体经济、防控金融风险、深化金融改革三项任务，创新和完善金融调控，健全现代金融企业制度，完善金融市场体系，推进构建现代金融监管框架，加快转变金融发展方式，健全金融法治，保障国家金融安全，促进经济和金融良性循环、健康发展。 |
| 2017.10 | 党的十九大召开。着力加快建设实体经济、科技创新、现代金融、人力资源协同发展的产业体系；深化金融体制改革，增强金融服务实体经济能力，提高直接融资比重，促进多层次资本市场健康发展。健全货币政策和宏观审慎政策双支柱调控框架，深化利率和汇率市场化改革。健全金融监管体系，守住不发生系统性金融风险的底线。 |
| 2019.10 | 十九届四中全会。加强资本市场基础制度建设，健全具有高度适应性、竞争力、普惠性的现代金融体系，有效防范化解金融风险。 |

续表

| 时 间 | 金融体制改革目标 |
|---|---|
| 2020.10 | 十九届五中全会。构建金融有效支持实体经济的体制机制，提升金融科技水平，增强金融普惠性。深化国有商业银行改革，支持中小银行和农村信用社持续健康发展，改革优化政策性金融。全面实行股票发行注册制，建立常态化退市机制，提高直接融资比重。推进金融双向开放。完善现代金融监管体系，提高金融监管透明度和法治化水平，完善存款保险制度，健全金融风险预防、预警、处置、问责制度体系，对违法违规行为零容忍。 |

## 3.2.2 金融机构和市场相对地位结构性变革的动力来源

尽管按照BIS(2001)的分析，我们大致可把一国金融体制改革的动力划分为七大类，即技术进步、金融理论的进展、金融服务提供过程中政府力量的弱化、自由资本流动、全球性金融标准的导入、储蓄管理的机构化和以老龄化为核心的人口统计变化等。但从制度演进角度看，对于包括俄罗斯、中国以及东欧各国在内的转轨经济体而言，特殊的制度起点与经济背景决定了其金融体制改革从一开始就是政府主导的强制性、自上而下的制度变迁过程，政府行为或者说各种政治势力的角力在很大程度上成为推动金融体制改革的重要力量。

在改革之初，对于苏联、东欧等转轨经济体而言，在其金融体制改革之初的很多措施带有极为强烈的政治色彩，甚至可以说就是政治斗争的产物。以俄罗斯为例，1991年俄罗斯和联盟中央政府（叶利钦和戈尔巴乔夫）之间权力分配的斗争是决定俄罗斯银行分散竞争格局的根本原因。当时，银行业被选作权力争斗的场所之一，俄罗斯政府宣布在俄罗斯领土内所有联盟银行的分支机构都独立于Gosbank（苏联的中央银行，也是1930年代至1987年期间该国唯一的银行），结果，一夜之间出现了近千家银行，进而俄罗斯银行业变成了形式上第一个具有竞争格局的完备市场。捷克也是如此。由于其当时的总理瓦克拉夫·克劳斯是个自由主义者，对于市场的自我组织能力很有信心，所以捷克政府在建立充分的市场基础制度之前就实施了大规模的私有化计划，其股票市场在一开始规模就很大。

但问题是，当改革的车轮开始运动之后，由于不同国家政治制度所导致的国家资源控制能力的差异，政府在各国金融体制改革中扮演的角色开始出现了分化——一极是中国，在改革进程中始终保持着强有力的政府控制，在财政迅速下降时，国家能够克服税收制度的局限性，利用国有银行体系迅速集中分散于民间部门随着货币化进程日益增加的储蓄，进而国家仍然能够保持对传统的软预算国有企业边际内价格控制并给予强有力的资金支持，另一极是俄罗斯与大多数国家，由于执政党（共产党）的权力在改革过程中急剧衰落，导致了国家对整个经济的集中控制和对国有企业分散的党的监督被严重削弱，政府没有能力继续主导着经济改革进程的深入。

这样一种政府与市场力量格局的改变就使得改革启动之后，中国和其他转轨经济国家的金融体制改革动力来源发生了显著的变化——在中国，可靠的国家信誉消除了中国国有银行储蓄存单持有者的风险顾虑，再加上适当的利率政策刺激，使得政府依旧主导着金融体制的变革进程，而来自市场（民间金融创新，包括对外开放引发的创新动力）的力量在中国一直是以辅助角色出现的。历史地看，中国金融结构变迁的动力格局维系了很长时间。即便时至今日，十八届三中全文明确提出"市场在资源配置中发挥决定性作用"的表述之后，政府对于中国金融结构的变迁仍享有较大的干预权限。

### 3.2.3　金融市场与机构相对地位变迁的路径与顺序

40余年来，中国选择了一条极具"中国特色"的金融机构与市场的发展路径和顺序。从路径来看：

第一，与中国其他经济领域的体制改革不同，中国金融体制改革一般从体制内起步，在体制内改革受阻的情况下往往试图通过体制外创新形成独特的"双轨制"，一方面借以达到平衡各方利益、减少改革阻力、争取改革的合法性等目的；另一方面则是通过培育市场主体、强化市场竞争压力，来推进体制内改革的进一步深入。①

第二，从试点到推广（或者说从局部改革到整体性改革）。早在改革之初，在"摸着石头过河"思想指导下的中国政府就将比较有把握的一些措施沿着"试点—成功—推广"或"试点—失败—取消"的路径来推动全国金融改革。进入20世纪90年代甚至21世纪，中国政府对于包括金融市场、金融机构业务的很多创新还是采取了这样一种较为稳健（或保守）的态度。

第三，从以利率、汇率市场化等为核心的价格机制改革到创造市场主体的产权改革。尽管从20世纪90年代中期开始——1994年汇率制度并轨和1996年对中国同业拆借利率限制的取消，中国就开始探索金融运行价格机制的市场化改革，但直到2002年，中国政府才真正开始把改革重心放到当时占市场份额近75%、国家100%控股四大国有商业银行的产权改革上，试图通过资产负债表重组、政府注资以及引进战略投资者基础上的股份制改制与上市等活动，以极大的现实经济代价（甚至不惜动用巨额外汇储备）重塑适应市场化要求的竞争主体，以此来应对金融开放环境中日益激烈的市场竞争。

第四，从创新到规范，再到制度化。与中国其他领域的经济改革类似，中国金融体制改革是一个演进式进程。演进式进程意味着许多小的、尝试性的改革措施随着时间的积累成为一个根本性的变革。从中国的实践来看，金融经济领域相当一部分制度创新起源于民间为增加社会福利或规避管制的自发性制度创新，而这些制度创新一旦产生了效果并被证明有利于中国金融体制改革的进一步深化，政府就会及时地加以认可和规范，同时通过制定相应的法规或法律使这样的制度创新尽快地合法化。

从金融发展的顺序选择来看，为了尽可能地降低改革的成本，使改革进程具有可持续性，中国金融在目标阶段性演进进而没有任何事先规划的改革路线图的情况下，基本上可以说是按照从易到难、从低成本领域到高成本领域改革的顺序渐次展开的：

---

① 这里的"体制内"指的是传统计划经济体制内的制度、规范和习惯，"体制外"指的是传统计划经济体制所不包括的，由基层实现形成或借鉴国外经验而采取的各种做法。"双轨制"的关键不在于计划轨道与市场轨道的并存，而在于市场轨道是在边际上引入并与计划并行。

（1）就金融体系设计的整体思路而言，中国基本上是本着"在维护（国有）金融机构主导地位的前提下，金融机构改革先导，逐步推进金融市场改革"的顺序推进金融体制改革。

（2）就金融机构的改革顺序而言，中国走过了一条"从银行到非银行机构并存多元化机构体系的构建，到'分业管理'框架下不同金融机构业务分工体系的基本明确，直到目前的市场竞争主体的重塑"变革之路。

（3）就金融市场而言，中国经历了"从试点到合法、从分散（割）到集中、从无序到规范、从计划管制到市场化、从封闭到国际化"的渐进改革发展之路。

（4）伴随着中国金融格局的变化以及内外部经济环境的改变，中国金融监管的重点逐渐发生了转移，监管体系的架构也发生了巨大的变化——从改革之初中国人民银行这一"领导和管理全国金融事业的国家机关"逐渐过渡到现有的"一行二会一委"、较为清晰的银行保险与证券分业监管的格局。期间，对于中国人民银行而言，不仅其职能定位有了较大改变，其机构设置也发生了显著变化。

（5）就中国金融自由化，尤其是利率与汇率的市场化以及金融市场对外开放（资金流动自由化）的顺序而言，中国政府在确保控制与防范风险的前提下，采取了极具渐进色彩的推进措施。

## 3.2.4　改变中国金融市场与机构相对地位的推进战略

为了确保中国金融机构与市场发展的稳定与可持续性，在过去的 40 余年时间里，中国政府采取了"以点带面，重点突破与一般跟进"的改革推进战略，一步一个脚印，取得了显著的成效。

大体上说，我们可以把 1978 年改革开放以来的中国金融机构和市场发展进程大致划分为六个阶段：1979—1983 年、1984—1991 年、1992—1997 年、1998—2001 年、2002—2008 年和 2009 年之后，每个时期都有着不同的指导方向与改革重点。

第一阶段：1979—1983 年间的重点是构建"二级银行体制"，在形式上实现金融机构的初级多元化。在这一阶段，中国逐步通过机构分立与增设，打破计划经济时期的"大一统"银行体制，初步构建一个以中国人民银行为领导、国有专业银行为主体的"二级银行体制"。而以 1979 年中国人民保险公司的恢复（1984 年分设）与中国国际信托投资公司的成立为标志的非银行金融机构体系的发展成为当时金融体制改革的"伴奏曲"。

第二阶段：1984—1991 年间的改革是以金融机构的多元化与企业化为重点，初步形成机构与市场并存的格局。

在这一阶段早期（1984—1988 年），中国金融体制改革的核心是在机构扩张的同时，加快银行企业化进程的推进。在这一时期，随着四大国有专业银行业务领域和地域限制的取消、以交通银行和中信实业银行为代表的非国有股份制商业银行的出现、外资银行的进入以及以信托公司为代表的非银行金融机构的快速发展，不仅当时中国各家银行的机构网络获得了迅速扩展，而且金融机构体系之间的业务领域交叉成为现实，多元化的市场竞争格局初步形成。在这段时期里，中国金融市场（主要是货币市场）也开始出现。

由于传统体制性弊端尚未革除，加之金融机构数量的快速增长和融资行为的扭曲，中国金融部门在 1988—1991 年间着重于推行稳定化措施和控制通货膨胀，主要通过强化对以信托公司为主的非银行金融机构的监管和重组以及国家对信贷资金流向与流量（规模）的控制，整个机构改革的市场化步伐暂时放缓。在机构改革滞缓的同时，这一时期中国金融市场的发展却开始加快——伴随着 1987—1992 年股份制试点的快速推进、全社会资金分配格局的深刻变化以及银行信贷困境的加剧，以"融资"为出发点的股票市场开始进入人们的视野，而 1990 年年底和 1991 年 4 月上海和深圳两个交易所的成立，不仅标志着中国资本市场的初步形成，而且应该是中国金融体制市场化改革中非常重要的一个里程碑。

第三阶段：1992—1997 年的重点是以法制框架建设为支撑，加快国有银行的商业化和金融市场经济地位的提升。这一时期，最为重要的改革成果是中国市场化金融体系法律框架的初步形成——1995 年，《中国人民银行法》和《商业银行法》的颁布实施确立了下一个时期中国金融机构定位与"分业经营、分业管理"的监管理念。

伴随着当时这些法规体系的改变，中国金融机构体系在此期间发生了较大变化。1994 年，三家政策性银行成立；金融机构准入标准逐步放宽，在建立一批非政府的地区性与全国性商业银行机构的同时，更多的外国银行和金融机构被允许进入中国市场……与此同时，伴随着以市场为基础的货币工具的广泛运用，上海和深圳交易所规模迅速扩大，政府债券的二级市场进一步发展，银行间货币市场形成并初具规模，金融市场在中国经济金融体系中的地位迅速提升。

第四阶段：1998—2002 年间以控制金融风险和防范金融危机为改革的重点。1998—1999 年前后，东南亚金融危机的冲击及其负面效应还在持续，导致金融安全，尤其银行体系安全问题在中国得到前所未有的关注。而为了解决四大国有商业银行巨大的不良资产，当时的中国可以说尝试了几乎可以选择的各种"药方"，如国有银行的股份制改造，发行金融债券补充银行资本金，强化资产负债比例监管，试行贷款"五级"分类，设立四家资产管理公司，剥离 1.4 万亿元不良资产等，在迅速降低银行不良资产比重的同时，也为其下一步产权改革奠定了基础。

由于 1997—2001 年间，中国股票市场上股价持续走高，价格"泡沫"以及由此隐含的风险日益成为当局关注的重点，所以规范市场投资者行为、提升市场透明度以及防范市场风险成为当时金融市场改革的重中之重，其间《证券法》的颁布实施则可以说为中国资本市场正名的同时也为其规范发展提供了制度基础，相应的市场运行的发行制度、信息披露制度建设有了长足的进展，以投资基金为代表的机构投资者开始形成并得到了快速的发展。

第五阶段：2002—2008 年，金融机构的产权改革与资本市场的股权分置改革成为中国金融体制变革的重点。此间，国有银行通过"资产负债表重组——引进战略投资者基础上的股份制改造——上市"实现了产权主体资格的重塑，而始于 2005 年的股权分置改革则使中国资本市场完成了脱胎换骨式的基础性制度变革。

第六阶段：2009 年至今，尤其是 2012 年前后明确进入"中高速增长的新阶段"之后，构建现代金融体系逐渐成为共识。

## 3.3 中国金融结构演进的内在经济逻辑分析

众所周知，从 1953 年开始大规模有计划地发展国民经济之后，中国便按照苏联模式实行高度集中的计划管理体制及相应管理方法。计划经济特有的高度集中财政信贷管理体制决定了此后 20 余年的中国金融体制几乎是苏联的翻版，呈现出"大一统"格局——在国家信贷计划约束下，不仅当时中国的各类金融机构及其业务职能高度集中统一，而且金融机构（银行）内部上、下级间也高度集中统一。客观地说，尽管这种金融体制在 20 世纪 60 年代曾十分明显地表现出其效率和优点，但由于计划经济模式中国家"统"得过多过死，忽视商品生产、价值规律和市场的调节作用的内在特征，极大地限制了金融机构的活力，使其与社会生产力发展的要求极不适应，无法发挥社会主义制度的优越性，于是随着 1978 年经济体制改革的全面铺开以及向纵深推进，金融体制改革成为中国政府关注的焦点之一。

但问题是，从实践来看，中国金融体制改革一开始似乎就偏离了资源配置效率优化的目标取向，其突出表现就是中国金融体系（尤其是国有银行体系）承担了某种财政功能，特别是对国有经济的财政补贴功能（张杰，1998）。那么，为什么经济体制改革中的中国金融体系会被赋予这样一种特殊的功能定位呢？

从制度变迁的角度考察，鉴于中国的经济转轨特色深深内生于长期稳定的二重社会结构（一方面是强势的国家，另一方面是分散的下层经济组织），而这一社会结构不仅内生出超强政府的一维权力体系，而且政府对宏观稳定（包括政治与经济）有着极强的制度偏好，因此，中国的经济金融体制变革表现出非常明显的双重特征——既是以国家为制度主体的强制性制度变迁，又是一种边际性的渐进式制度变迁。但正如"诺斯悖论"[①]所揭示的那样，当国家作为制度选择和制度变革的主体且面临着两重目标冲突时，"统治者常常选择相对低效率却更能保证租金最大化的产权制度"，或者说其首要的制度变迁目标是社会与政权的稳定，进而国家必然最大限度地控制着经济金融转轨的速度和规模，采用渐进的增量改革方式而不是激进的休克方式来推动制度变迁。这就必然导致国家最大限度地维持"体制内产出"的稳定，避免整个经济转轨过程中由于"体制内产出"的巨大波动而引起社会动荡和组织崩溃。而"体制内产出"的主要承担者是国有企业，所以要保证渐进式制度变迁的顺利推进，支撑"体制内产出"的稳定，国家就必然对国有企业实行制度和战略上的倾斜，为国有企业改革提供各种显性或隐性的补贴，以弥补国有企业改革所花费的巨额成本（王曙光，2003）。

---

① 诺斯（1992）曾指出，统治者或国家提供博弈规则都有两重目的：一是使统治者租金最大化；二是提供和实施产权规则和降低交易费用，促进经济增长。不过"在使统治者租金最大化的所有权结构与降低交易费用和促进经济增长的有效率体制之间存在持久的冲突"。这就是所谓的"诺斯悖论"。

但问题是，为维持体制内产出稳定所需的巨大补贴从何而来呢？从当时的情况来看，伴随着经济体制改革的推进，国民收入分配结构、经济货币化程度等外部环境的改变，经济运行中的储蓄结构与投资结构均发生了极为深刻的变化。

（1）国民收入分配结构。1978 年以来，随着社会主义国家传统隐性财政收入体制的解体与"放权让利"改革思想的贯彻，中国国民收入分配结构出现巨大变化——从国民经济部门结构来看，1978 年到 1998 年间居民收入占可支配总收入的比重稳步上升，从 50.7% 增加到 68.1%，相反企业部门则从 30.8% 下降到 13.7%，财政部门则基本保持稳定，从 16.9% 变化到 17.5%（吴晓求，2001）。

（2）经济货币金融化程度。1978 年经济体制改革之初，中国至少通过 5 个渠道导致了经济货币化程度的不断提升：第一，居民和企业交易需求的增加；第二，农村引入生产责任制之后，成千上万的农民进入了市场；第三，乡镇企业的出现；第四，迅速发展的个体经济和私营经济；第五，迅速增长的自由市场（易纲，2003）。而伴随着中国经济货币化程度的不断提高，货币对整个经济活动的渗透力在加强，实物交易、物物交换越来越少，货币一般等价物的作用得到了真正的体现——以 M2/GDP、金融相关率两个指标为例，分别从 1978 年的 32%、53.6% 上升到 1998 年的 131.6% 和 157%（米建国和李建伟，2002）。

（3）国民储蓄结构与投资结构。容易理解，国民收入分配格局的改变必然导致国民储蓄结构的变化——从部门结构看，随着经济改革的深入，在企业储蓄比重维持在 30%~40% 水平的同时，政府储蓄比重显著下降，从 1978 年的 60.4% 降至 1998 年的 13.2%，其主导地位逐渐被居民储蓄（从 1978 年的 9.5% 上升到 1998 年的 51%）所替代（吴晓求，2001）。

在国民储蓄结构变化的同时，伴随着集体经济、个体经济等非国有主体的兴起，中国经济中的投资主体也日益实现多元化，投资结构发生了巨大改变（参见表 3-20）。

表 3-20　中国部门投资结构及投资效率分析投资

| 年　份 | 工业产值增加值（亿元） | | | 固定投资（亿元） | | | 投资效率 | | |
|---|---|---|---|---|---|---|---|---|---|
| | 国有企业 | 集体企业 | 个体企业 | 国有企业 | 集体企业 | 个体企业 | 国有企业 | 集体企业 | 个体企业 |
| 1986 | 615 | 634 | 174 | 2 079 | 391 | 649 | 0.296 | 1.621 | 0.268 |
| 1987 | 1 333 | 1 030 | 310 | 2 448 | 547 | 795 | 0.545 | 1.883 | 0.390 |
| 1988 | 2 101 | 1 806 | 504 | 3 020 | 711 | 1 022 | 0.696 | 2.540 | 0.493 |
| 1989 | 1 991 | 1 271 | 531 | 2 808 | 570 | 1 032 | 0.709 | 2.230 | 0.515 |
| 1990 | 721 | 664 | 521 | 2 986 | 529 | 1 001 | 0.241 | 1.255 | 0.520 |
| 1991 | 1 892 | 261 | 550 | 3 713 | 697 | 1 182 | 0.510 | 0.374 | 0.465 |
| 1992 | 2 869 | 3 352 | 1 753 | 5 498 | 1 359 | 1 222 | 0.522 | 2.467 | 1.435 |
| 1993 | 4 901 | 4 329 | 4 573 | 7 925 | 2 317 | 1 476 | 0.618 | 1.868 | 3.098 |
| 1994 | 3 476 | 10 008 | 8 290 | 9 615 | 2 758 | 1 970 | 0.362 | 3.629 | 4.208 |
| 1995 | 5 019 | 7 151 | 9 549 | 10 898 | 3 289 | 2 560 | 0.461 | 2.174 | 3.730 |
| 1996 | -2 859 | 5 609 | 4 949 | 12 056 | 3 660 | 3 211 | -0.237 | 1.533 | 1.541 |
| 1997 | 1 399 | 6 198 | 4 936 | 13 418 | 3 873 | 3 426 | 0.104 | 1.600 | 1.441 |

资料来源：根据《中国统计年鉴》（1990—2000 年）整理计算。

容易理解，中国经济体制改革导致的这样一个外部经济环境，意味着计划经济时代中国储蓄与投资主体高度耦合的财政主导型转化机制运转的经济基础不复存在，或者说国家财政再也不能（或无力）大规模直接介入全社会的资金配置了。

那么，在这样一种制度背景下，中国全社会的资金配置应该如何进行呢？虽然从理论上说，当时面临着多种选择，但在"有计划商品经济"的政治经济制度约束下，一方面产权改革尚未涉及，政府仍是国有资产的唯一代表，仍需掌控全局，另一方面中国原有的金融体制一直是银行主导的，且长期以来国有银行信用几乎是一统天下，所以选择国有（专业）银行主导这种金融模式，凭借国家对作为投资主体的国有银行以及银行信用的高度垄断来控制全社会资源，进而使国有银行成为弥补国有企业改革成本和维持体制内产出的唯一主体就成为当时最符合国情，也可接受的一种选择。正是在这样一种金融改革指导方针下，1978年以后相续恢复了中国银行、中国农业银行，并在1984年前后，逐步构建了一个以中国人民银行为核心，工、农、中、建四大国有专业银行为主体的金融体系。也正是在这个逻辑的支配下，在很长一个时期内，国家对国有银行部门的改革一直持非常谨慎的态度，最大限度地维持整个银行体系市场结构的垄断性和产权结构上的单一性，使单一国有产权的国有银行在市场竞争中处于绝对的垄断性的优势地位。

但改革的现实性并不意味着改革的有效性。客观地说，以"拨改贷"为核心的金融体制改革并非市场运行的自然结果，而是在深受原有储蓄—投资低效转化之苦基础之上的一种变通——打破集中体制下"父爱主义"引致的"预算软约束"，利用银行来引导、约束企业的融资决策，减少对财政的过度依赖。在没有其他相应制度配合的背景下，虽然改革的初衷是提高经济运行的整体效率，但由于制度协调以及其他体制性的原因，作为计划经济遗留下来的以国家为唯一中介的转化机制的延续，国有银行为主导的金融模式并没有从根本上改变储蓄—投资低效转化的现状，相反在储蓄保持高速增长的同时，中国经济金融领域出现了一些政府不愿看到的现象：

（1）国有企业经营效益持续下滑。在国有企业与国有银行同属"国有"的大背景下，得到优先信贷支持的国有企业"免费资本"的幻觉不仅依旧延续，而且在存款高速增长的背景下，借助银行贷款维持投资也是国有企业唯一的渠道，由此，一种"居民储蓄—银行贷款—企业（高）负债"的经济运行模式出现并得到强化。而运行的结果使企业在高负债的背景下疲于应付债务本息的偿还，相应的企业产权改革以及经理选拔机制、激励机制的建立与完善等等都无从获得制度基础，企业的发展在没有制度保障的情况下，导致成功的企业仅仅只是个案，而失败却成为国有企业运行的常态，投资效率远低于其他经济部门（参见表3-20）。

（2）银行，尤其是国有银行经营陷入了困境，金融风险不断累积。在这样一种转化机制下，不仅银行几乎承担了全社会所有储蓄—投资转化的任务，进而对银行自身的业务运作（筛选、甄别投资项目，监控项目的运行，评价项目实施的后果等等）提出了很高的要求（否则银行可能根本就无法取得储户、企业的信任，进而也就无法存续下去），而且在中国，由于银行的国有背景，国家信用成为银行运行的基础，导致银行很大程度上可以在不顾及转化效率的基础上开展业务；与此同时，作为一种义务，国有银行本身也担负了许多没有经济效益的政策性业务；此外，国有企业亏损的现状及其发展……种种因素的叠加，使得中国整个银行体系的风险不断累积，一个集中表现就是不良贷款的急剧扩大，导致其只能依靠巨额新增储蓄的进入，才得以在不出现通货膨胀的背景下维持日常的运行。

（3）金融宏观调控效果弱化。一方面，居民储蓄存款的大量增加使得中国货币供给具有极强的内生性；另一方面，国有企业对信贷资金的刚性依赖引发了国有企业倒逼银行贷款，进而迫使国有银行出于维系自身资产负债平衡的目的倒逼中央银行再贷款，形成中国特有的"中央银行再贷款→国有银行政策性贷款→国有企业"单向的信贷资金流动，结果不仅使得全社会潜在购买力扩大，总需求与总供给之间的潜在矛盾激化，而且更为重要的使中央银行货币政策丧失了独立性，单靠货币调控难以有效地实现宏观调控。

这些现象的出现与加剧迫使我国不得不重新思考以国有银行垄断为核心的金融体制的合理性。应该说，以 1986 年交通银行的重新恢复以及中信实业银行的设立为标志的非国有银行的发展是早期中国政府探索金融体制改革深化的重要步骤——在当时看来，非国有银行的出现与发展在直接满足非国有企业投融资需求的同时，有利于打破金融垄断、引入竞争机制，并能以示范效应促进国有银行的商业化转轨。但可惜的是，尽管以股份制银行为代表的非国有银行在此后 20 年时间里在规模、地域分布等方面都有了长足的发展，却并没有从根本上动摇国有银行特有的竞争优势（国家信誉支持、广泛的分支机构网络以及长期银企关系等等），致使其无法撼动国有银行在我国金融体系的主导地位。

既然非国有金融机构的发展不能实现我国金融体系的效率提升与风险控制，那么，我国能否"跨越一步"，通过金融市场的发展来实现金融体系的革命性变革呢？大约从 1984 年开始，这样一种改革思路在市场内生力量的推动下开始出现并逐渐进入决策层的视野。可惜的是，尽管 1983—1990 年间金融市场，尤其是货币市场的发展在产品种类及规模上都取得了一定成就，其雏形也已经在经济体系内部顽强地萌芽、成长，但最终却以整顿而告终，并且很多改革措施重新回到了计划经济的思维。①

我国金融市场发展的里程碑是 1990 年年底以及 1991 年年初上海证券交易所和深圳证券交易所的成立。在此之前，经历了一个很长时期的关于"什么是社会主义""社会主义可不可以搞市场经济""计划和市场在社会主义经济中对资源配置分别起什么作用""社会主义能不能有股票市场""股份制和证券市场姓'社'姓'资'"等重大理论问题的争论，最终结果是我国决定将股票市场作为金融体制改革的一个试点。

那么，为什么我国会在 1990 年前后选择进行股票市场发展的试点呢？这背后还是一个制度变迁补贴资源控制与来源问题——在改革之初，为了避免出现证券市场与银行

---

① "八五"计划对金融体制改革方案的提法就更多地体现了计划色彩，其中"金融宏观调控实行间接手段与直接手段相结合""加强对专业银行的领导与管理""专业银行要执行国家产业政策、承担经济调控职能"等均显示了计划经济的回潮。

部门争夺资金，使垄断性银行失去一部分收益最高的业务，从而损失其特许权价值，进而影响银行部门的资金、威胁金融体系的稳定，我国对债券和股票市场采取了极为严格的抑制政策；但当中国经济金融领域面临的环境发生了巨大变化（来自货币化发行收益的衰竭，同时国有银行体系已经累积了巨额风险），客观上必须重新寻找一条赖以维持渐进转轨的金融支持方式（或者说相关部门已经意识到仅仅只对提供储蓄存单的国有银行做出所谓的专属性保护以及维持垄断性国有金融制度安排依然不能满足我国经济变迁过程中储蓄动员水平与金融支持的实际需要）的时候，创建、发展一个以国有力量主导的股票市场最大的作用就是为我国经济转轨金融支持策略的战略性改变——从单独货币性金融支持转变为货币性与证券性金融协同支持——提供新的契机，进而促发新的改革尝试。

一开始我国通过发行额度控制与分配、证券定价、股权分置等制度安排严密控制股票市场的发展轨道。从实践来看，证券发行的额度控制与分配制度形成新的资源获得方式（直观上说，这与国有银行的信贷分配制度并没有什么不同），而在股权分置（即国有与法人持股占据较大比重且不流通）的情况下，再大的证券市场扩展规模都不会形成标准的资产替代，进而对转轨经济中的金融支持造成影响。因此，处于"金融抑制"下的股票市场发展既可保持体制内产出的增长，又可体现总体改革尤其是金融改革的市场化倾向。

但就在我国大力推进金融体制改革、建立以市场为主导的金融体系时，1997年之后国际环境发生了突变——始于1997年7月的泰国并迅速席卷东南亚、俄罗斯、巴西等国家与地区的金融危机爆发，不仅使得这些国家多年经济发展的积累付诸东流，而且给中国带来了一个极为严峻的国际经济环境，致使中国的外汇体制改革、利率市场化进程不得不暂缓，同时国有银行体系巨额不良资产以及股票市场泡沫中可能蕴涵的金融风险成为我国最为关注的问题，或者说整顿金融秩序、化解金融风险成为当时金融体制改革的重中之重。

进入21世纪之后，我国金融体制改革的外部环境又一次发生了巨大改变——2001年中国加入世界贸易组织意愿的实现迫使中国金融体系必须尽快融入世界，对外开放成为推动中国金融体制改革最主要的动力之一。

从历史角度看，与把其他经济领域的改革主动地置于对外开放的环境下实现改革与开放完美结合的情况不同，由于金融对于渐进式改革的特殊功能定位，我国金融体制改革不仅明显滞后于整个经济转轨进程而且其对外开放程度一直保持在最低程度。在国家对金融市场实行严格的市场准入限制、经济中资金短缺而资金需求旺盛、政府所控制的利率水平与市场均衡利率水平存在较大差距的情况下，国有商业银行面临的竞争环境极为宽松，不仅获得大量垄断利润，且作为既得利益集团，彼此之间的相互默契也成为金融体制改革进一步推进的强大阻力。但随着经济全球化进程的加速，中国经济的对外贸易依存度以及以FDI为代表的国际资本流动规模越来越高，迫使中国必须寻求加入WTO减少国际经济贸易争端，实现国民经济的有序、健康、快速发展。但问题是，正如 Rajan 和 Zingales（2004）[①]所论及的那样，一旦中国选择加入 WTO，就必须按照 WTO 协议向外国金融机构开放本国金融市场，中国金融体系竞争格局就将无法维持，或者说金融体制变革成为市场运行的内在要求。

从实践来看，2001 年我国加入 WTO 之后，外资金融机构对国内银行形成的竞争压力日益凸显。此时的竞争已经转变为投资回报和经营绩效决胜负，可依赖的竞争优势不仅仅是规模经济或范围经济，良好的公司治理结构才是竞争的关键。这一点，恰恰是当时的中国金融机构所缺乏的。从当时的情况看，国有独资引发的高代理成本与管理不到位决定了四大国有商业银行公司治理的失效以及经营效率的低下，不仅在竞争中亏损几乎不可避免，而且更严重的是，当资金、业务和人才可以在不同金融机构之间流动时，由于国有银行和外资银行在经营绩效和激励机制方面存在明显差距，国有银行将不可避免地出现资金、优质客户及人才的流失，其竞争优势将日益削弱。正是基于这种考虑，2003 年开始，国家开始有意识地再次通过对国有银行的注资、资产剥离以及外部战略投资者的引进，试图以股份制改革以及上市等手段推进国有商业银行的产权改革，重塑市场竞争主体。

与此同时，在金融市场领域，尽管从 20 世纪 90 年代中期理论界就开始意识到中国资本市场上市公司股权流动性设计上的制度缺陷——股权分置的存在破坏了上市公司全体股东共同的利益基础，扭曲了资本市场存量资源的整个功能，使中国资本市场丧失了持续发展的内在动力，而且在 1999 年（国有股减持试点）和 2001 年（减持国有股补充社保基金）也做了一些尝试，但直到 2005 年 4 月 29 日才真正拉开了股改的序幕。到 2006 年 12 月 31 日，累计完成或进入股改程序的公司数已达到 1303 家，总市值约为 60 504.1 亿元，约占沪、深 A 股总市值的 98.55%，股权分置改革已取得了决定性的胜利。

伴随着国有商业银行股份制改革的深入推进以及股票市场股权分置改革的完成，中国金融体系改革进入了一个全新的发展阶段——经过"资产负债表重组→股份制→上市"等一系列改造，如今的中国国有商业银行成为世界金融市场的"新宠"，而股权分置改革后的股票市场则在投资者预期稳定、有信心以及宏观流动性过剩的背景下，股价指数不断走高，成为当前规模最大、交易最为活跃的新兴市场之一。

但 2008 年一场始于美国蔓延至全球的金融海啸打断了中国金融结构市场化演进的发展进程，为了应对危机推出的"四万亿刺激计划"，使得银行体系迎来了发展速度最为迅猛的一个时期，相应地中国金融结构的演变方向也出现了明显逆转。由此导致在 2012 年党的十八大报告中关于金融改革的表述较之前有所变化——"深化金融体制改革，健全促进宏观经济稳定、支持实体经济发展的现代金融体系"。

但我国政府的态度在 2012 年之后又出现了改变。2012 年以来，以习近平总书记为核心的党中央审时度势，科学判断在"三期叠加"的大背景下，中国经济发展已经进入

---

[①] Rajan 和 Zingales（2004）认为，对于国有商业银行等既得利益集团而言：首先，在对外开放的背景下，无法用国内政治来限制外国竞争者，而竞争的加强自然降低其利润水平；其次，限制国内竞争所能产生的利益也有限，这样，限制竞争的动力和能够拉拢政客的能力都趋于萎缩；最后，在外国竞争压力下，即便国内的利益集团也需要发展国内基础设施。所以，他们不但不会再阻挠金融发展，而且变成积极的推动者。

了以中低速为内核的"新常态"，经济高质量发展成为中国经济运行面临的重要目标。因此，在2013年党的十八届三中全会《中共中央关于全面深化改革若干重大问题的决定》中再次提出"完善金融市场体系"，包括金融组织体系改革、金融要素价格体系改革、金融监管体系改革等各方面内容，客观上为资本市场的发展奠定了理论思想基础。因此，2014年之后中国资本市场重新回到了一个上升路径之中，"提高直接融资比重"成了大家的共识。

在我们看来，之所以会出现这种改变，是因为就当时的情况看，中国资本市场的运行背景从2013年中后期开始有了较大的改变。引发这种变化的原因主要有四个：一是中国宏观经济的困境，原有的经济增长模式无法维系；二是银行体系的信用扩张几乎已到了一个临界点，潜在的金融风险过度累积；三是政府经济改革思路的转变，明确了"市场在资源配置中发挥决定性作用"的指导思路；四是在依法治国的方略下，中国的契约法制环境较以往有了很大的改进。

正是在这样一个大背景下，从金融机构与市场相对地位变迁的角度看：一方面，全社会信息透明度的提升不仅一定程度上削弱了银行原来通过其传统业务集获得的一些经济优势，致使一些经济主体（特别是大企业以及偏好风险的储蓄者）有着强烈的动机发展资本市场，利用证券的直接交易来满足各自目标，且有效的司法执行体系可以确保贷出者对资金回流的信心，同时提供了契约不完全时的稳定救济预期；另一方面，当经济发展到一定规模之后，社会财富的积累使得资金相对于投资机会而言变得较为充裕，这时如果市场被管制进而无法有效地发挥奖优罚劣的作用，银行体系在资金分配上的缺陷日益凸显，良性的优胜劣汰机制缺失，无法支持"创造性破坏"。这实际上就意味着在当前崇尚"大众创新、万众创业"的大环境下，中国金融结构的转型——相对于银行体系而言，股票市场的战略地位日益凸显进而重要性上升——势在必行。在我们看来，这种金融结构变迁中股票市场功能定位的转变是激发市场活力，引致市场火爆行情最为关键的内在逻辑，进而在一定程度上，当前中国股票市场与实体经济的正向背离是有理论支撑的——股票市场的发展进而金融结构的转型将是中国从经济大国向经济强国迈进中的关键一步。

当然，值得指出的是，就当时中国资本市场的运行态势看，相当数量上市公司（尤其是创业板）的股价运行反复出现一定的泡沫化现象——2015年前后，市场在短期内脱离了上市公司的业绩支撑进而股价暴涨之后，又出现了极为快速的下降，引发了一场影响面颇广的"股灾"，市场和机构运行的格局又一次逆转。

进入2017年，以习近平同志为核心的党中央在十九大报告中指出："经过长期努力，中国特色社会主义进入了新时代，这是我国发展新的历史方位"，明确我国的基本经济矛盾已经转变为"人们日益增长的美好生活需求与不平衡不充分的发展之间的矛盾"。在这样的大背景下，报告认为，"深化金融体制改革，增强金融服务实体经济能力，提高直接融资比重，促进多层次资本市场发展"是中国经济体制改革的重要任务。在2019年的十九届四中全会中更是强调要"加强资本市场基础制度建设，健全具有高度适应性、竞争力、普惠性的现代金融体系，有效防范化解金融风险"。显然，党对现代金融体系中资本市场的重要性更为强调和重视，这也预示着中国资本市场即将迎来一个新的发展阶段，进而中国的金融结构也将面临新的结构性变革。

# 3.4 结 语

在经过 40 余年的艰难探索之后，较 1978 年底改革之初"大一统"的单一银行体系而言，当前的中国金融体系可以说已经完成了一次"凤凰涅槃"式的质的飞跃。相比其他转轨经济体，中国金融体系的这种变化是在以工业化、货币化程度极低，国民收入分配格局以及由此导致的储蓄主体与投资主体变化以及政治社会稳定等为特征的一个极为特殊的历史背景下通过渐进式改革逐渐形成的，而且在金融体制改革的目标、路径选择与顺序安排、动力来源以及推进策略等方面存在较为显著的差异。正是这种差异的存在，使得我们认为在转轨经济体中，中国的金融体制改革模式是非常特殊的，或者说存在金融体制改革的"中国模式"。

但必须指出，到目前为止，中国的金融体系还是被作为一种弥补国有企业改革成本和维持体制内产出的重要（在相当长时期内可以说是唯一）工具而加以运用，进而在"宏观稳定、微观搞活"的政策指导思想下，即便中国金融体系经历了人类经济发展史中少有的金融发展，其资源配置效率却仍然较低，大量的资源随着改革的推进转变成为银行不良资产，客观上难以完全适应中国经济进一步发展的需求。可以说，中国的金融体制改革仍然是任重而道远。展望未来，在对外开放的基础上逐步实现金融的对内开放，继续深化以建立和完善市场竞争机制和产权多元化体制为目标的金融体系改革，提高整个经济的资源配置效率，同时加强金融监管部门的职能以防范金融风险，抵御对外开放可能给国内金融部门带来的不利冲击，将是未来中国金融体制改革的重中之重。

**思考题**

1. 试在简单梳理中国金融市场在金融体系中地位演变历程的基础上，谈谈你对当前金融市场在金融体系中地位变化的认识。

2. 试结合中国金融改革发展的历史与现状，谈谈你对中国金融市场演变内在逻辑的认识。

# 第 4 章　金融市场崛起与金融结构变迁：大国视角

1970 年代以来，全球经济金融运行中正在发生的最为深远和最具结果的结构性变化影响之一恐怕就是全球金融美国模式的成熟，而其成功 40 余年来已将组成这个模式的制度、做法、工具和金融基础设施向其他工业国乃至新兴市场国家出口。在这一大背景下，尽管如夏斌等（2011）所说的那样，"一个国家选择何种金融结构，或者说金融功能的实现，是以金融市场或金融机构为主导，还是以政府大量干预和管理的形式实现，均与其发展历史有相当关系，即具有一定的路径依赖，也与当时经济本身的结构特征有关。这里并不存在金融形式选择中绝对的谁优谁劣的标准问题，只是谁更适合当前的经济发展水平和社会、经济特征的问题"，但就大样本金融结构的跨国比较来看，可以发现金融结构的演进的确存在一些基本的演变趋势，诸如在较富裕的国家，尽管随着时间的推移，其银行、非银行以及股票市场都变得更大、更活跃并更有效率，但相对于银行，股票市场变得更活跃和更有效率，进而金融系统变得更以市场（或者说证券化）为导向。在我们看来，金融体系的这一结构性变化在大国经济体中体现得尤为突出。在本章中，我们借助 1989 年以来全球经济大国金融结构的变化数据，对大国经济体金融模式的变迁进行梳理和理论分析，进而尝试寻求大国经济体金融结构演进的一般趋势，并就中国金融结构的未来选择给出一些基本判断。

## 4.1　银行主导型与市场主导型金融模式：简要对比

### 4.1.1　金融体系：制度视角的一个考察

从功能视角着眼，金融体系是现代市场经济中管理风险借以实现风险进而社会资源在不同经济主体之间跨区、跨期优化配置的一种特殊契约制度安排，其本质是对风险的定价和分配。

从历史角度看，金融的形成与发展与社会化大生产，或者说社会分工的不断深化与协同合作进而社会交易费用的节约或降低密不可分，换句话说，在一个以个体自然生产为主、不产生商品交换行为的社会中，并不需要金融体系。从内核上看，金融体系的构建和完善将其使用者通过货币化卷入了一个共同的市场，将未来的活动纳入现在的市场交易（资本化），从而延伸了市场经济的范围和领域。因此，作为市场的一个重要组成部分，金融体系是从事金融活动的当事人之间在基于普遍信任之上，借助于货币（一般等价物）以及各种金融资产形式，调动经济资源在时间、空间、不同人群中重新配置的复杂关系契约网络。这种网络在现实中表现为一种制度化、组织化的交换，不仅"涉及社会规范、习惯、制度化的交换关系，以及信息网络（有时是有意组织的）"，还包括"应用这些规则的从事特定商品交易的人"，其目的在于"改善各自的效用"。

## 4.1.2 银行主导型金融模式和市场主导型金融模式：比较分析

现实地看，各国金融体系的实际构成存在极为显著的差异，存在银行主导和市场主导的模式之分。尽管从理论上说，不同类型金融体系的基本目标——资源配置优化的同时确保提供资金的主体能够从借款人手中获得足够的收益补偿——并无太大差异，但在这两个目标的实现途径上，两类金融模式之间存在较为明显的差异（参见表4-1）。

表4-1 两种融资模式的运行特征比较

| | 银行主导型金融结构 | 市场主导型金融结构 |
|---|---|---|
| 对价格信号的反应 | 弱（以内部信息为主） | 强 |
| 市场力量 | 强 | 弱 |
| 流动性 | 弱 | 强 |
| 风险 | 代际跨期平滑 | 横截面风险分担 |
| 资产性质 | 实物资产 | （高科技）无形资产 |
| 公司类型 | 中小公司 | 大公司 |
| 创新融资 | 低 | 高 |
| 政治可控性 | 强 | 弱 |

资料来源：笔者整理。

# 4.2 1989—2011年间大国经济体的金融结构变迁：跨国实证

从"二战"之后世界经济金融的发展状况看，1944年制定的布雷顿森林协议在世界经济进入正常轨道后，成功地促进了贸易量的增长，使各国的经济要面对越来越激烈的外国竞争。从1973年到现在，世界贸易的年均增长速度达到11%，占全球GDP的比重从22%增长到了42%。但从时间上看，各国资本流动的管制放松普遍晚于贸易的开放，直到1980年代末期，大多数发达国家才放开跨境的资本流动，直接导致经济金融全球化进入了一个新的发展阶段。伴随着经济金融全球化进程的深入推进，众多大国经济体的金融结构发生了巨大变化。

## 4.2.1 市场主导型大国经济体金融结构的历时演变

英国和美国金融体系一直被视为现代市场主导型金融模式的典范或原型，其最为核心的表现就是相对银行体系而言，证券市场在把社会资本投向企业、行使公司控制权以及减轻风险的管理上扮演着极为重要的角色。按照肯特和莱文（2006）的跨国实证分析框架，除美国和英国外，加拿大、瑞典、新加坡、瑞士、澳大利亚、马来西亚等国家和中国香港地区均可纳入发达的市场主导型金融结构范畴。考虑到其中有些国家或地区经济规模过小，这里选择了澳大利亚、美国、英国、加拿大和瑞典这五个国家作为市场主导型发达大国的代表，通过分析这些国家 1989 年以来金融规模、金融行为以及金融效率三个纬度的指标，综合考察其金融机构（核心是金融体系中证券市场相对地位）的历时演变。

以 IMF 的相关统计数据为基础，可以发现：

（1）就规模而言，1989 年以来，相对于 GDP，这些国家的股票市场倾向于变得更大（参见图 4-1）。

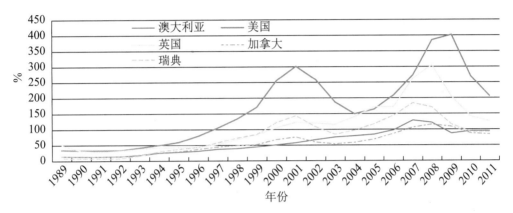

图 4-1　市场主导型大国股票市场总市值 /GDP 的变动：1989—2011 年

资料来源：依据 IMF 相关指标由笔者计算得到。

从上市公司密度（每亿人口对应的上市公司数）指标看，1988 年以后，除美国有明显下降以及澳大利亚和英国变化不大外，加拿大和瑞典则呈现迅猛上升的态势。从指标数值看，这些国家上市公司密度处于较高的水平（参见图 4-2）。

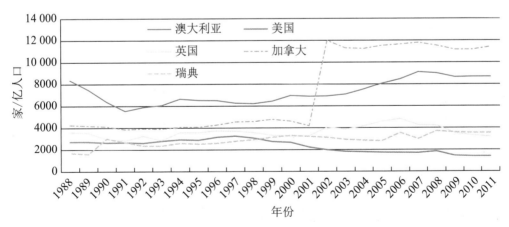

图 4-2　市场主导型大国上市公司密度变动：1988—2011 年

资料来源：依据 IMF 相关指标由笔者计算得到。

（2）从金融结构的规模指标（存款货币银行总资产 / 股票市场总市值）看，1989年以后，相对于银行而言，这些国家股票市场的重要性普遍显著增强（参见表 4-2）。

表 4-2　市场主导型五国金融结构的规模和行为指标变化：1989—2011 年　单位：%

| 年　份 | 澳大利亚 | | 美国 | | 英国 | | 加拿大 | | 瑞典 | |
| --- | --- | --- | --- | --- | --- | --- | --- | --- | --- | --- |
| | 银行资产/总市值 | 银行私人信贷/总交易 | 银行资产/总市值 | 银行私人信贷/总交易 | 银行资产/总市值 | 银行私人信贷/总交易 | 银行资产/总市值 | 银行私人信贷/总交易 | 银行资产/总市值 | 银行私人信贷/总交易 |
| 1989 | 111.58 | 381.58 | 112.35 | 189.35 | 111.93 | 199.8 | 147.96 | 504.32 | 201.19 | 696.07 |
| 1995 | 108.29 | 259.31 | 66.92 | 92.04 | 93.47 | 250.97 | 151.56 | 299.52 | 145.05 | 117.1 |
| 2001 | 94.05 | 150.37 | 40.19 | 19.11 | 81.61 | 104.5 | 104.19 | 146.74 | 60.22 | 53.85 |
| 2004 | 78.28 | 120.9 | 44.66 | 39.16 | 112.44 | 101.49 | 116.54 | 215.49 | 75.81 | 108.68 |
| 2007 | 76.41 | 85.6 | 45.81 | 23.82 | 122.64 | 65.83 | 100.6 | 133.19 | 60.49 | 66.51 |
| 2010 | 94.29 | 131.26 | 56.6 | 23.57 | 155.82 | 143.36 | — | — | 83.57 | — |
| 2011 | 119.55 | 129.46 | 55.94 | 29.98 | 151.38 | 152.37 | — | — | 100.68 | — |

注："—"代表数据缺失。

资料来源：依据 IMF 相关指标由笔者计算得到。

（3）从金融结构的行为指标（存款货币银行私人信贷规模/股票市场交易额）看，1989 年以后，相对于银行而言，这些国家股票市场的重要性也普遍显著增强（参见表 4-2）。

（4）从金融结构的效率指标（总交易市值 × 一般管理成本和总交易市值 × 净利差）看，相对于银行而言，1999—2007 年间这些国家的股票市场倾向于变得更有效率（参见表 4-3）。

表 4-3　市场主导型五国金融结构效率指标的变化：1999—2011 年

| 年　份 | 澳大利亚 | | 美国 | | 英国 | | 加拿大 | | 瑞典 | |
| --- | --- | --- | --- | --- | --- | --- | --- | --- | --- | --- |
| | 管理成本 × 总交易市值 | 总交易市值 × 净利差 | 管理成本 × 总交易市值 | 总交易市值 × 净利差 | 管理成本 × 总交易市值 | 总交易市值 × 净利差 | 管理成本 × 总交易市值 | 总交易市值 × 净利差 | 管理成本 × 总交易市值 | 总交易市值 × 净利差 |
| 1999 | 0.50 | 0.72 | 6.82 | 7.37 | 1.52 | 0.97 | 0.70 | 0.74 | 1.45 | 1.45 |
| 2001 | 1.63 | 1.04 | 10.21 | 11.53 | 2.54 | 1.34 | 1.57 | 1.33 | 2.01 | 1.83 |
| 2003 | 0.57 | 0.86 | 6.07 | 6.91 | 3.15 | 2.36 | 1.68 | 1.27 | 1.19 | 1.43 |
| 2005 | 1.62 | 2.33 | 5.02 | 5.69 | 4.01 | 4.29 | 1.40 | 1.13 | 1.25 | 1.06 |
| 2007 | 1.81 | 2.9 | 7.83 | 8.55 | 4.91 | 5.34 | 2.56 | 2.35 | 2.30 | 2.56 |
| 2011 | 1.04 | 1.97 | 5.89 | 7.49 | 0.81 | 1.93 | 2.82 | 2.74 | 1.09 | 1.38 |

资料来源：依据 IMF 相关指标由笔者计算得到。

## 4.2.2　银行主导型大国经济体金融结构的演变

德国和日本一直以来被认为是银行主导型金融模式的典型代表，在这些国家中，相对于证券市场，银行在动员储蓄、配置资本、监督公司管理者的投资决策以及提供风险管理手段上扮演着主要的角色。遵循肯特和莱文（2006）的分析，除德国和日本外，法国、西班牙、意大利、芬兰、挪威、葡萄牙、比利时等国家或地区均可纳入发达的银行主导型金融结构范畴。考虑到其中有些国家或地区经济规模过小，这里选择了德国、法国、日本、西班牙和意大利这五个国家作为银行主导型发达大国的代表，通过分析这些国家1989 年以来金融规模、金融行为以及金融效率三个纬度的指标，综合考察其金融结构（核心是金融体系中证券市场相对地位）的历时演变。

以 IMF 的相关统计数据为基础，可以发现：

（1）单就规模而言，1989 年以后，相对于 GDP，这些国家的股票市场倾向于变得更大（参见图 4-3）。

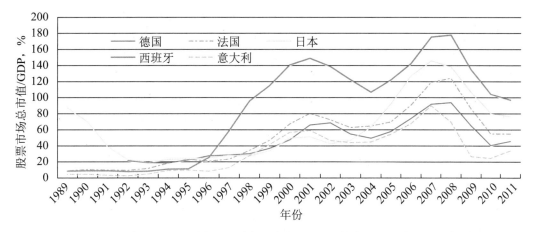

图 4-3　五个银行主导型大国股票市场总市值 /GDP 的变动：1989—2011 年

资料来源：依据 IMF 相关指标由笔者计算得到。

从上市公司密度（每亿人口对应的上市公司数）指标看，1988 年以后，除西班牙指标有明显上升外，其他四个国家总体保持了相对稳定的变化态势。从指标数值看，这些国家上市公司密度显著低于市场主导型大国（参见图 4-4）。

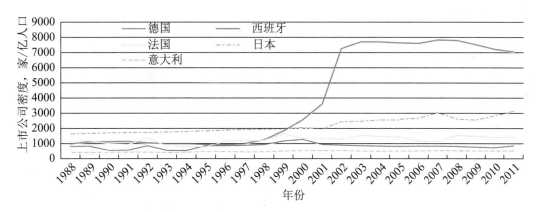

图 4-4　银行主导型大国上市公司密度变动：1988—2011 年

资料来源：依据 IMF 相关指标由笔者计算得到。

（2）从金融结构的规模指标（存款货币银行总资产 / 股票市场总市值）看，1989年以后，与市场主导型大国类似，相对于银行而言，这些国家股票市场的重要性普遍显著增强（尤其是在全球金融危机全面爆发前的 2007 年），而且其增强的幅度更为明显（德、法、意等欧洲大陆国家）（参见表 4-4）。

表 4-4　银行主导型大国金融结构规模和行为指标的变化：1989—2011 年　单位：%

| 年　份 | 德国 | | 法国 | | 日本 | | 西班牙 | | 意大利 | |
|---|---|---|---|---|---|---|---|---|---|---|
| | 银行资产/总市值 | 银行私人信贷/总交易 | 银行资产/总市值 | 银行私人信贷/总交易 | 银行资产/总市值 | 银行私人信贷/总交易 | 银行资产/总市值 | 银行私人信贷/总交易 | 银行资产/总市值 | 银行私人信贷/总交易 |
| 1989 | — | — | 321.75 | 1135.01 | 166.71 | 129.66 | 376.41 | 1260.88 | 402.06 | 1730.03 |
| 1995 | 571.6 | 579.47 | 307.41 | 445.43 | 339.07 | 1066.79 | 324.66 | 936.96 | 457.28 | 865.67 |
| 2001 | 237.84 | 223.53 | 106.76 | 129.39 | 322.11 | 386.1 | 145.74 | 77.68 | 159.79 | 155.6 |
| 2004 | 322.63 | 288.13 | 142.84 | 165.78 | 203.58 | 240.75 | 158.11 | 123.69 | 231.5 | 221.18 |
| 2007 | 216.34 | 138.64 | 110.73 | 97.69 | 147.94 | 106.5 | 162.47 | 104.11 | 222.14 | 128.45 |
| 2011 | 338.54 | 282.01 | 202.19 | 241.28 | 274.59 | 249.26 | 303.57 | 241.24 | 877.04 | 462.6 |

注："—"代表数据缺失。

资料来源：依据 IMF 相关指标由笔者计算得到。

（3）从金融结构的行为指标（存款货币银行私人信贷规模/股票市场交易额）看，1989 年以后，与市场主导型大国类似，相对于银行而言，这些国家股票市场的重要性也普遍显著增强（同样是在全球金融危机全面爆发前的 2007 年，这一趋势尤为突出），同样在欧洲大陆国家这一强化的趋势更为明显（参见表 4-4）。

（4）从金融结构的效率指标（总交易市值 × 一般管理成本和总交易市值 × 净利差）看，与市场主导型大国相比，相对于银行而言，1999—2007 年间这些国家的股票市场同样倾向于变得更有效（类似地，2008 年危机之后这一指标出现了反向变化）（参见表 4-5）。

表 4-5　银行主导型大国金融结构效率指标的变化：1999—2011 年

| 年　份 | 德国 | | 法国 | | 日本 | | 西班牙 | | 意大利 | |
|---|---|---|---|---|---|---|---|---|---|---|
| | 管理成本×总交易市值 | 总交易市值×净利差 | 管理成本×总交易市值 | 总交易市值×净利差 | 管理成本×总交易市值 | 总交易市值×净利差 | 管理成本×总交易市值 | 总交易市值×净利差 | 管理成本×总交易市值 | 总交易市值×净利差 |
| 1999 | 0.55 | 0.44 | 0.62 | 0.51 | 0.35 | 0.49 | 1.90 | 1.91 | 0.84 | 0.78 |
| 2001 | 1.04 | 0.7 | 0.94 | 0.71 | 0.43 | 0.64 | 3.37 | 3.63 | 1.12 | 1.28 |
| 2003 | 0.88 | 0.53 | 0.79 | 0.7 | 0.45 | 0.64 | 2.49 | 2.82 | 0.85 | 0.73 |
| 2005 | 0.68 | 0.54 | 0.64 | 0.57 | 0.74 | 1.04 | 2.46 | 3.13 | 2.06 | 1.99 |
| 2007 | 1.04 | 0.91 | 0.97 | 0.75 | 1.34 | 1.81 | 1.92 | 2.74 | 1.72 | 2.02 |
| 2011 | 0.58 | 0.35 | 0.44 | 0.54 | 0.60 | 0.77 | 1.02 | 1.59 | 0.57 | 0.47 |

资料来源：依据 IMF 相关指标由笔者计算得到。

## 4.2.3　金砖五国（BRICS）金融结构的历时演变

自从 2001 年美国高盛公司首席经济师吉姆·奥尼尔首次提出"金砖四国"这一概念，

特指巴西、俄罗斯、印度和中国四个全球最大的新兴经济体以来，这一词汇得到了广泛的认可。2010年南非纳入这一范畴，形成当前"金砖五国"的概念。21世纪头10年，"金砖五国"的经济保持高速增长，不仅成为世界经济舞台的一支重要力量，而且成为应对2008年全面爆发的国际金融危机的重要力量。显然，考察这一样本国家金融结构的历时演变，在一定程度上有助于了解新兴经济大国金融模式20余年来的基本演变态势。

以IMF的相关统计数据为基础，可以发现：

（1）单就规模而言，1989年以后，与众多发达国家类似，相对于GDP而言，金砖五国的股票市场也倾向于变得更大（参见图4-5）。

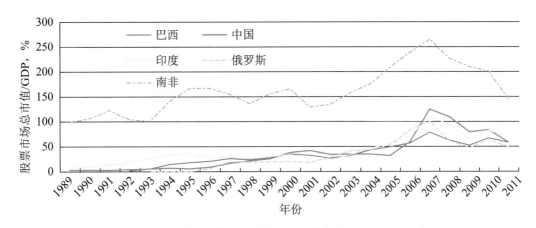

图4-5　金砖五国股票市场总市值/GDP的变动：1989—2011年

资料来源：依据IMF相关指标由笔者计算得到。

从上市公司密度指标看，相比发达国家，金砖国家除南非外，不仅处于较低的水平，而且20余年来变化也不明显（由于独特的经济转轨背景，中国和俄罗斯无疑是两个例外）（参见图4-6）。

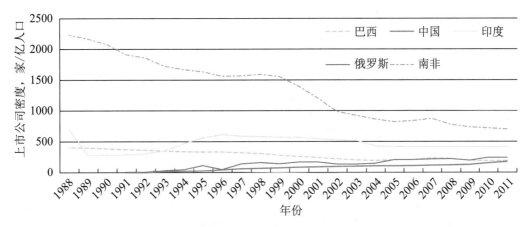

图4-6　金砖五国上市公司密度变动：1988—2011年

资料来源：依据IMF相关指标由笔者计算得到。

（2）从金融结构的规模指标（存款货币银行总资产 / 股票市场总市值）看，1989年以来，与众多开放型发达大国经济体类似，相对于银行而言，金砖五国股票市场的重要性也普遍显著增强。如果以全球金融危机全面爆发前的 2007 年作为一个参考时点，可以发现金砖五国股票市场的相对重要性普遍超过了银行主导型发达国家，和市场主导型发达经济体的差异也并不显著（参见表 4-6）。

表 4-6　金砖五国金融结构的规模和行为指标变化：1989—2011 年　　　单位：%

| 年　份 | 巴西 | | 中国 | | 印度 | | 俄罗斯 | | 南非 | |
| | 银行资产 / 总市值 | 银行私人信贷 / 总交易 | 银行资产 / 总市值 | 银行私人信贷 / 总交易 | 银行资产 / 总市值 | 银行私人信贷 / 总交易 | 银行资产 / 总市值 | 银行私人信贷 / 总交易 | 银行资产 / 总市值 | 银行私人信贷 / 总交易 |
|---|---|---|---|---|---|---|---|---|---|---|
| 1989 | 1 638.57 | 2 412.74 | — | — | 413.43 | 531.77 | — | — | 54.29 | 1050 |
| 1995 | 257.63 | 369.21 | 1 230.18 | 689.44 | 95.06 | 329.5 | 979.28 | 11 573.4 | 35.68 | 513.16 |
| 2001 | 190.55 | 221.97 | 275.42 | 241.07 | 171.42 | 36.83 | 113.52 | 193.64 | 58.02 | 124.35 |
| 2004 | 141.96 | 223.47 | 363.28 | 359.61 | 111.24 | 67.45 | 57.97 | 109.38 | 38.83 | 94.54 |
| 2007 | 94.70 | 115.00 | 87.41 | 73.91 | 52.64 | 56.02 | 34.48 | 63.06 | 30.27 | 58.73 |
| 2011 | 157.59 | 143.3 | 223.98 | 108.07 | 94.88 | 100.56 | 92.81 | 77.81 | 54.25 | 76.06 |

注："—"代表数据缺失。

资料来源：依据 IMF 相关指标由笔者计算得到。

（3）从金融结构的行为指标（存款货币银行私人信贷规模 / 股票市场交易额）看，1989 年以来，与市场主导型大国类似，相对于银行而言，金砖五国股票市场的重要性也普遍显著增强，与规模指标变化极为相同，凸显出市场地位的整体强化（参见表 4-6）。

（4）从金融结构的效率指标（总交易市值 × 一般管理成本和总交易市值 × 净利差）看，与市场主导型大国相比，相对于银行而言，1999—2007 年间金砖五国的股票市场同样倾向于变得更有效率（类似地，2008 年危机之后这一指标出现了反向变化）（参见表 4-7）。

表 4-7　金砖五国金融结构效率指标的变化：1999—2011 年

| 年　份 | 巴西 | | 中国 | | 印度 | | 俄罗斯 | | 南非 | |
| | 管理成本 × 总交易市值 | 总交易市值 × 净利差 | 管理成本 × 总交易市值 | 总交易市值 × 净利差 | 管理成本 × 总交易市值 | 总交易市值 × 净利差 | 管理成本 × 总交易市值 | 总交易市值 × 净利差 | 管理成本 × 总交易市值 | 总交易市值 × 净利差 |
|---|---|---|---|---|---|---|---|---|---|---|
| 1999 | 0.89 | 1.02 | 0.39 | 0.58 | 1.16 | 1.46 | 0.15 | 0.09 | 1.98 | 3.48 |
| 2001 | 0.74 | 0.80 | 0.41 | 0.96 | 1.74 | 2.30 | 0.28 | 0.39 | 1.58 | 1.97 |
| 2003 | 0.60 | 0.82 | 0.29 | 0.52 | 1.00 | 1.49 | 0.59 | 0.63 | 7.33 | 7.47 |
| 2005 | 0.75 | 1.07 | 0.34 | 0.70 | 1.12 | 1.66 | 1.19 | 1.03 | 2.75 | 2.29 |
| 2007 | 1.70 | 2.38 | 2.00 | 5.01 | 1.50 | 2.31 | 3.79 | 2.47 | 4.08 | 4.42 |
| 2011 | 1.31 | 1.93 | 1.39 | 3.22 | 0.78 | 1.43 | 8.23 | 2.07 | 2.62 | 2.46 |

资料来源：依据 IMF 相关指标由笔者计算得到。

## 4.2.4 小结

本节总体上考察 1989—2011 年全球众多不同发展程度的大国经济体金融结构的变迁，可以清晰地发现，相对于银行而言，无论从规模指标、行为指标还是效率指标的纬度来看，股票市场都变得更大、更活跃并更有效率，在相当程度上呈现出向市场导向性金融模式趋近的状况。

饶有意味的是，开放型大国经济体金融结构的这一演变趋势并不因初始金融模式（银行主导型金融模式、市场主导型金融模式抑或不发达的金融模式）的差异而不同，而是表现出趋同现象。

# 4.3 金融市场的崛起与金融结构变迁： 大国经济体的内在经济逻辑

对于一个日益融入全球化的大国经济体而言，市场主导型金融模式和银行主导型金融模式的运行特征差异直接导致了其适应不同的经济发展模式，或者说经济的不同发展阶段。按照熊彼特（1990）的经济分析框架，银行主导型金融模式较为适应增长型技术变革的需求，而市场主导型金融模式则更适合支撑创新型技术的发展及其产业化。如果这种分析成立，那么，经济增长模式从增长型发展向创新型发展的转型是开放型大国经济体，尤其是发达开放型大国经济体金融结构演变的内在基础，而开放（或者说经济金融的全球化）和技术变革则是引发这些国家强化或趋同市场主导型金融模式进而经济增长模式转型的直接动因。

## 4.3.1 经济运行中的增长型变革和创新型变革

以熊彼特（1990）关于"循环流转"和"经济发展"的区分为先河，经过数代发展经济学家的努力，学术界对"经济增长"和"经济发展"之间的差异有了广泛的认同。经济学家一般用"经济增长"一词指一国在一时期中产品和劳务的实际产出的增长，或者更恰当地说，人均实际产出的增长……经济发展是一个含义广泛的词。一些经济学家把它定义为增长伴随着变化——经济结构的变化，社会结构的变化以及政治结构的变化。

沿着这种分析思路，一国（或地区）的经济运行如仅仅依赖增长型技术变革，那么就可视为"经济增长"而非"经济发展"。历史地看，"二战"之后德、法等欧洲大陆国家以及日本的经济运行就可以纳入增长型变革的范畴。对于这些国家而言，当时首要的任务是重建，其次则是现代化（即补偿多年以来的投资不足，赶超那些先进的、称霸全球的美国企业）。因此，容易理解这一时期这些国家的投资主要是用于复兴和追赶，进而需要的技术较为成熟。从"二战"之后的情况看，德国、法国和日本的优势产业（德国的汽车业和机械工具产业、法国的汽车和其他制造业产品以及日本的汽车和电子产品）都起源于其他国家。改革开放以来中国的经济运行无疑也属于这一范畴，1978年以前中国所推崇的"赶超型发展战略"造成了基本消费品的供给不足，市场处于极度不饱和状态（其标志是从基本食品到数量有限的奢侈品都实行凭票供应的配给制）。随着1979年之后改革开放引致的居民收入不断提高，以及城乡居民的消费支出高速增长，不仅技术含量较低的乡镇企业获得了一个前所未有的发展机遇期（填补由重工业导向型的国有企业所遗留下来的劳动密集型消费品的空缺），而且给国有企业的改革（或者说业务转型）提供了可能性。

相比欧洲大陆国家和中国等新兴经济大国，早期的英国和当前的美国经济运行模式则表现得截然不同，主要由创新型技术来驱动，或者说这些国家的长期发展主要依赖那些可能给社会创造全新的产品和市场的革命性技术创新，进而带有极为明显的"创造性破坏"（或"经济发展"）意味。历史地看，很多新产业是在英国和美国发展起来的：铁路起源于英国，并且英国和其他国家的铁路在很大程度上是通过19世纪的伦敦证券交易所来融资的；尽管汽车产业起源于德国，但其第一次大规模生产却是在美国；航空、耐用消费品、计算机和生物技术等产业都是最初发展于美国。[①]

## 4.3.2　经济运行模式的差异与金融模式选择

从理论上说，尽管银行主导型金融模式和市场主导型金融模式的功能类似、目标趋同，但一国（或地区）经济环境（或者说内在经济运行模式）的差异可能导致两类金融模式表现出不同的功效。

关于两类金融模式的适应性问题，较为直观的分析可以用契约制度（含产权制度、法律、会计准则等金融基础设施等等）质量和资金充裕度区分经济环境来进行（参见图4-7）。

|  | 低资本/投资机会 | 高资本/投资机会 |
|---|---|---|
| 高契约质量 | 两种模式均有效 | 市场主导型模式占优 |
| 低契约质量 | 银行主导型模式占优 | 两种模式均无效 |

图 4-7　银行主导型模式和市场主导型模式的适应环境

资料来源：Rajan 和 Zingales（1998）

图4-7表明：①在契约制度质量低且资金较为稀缺的环境中，银行主导型金融模式占优于市场主导型金融模式；②在契约制度质量较高且资金较为充裕的环境中，市场主导型金融模式占优于银行主导型模式；③在契约制度质量低且资金较为充裕的环境中，两种模式均无法有效地发挥功能；④在契约制度质量较高且资金较为稀缺的环境中，两种模式均可以有效地发挥功能。

---

[①]　当然，并非所有的新产业都千篇一律地在美国或英国得到了发展，例如像化工等产业就是最初在德国得到了大规模发展。

现实地看，金融模式与经济环境匹配性的分析结论并不难理解：

首先，如果一个国家的契约制度质量低，那么这一缺陷不仅会导致全社会信息透明度的缺失，无从依赖市场信号（事前）筛选有效的投资项目，而且资金的回流也无法依赖正规的司法体系来确保，相反只能依赖法外机制来履行承诺。在这种环境下，证券市场的发展极为不易，而银行作为一种金融中介，不仅可集中所有储蓄者的资金、信息、交易，具有更大的信息优势且凭借隐性约束来保证资金的偿还，而且利用存款和贷款的捆绑，一方面保证信贷配置的效率以及安全性，另一方面，由于早期银行的贷款对象主要是存款者（如通过透支便利），可以减少银行资金受政府或自身滥用的动机。

相反，如果一国的契约制度质量得到改善，全社会信息透明度的提升不仅一定程度上削弱了银行原来通过其传统存、贷款结合等业务集合获得的一些经济优势（如通过监控存款获得私有信息，"借短贷长"的流动性提供等），致使一些经济主体（特别是大企业以及偏好风险的储蓄者）有着强烈的动机发展资本市场，利用证券的直接交易来满足各自目标（对企业是通过多元化的融资渠道，来降低成本，对储蓄者是在承担一定风险的前提下增强收益），而且有效的司法执行体系可以确保贷出者对资金回流的信心，同时也提供了契约不完全时的稳定预期（其实现往往借助法官对不完全合约的合理解释）。此时，相对于银行体系而言，金融市场的重要性就会上升，甚至占据优势地位。

其次，相对于投资机会而言资金的充裕（或稀缺）与否则直接影响有效项目的筛选问题。如果相对于投资机会而言，一个国家的资金极为稀缺，那么很容易理解，在这种环境下，不仅投资项目的选择根本就不是问题，无论是银行抑或其他拥有闲置资金的主体均可以轻易地做出判断（尽管此时选择的项目可能并不是最优的，但也往往不会是很差的），而且由于投资扩大引致的经济持续增长（"经济蛋糕"不断变大），利益集团之间在分配"蛋糕"问题上也易于达成一致，进而掩盖了经济中存在的众多分歧或矛盾。

问题是，当经济增长到一定规模之后，社会财富的积累使得资金相对于投资机会而言变得较为充裕，这时如果市场被管制进而无法有效地发挥奖优罚劣的作用，银行体系在资金分配上的缺陷就日益凸显出来了。

一是这种模式内在的信息不透明，使得这个体系内的信息通常是通过金融机构内部传递而不是公开的宣布，进而在这种体系下，尽管金融机构之间可通过信息的互通致使其在决策时相对规范和科学，有能力进行深入分析并排除失败的可能性，但却极为保守，不仅导致那些寻求资金来发展新技术的企业家通常只有一两次独立的申请机会，进而容易把突破常规的新技术排除在外，无法有效地支持创新的产业化，而且至关重要的是，市场价格信息的缺失，使得银行家无法准确地判断项目的前景进而做出有效的投资决策。

二是作为一种关系型金融模式，在这种体系中，除非是个别声誉显赫的主体，一般借款人只能在它们所属的狭小金融圈子内获得融资，不能轻易获得直接融资，而且从贷款人的角度看，其一般较为接受（或宽容）内部人而排斥（或歧视）外部人（尤其是新的加入者）。问题是，对于一个经济体而言，内部人（尤其是那些拥有巨大市场地位的大企业）往往缺乏创新的观念和动力——对于他们而言，技术的变革将导致现有的企业经营者的技能被淘汰，而最有动力进行创新并推动变革的主体往往是最缺乏资源的新加入者。

三是这种体系出于声誉租金的考虑，往往倾向于保护遇到麻烦的老牌企业。由于价格信号的缺失，政府甚至银行家都难以判断哪些企业应该关闭进而是否应该在其遭遇困境的时候施以援手。事实上，那些银行主导型金融模式下的政府或银行家通常会援救而不是关闭那些困难企业，这部分是因为企业是社会保障体系的组成部分，部分是因为彼此之间利益关联密切，尤其是利益集团有很强的政治影响。这会导致经济体缺乏良性的优胜劣汰机制，致使"创造性破坏"无法发生，最终会削弱经济体的内在实力。

循着这种金融模式与经济环境匹配性的分析思路，可以认为，对于一个经济体而言，银行主导型金融模式比较适合其发展初期，而随着契约制度质量的不断改善，尤其是经济规模不断提升，银行主导型模式的内在缺陷使其难以满足经济日益寻求创新型变革的需求，进而市场在金融体系中的重要性必然相对上升。

### 4.3.3　全球化、技术变革与金融模式：关于大国金融模式变迁的进一步思考

#### 1. 全球化与金融模式变迁

对于一个大国经济体而言，以开放为内核的经济全球化不仅是一种推动制度变革，进而打破其金融发展的外部制约，尤其是政治制约因素的重要力量，而且伴生的国际资本流动与跨境金融服务竞争更是驱动其金融发展进而经济模式变革最为直接的动力。

首先，作为推动社会经济整体的驱动力量，开放进而全球化的不断推进从根本上对一国各种传统制度产生了重大挑战，而制度架构的重构为其金融发展创造了一个前所未有的契机。从经济层面上考察，全球化意味着经济活动从国内向全球范围扩张的过程以及随之而出现的种种经济、社会、政治、生活等诸多方面的改变过程。全球化的形成与不断推进将世界经济从过去的贸易市场一体化带入了金融一体化、市场一体化和生产一体化，从而引起了世界经济结构、产业结构、资源组织方式和经济增长方式的急剧变化，成为影响人类生活方式和交往方式深刻变革，进而驱动社会经济整体发展的重要力量。

从现实角度看，在全球化引致的一个全新环境中，一国的企业将面临非常严峻的来自外国同业的竞争，而竞争的加剧不仅直接引发原有企业利润的下降，进而需要重组产业和扩大融资，而且考虑到信贷决策的风险和信息要求都会提高，原有的关系型信贷决策出现重大失误的可能增加的同时，来自政府的干预也受到抑制（政府很难给企业提供大量的补贴贷款）。这时，无论是既得利益群体（如政府、大企业与大银行等金融机构）还是普通的民众不仅都开始意识到制度进而金融模式差异的经济后果，而且发现，通过完善、规范产权制度、司法制度以及特权保护制度等制度变革，促进其金融体系的发展和完善，进而在不断吸引境外资金流入的同时优化国内资源的配置，将是最符合其自身利益改进的政策选择。

其次，如果说制度重构是推动一国金融模式转型的间接机制的话，那么，规模日益巨大的国际资本流动为其金融结构重构进而金融发展提供了一条直接机制。

历史地看，"二战"结束之后的很长一个时期内，国际资本流动规模的增速明显滞后于世界贸易的增长。很大程度上，这种现象是由1944年布雷顿森林体系确定的对贸易而不对资本的半开放政策所决定的，当然这也符合美国之外，处于"美元荒"的众多国家的利益。但1950年代欧洲美元市场的兴起却在事实上打开了国际资本流动的缺口——在1971年布雷顿森林体系最终崩溃之前，尽管包括美、德、日等在内国家均有正式的资本管制措施，欧洲美元市场已经可以为一些国家的大企业提供足够的融资，而不受任何国家的管制束缚。

而当各国资本管制的缺口被市场发现之后，很自然地，随着国际资本流动性的加强，政府的很多政策（诸如保持低利率扶持某些特殊产业、通过高利率来控制通货膨胀等）开始失去控制，进而当时美国之外的很多国家都强烈要求加强联合的资本控制，尤其是约束欧洲美元市场。但问题是，当时的美国和英国均把欧洲美元市场看作重构其世界金融中心地位的重要契机，采取了支持完全开放的政策，放弃了限制资本流动的协同行为。由于世界上最大的经济体不愿控制资本的流动，而欧洲市场又事实上开展着大量的跨国交易，各国除了开放之外别无选择。因此，到20世纪80年代末，大多数发达国家都已放开了跨境资本流动。

容易理解，由于欧洲大陆国家和美国金融体系市场化程度的巨大差异，当跨境资本流动的阀门一旦打开，越来越多的货币市场活动从其他主要的工业国家——这些国家有着限制性更高的金融环境和慷慨性不足的中央银行支持——转移到欧洲美元市场这个成本更低的离岸环境（或者说进入更具流动性的美元标价的环境）。而这种趋势在造就并强化纽约、伦敦全球金融中心地位的同时，实际上也迫使德国、法国、日本等国家政府去积极地改变其传统的金融制度和模式来迎接美国模式（包括伦敦金融城）的挑战。

最后，从机构层面看，美国金融机构最具竞争优势的是风险管理金融领域——这一活动为美国公司获得外国市场份额提供了最显著的机会。因此，对于欧洲大陆国家的金融机构而言，随着全球化导致的金融服务业开放，美国等外资金融机构的不断进入使得国内外金融机构之间在金融服务提供中的竞争日益凸显，迫使其国内金融机构出于生存的需要不得不变革其原有的内部治理机制和业务模式，甚至通过引进战略投资者的方式来换取其外资金融机构的技术转移，在外资机构的指导下学习、移植、实践其长期积累、较为成熟、规范的业务操作规则、风险管理技术、业务营销模式等专业经验，提高运营效率。

因此，在我们看来，对于欧洲大陆以及日本等大国而言，当开放引发的贸易，尤其是金融全球化客观上使得其原有的大企业无法再受保护，相应的竞争的重要性就不断上升。由于信息和电信技术的改进，管理水平的提高，这些企业不能再满足战后这种增长型变革，而必须通过创新来加强自身的国际竞争性，否则就可能面临出局进而丧失民族产业的巨大威胁，进而这些国家金融运行的模式转变（即自由市场地位的上升而银行关系型融资地位的式微）也就成为政府高度关注的问题，各国纷纷采取措施打破关联体系所依赖的制度基础，转而支持金融市场的发展，进而在全球范围（尤其是那些发达的大国经济体）内出现了金融市场的普遍繁荣。

## 2. 技术变革与金融模式变迁

20世纪70年代以来，信息技术革命爆发引致的异常具有创造力和破坏力的风暴席卷了整个世界经济，成为推动现代产业革命最为重要的因素之一。无论从理论还是实践来看，技术变革引发的现代产业革命对于大国经济体的影响最为显著，也对其金融模式的选择产生了极为复杂的多重影响：

首先，技术变革极大地增强了金融市场进行跨国交易的机会，使得竞争跨越了政治上的边界，而一旦政治上的进入障碍变得形同虚设，反对金融发展的既得利益集团可能放弃其他的进入壁垒，包括对金融活动的阻碍。这为金融市场的发展提供了重要的制度前提。

其次，信息和电信技术的改进，管理水平的提高，使得一国的企业难以满足进而维持原有的增长型变革，而当增长率下降之后，以银行为主体的关联性金融模式一方面无法提供相对客观的剩余资源分配办法，尤其是无法及时把资源从衰退的行业和企业中解放出来，另一方面在世界市场迅速增长的背景下，各国依赖创新提升自己的竞争力进而促进民族产业发展的外部压力急剧放大。在这种大背景下，打破传统银行主导的关联型金融模式的管制基础，提升自由金融市场的地位就成为各国最为重要的宏观决策之一。

再次，就金融运行而言，计算机通信领域的技术变革大大降低了信息的不对称性，打破了时空的限制，降低了金融市场发展的技术门槛，使得证券交易费用更加低廉，同时，市场的资源配置成本也不断下降、效率不断提升，极大地促进了金融市场竞争和业务创新。

最后，在信息技术变革的同时，金融计量技术（类似CAPM、APT、B-S期权定价以及蒙特卡罗分析等等）的变革和进步使得金融体系得以定义和分离出很多种类的金融风险，并设计工具和改变制度（期货交易所和货币中心银行已经演变成风险管理机构）来使这些风险能够定价，并且可以在流动性良好的市场上进行交易。某种意义上，正是技术变革支撑的金融商品化趋势的不断强化改变了商业银行的功能定位——对于在美国等发达国家的商业银行而言，评估和管理涉及市场交易的信用额度和OTC风险管理头寸中的信用风险，已经取代了评估日益萎缩的商业和工业贷款的信用风险的位置，同时，其（广义上的）投资银行体系日益成为资源配置的核心环节。

## 4.4 大国崛起进程中我国金融结构选择的思考

就中国而言，1979年以来，对内改革和对外开放的宏观经济政策组合使经济运行摆脱了计划经济时代"赶超型发展战略"的约束，在调整并确立"比较优势型发展战略"基础上基本完成了以"从计划到市场"为核心的经济转型，市场经济体制逐步成为全社会资源配置的基础方式。伴随着这一伟大的经济转型，中国不仅在经济总量实现了历史性的提升，而且经济产业结构和经济增长方式也较改革之前发生了极为深刻的变化，已成为世界舞台上一个举足轻重的经济大国，目前正处于从经济大国向经济强国转变的关键期。而作为市场经济中资源配置的核心机制，金融体系的改革和发展进而金融结构目标模式的选择自然成为影响未来中国经济运行的核心问题。

现实地看，随着1979年以来多元化金融机构体系的创建以及金融市场从无到有、从小到大的迅猛发展，当前中国金融体系的整体架构较改革之初已发生了极为深刻的变革，但就银行与市场在金融体系的地位来判断，中国金融体系无疑呈现出较为典型的"银行主导型"特征。2008年，全球金融危机的爆发改变了中国经济运行的内外部环境，迫使中国政府紧急采取强有力的宏观调控措施来稳定经济。在这一背景下，国有银行再一次成为国家稳定宏观经济最为有效的工具之一，而国有银行也抓住了这一难得的发展机遇，短短六七年间实现了信贷规模和总资产的迅猛发展和极高的账面收益。相对于这一时期银行体系突飞猛进的扩张，以股票市场为主体的中国金融市场却由于经济模式转型的停滞而表现不佳，甚至一度陷入了恶性循环——市场的整体价格呈现持续下跌的态势，市场的总市值和流通股市值不断缩水，导致其在金融体系中的地位日趋边缘化，银行主导型金融模式得到了不断的强化。2014年之后，中国资本市场才重新回到一个上升路径，同期银行业依旧维持增长态势。

客观地说，当前中国以银行，尤其是国有控股的大型商业银行为主导的金融架构显示出一定的宏观效率，但在资源配置效率，进而促进经济持续发展，尤其是经济增长模式从粗放向集约、从模仿向创新的转变方面存在非常突出的问题。

从宏观有效性视角着眼，中国当前的金融架构最值得称道的有两个方面：一是储蓄动员，二是宏观经济稳定。首先，在市场经济条件下，储蓄主体和投资主体分离的倾向日益突出，使得金融体系的储蓄动员和资源配置功能的重要性日益凸显。从储蓄动员角度看，中国金融体系颇为有效。1995—2007年间，中国的年均储蓄率[①]达到了41.34%，虽然2010年起中国国民储蓄率逐年下降（从51.55%下降到44.85%），但2008—2020年间的年均国民储蓄率仍然达到47.38%，稳居全球主要经济体之首。储蓄存款在改革开放40年间始终维持了较高的增长势头，客观上为中国高投资率，以及经济的持续增长提供了至关重要的金融支持。其次，从宏观稳定来看，以国有银行为主导的中国金融体系也提供了一个非常便利的调控机制，在1997年东南亚金融危机和2007年美国次贷危机两个特殊时期中国宏观经济的相对平稳运行，就非常清晰地显示了国家对国有主导金融机构体系的控制能力及效果。

但问题是，较为突出的储蓄动员和宏观稳定能力并不意味着以国有商业银行为主导的金融体系与资源配置效率，进而与实体经济运行之间存在良好的适应性：第一，从总体上判断，中国储蓄资源配置效率并不理想，如果用储蓄支撑率来做一个简单判断，我们发现1995—2019年间[②]，尽管中国经济维持了7.99%高增长率，但如果考虑单位经济增长所需要的储蓄资源（经济每增长1%需要的国民储蓄率），却达到了5.94%，比

---

① 这里的年均储蓄率为国民总储蓄占GDP的比重，数据来源为世界银行。
② 考虑到2020年新冠疫情的影响会对不同经济体间的比较造成较大误差，未使用该年数据。

印度（5.19%）等其他新兴市场国家要高。第二，金融体系对以中小微企业为主的民营经济的融资支持力度明显不足，和现有经济格局不相匹配。从规模以上工业企业的经营情况来看，2016年国有及国有控股工业企业营业收入23.9万亿元，而私营工业企业营业收入总计41.0万亿元，大约是国有控股工业企业的1.7倍。而同一时期的境内企业人民币贷款余额统计中，国有控股企业贷款余额33.8万亿元，占53.9%，而私有企业贷款余额为21.3万亿元，占比34.0%，仅相当于国有控股企业的60%左右，对非国有企业的支持尤为不足。① 第三，农村金融相对落后，成为整个金融体系中最薄弱的环节。中国是一个农业大国，解决农业、农村、农民这一"三农"问题成为构建社会主义和谐社会最为关键的环节之一。但客观地说，随着改革的深入，农村和城市相比不仅占有金融资源的差距不断趋于扩大，大量的农村金融服务无法得到满足，已经成为制约农村经济发展最为重要的制度约束之一。

历史地看，在这样一种金融市场结构约束下，再加上国有金融机构对非国有经济融资的歧视以及资金价格的扭曲等金融压抑措施，在改革开放后的40余年间，中国经济增长模式以及产业结构事实上处于一种自我强化状况，导致总体上看，尽管中国建立了较为完善的工业体系（尤其是依托中国资源禀赋的制造业体系），但技术向市场的转化或产业化依然非常困难，诸多民营经济只能依靠廉价的劳动力资源和国内相对扭曲的能源等价格，介入门槛相对较低的加工行业，产业结构长期处于较为低级的状况，在国际分工格局中处于一种极不合理的状态。此外，也正是由于长期以来中国金融结构的这种模式选择，使得股市尽管在规模上取得了长足的发展，但其却长期处于银行体系辅助的角色，一直没有在国家层面获得战略上的功能认同，进而导致中国的股市演变为一种有些畸形的资源分配或财富分配机制，其价格有效性较弱（信息内涵极为有限），其涨跌更多地和资金、投机联系在一起，和实体经济关联度不高。

现实地看，中国股票市场的运行背景从2013年中后期开始有了较大的改变。引发这种变化的主要有四个原因：一是中国宏观经济的困境，原有的经济增长模式无法维系；二是银行体系的信用扩张几乎已到了一个临界点，潜在的金融风险过度累积；三是政府经济改革思路的转变，明确了"市场在资源配置中发挥决定性作用"的指导思路；四是在依法治国的方略下，中国的契约法制环境较以往有了很大的改进。

在这一大背景下，从金融结构变迁的角度看：一方面，全社会信息透明度的提升不仅一定程度上削弱了银行原来通过其传统业务集获得的一些经济优势，致使一些经济主体（特别是大企业以及偏好风险的储蓄者）有着强烈的动机发展资本市场，利用证券的直接交易来满足各自目标，且有效的司法执行体系可以确保贷出者对资金回流的信心，同时提供了契约不完全时的稳定救济预期；另一方面，当经济发展到一定规模之后，社会财富的积累使得资金相对于投资机会而言变得较为充裕，当市场被管制进而无法有效地发挥奖优罚劣的作用时，银行体系在资金分配上的缺陷日益凸显，良性的优胜劣汰机

---

① 不仅如此，事实上，金融压抑使得当前不仅国有银行无法为民营经济提供有效的融资服务，而且企业债券市场和股票市场也很难为民营经济提供有效的金融支持。

制缺失，无法支持"创造性破坏"。这实际上就意味着在当前崇尚"大众创新、万众创业"的大环境下，中国金融结构的转型——相对于银行体系而言，股票市场的战略地位日益凸显进而重要性上升——势在必行。这种金融结构变迁中股票市场功能定位的转变是激发市场活力，引致市场火爆行情最为关键的内在逻辑，股市的发展进而金融结构的转型将是中国从经济大国向经济强国迈进中的关键一步。

　　当然，值得指出的是，就当前中国股市的运行态势看，相当数量上市公司（尤其是创业板）的股价运行已出现了泡沫化现象——在短期内脱离了上市公司的业绩支撑进而股价暴涨之后，又出现了极为快速的下降，引发了一场影响面颇广的"股灾"。在当前动荡的市场环境下，不仅需要证券监管当局强力通过市场透明度维系市场完整性，更重要的是进行投资者教育，同时改变投资者结构，培育一批坚信自己的价值判断而又不盲目跟风的投资者。显然，这两个工作均不易实现。而这意味着尽管实体经济呼唤着中国股市的健康发展，但中国股市的发展进而金融结构的转变注定不是一帆风顺的。

**思考题** ▶

　　1. 在你看来，银行主导型金融模式和市场主导性金融模式之间有什么差异？

　　2. 从现实角度看，很多大国经济体的金融结构演变呈现一定的趋同态势。你是如何理解这种变化的？

# 5.1 引　言

　　货币市场通常被界定为期限在 1 年（含）以内的短期信用工具交易所形成的供求关系的总和。[①] 作为现代金融体系的主要构成之一，货币市场存在和发展的主要目的不仅在于流动性调剂（短期资金融通）和基准（利率）信息的显示，而且为中央银行开展货币政策调控提供了场所和手段。自 1997 年以来，中国货币市场在规模上实现了较快的增长，交易量从 1997 年的 1.92 万亿元上升到 2021 年的 1 714.87 万亿元，年均增速达到了颇为惊人的 36%。按照国际经验，一国货币市场相对发展程度可以用货币市场交易量与 GDP 比值的大小及其变化来反映，如果以此为衡量标准，鉴于 2016—2021 年该指标平均达到 1400% 的水平，某种程度上意味着我国货币市场已达到甚至可以说超过了绝大多数发达国家货币市场的发展水平（参见图 5-1）。

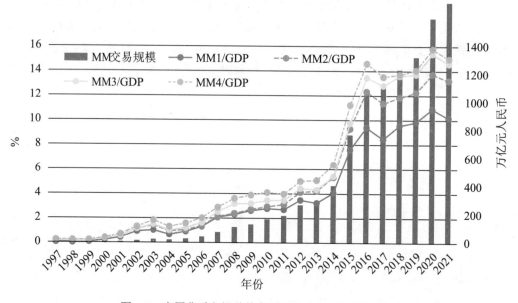

图 5-1　中国货币市场总体发展状况：1997—2021 年

　　注：货币市场包括同业拆借市场、回购市场（含银行间债券市场和交易所市场）、央行票据市场、短期融资券市场、同业存单市场和票据市场。MM 交易规模指的是货币市场（Monetary Market，简称 MM）交易规模；MM1/GDP 指同业拆借市场和银行间回购市场交易量 /GDP；MM2/GDP 指同业拆借市场和回购市场（含银行间债券市场和交易所市场）交易量 /GDP；MM3/GDP 指同业拆借市场、回购市场、央票市场、短期融资券市场和同业存单市场交易量 /GDP；MM4/GDP 指包括票据贴现在内的诸多货币市场交易量 /GDP。

---

[①]　中国人民银行《货币政策执行报告》中"外汇衍生品"也纳入货币市场的范畴。

饶有意味的是，尽管总体上看我国当前已构建了一个包括同业拆借、债券回购、票据、短期融资券以及同业与大额可转让定期存单等在内的较为完备的货币市场体系，但如果将货币市场进行简单的分类，可以发现不同层面子市场的发展或运行呈现出较大结构性差异。本章试图在简要回顾中国货币市场发展历史及其特征的基础上，从结构视角对当前中国货币市场结构进行分析，并结合中国经济金融体制转轨的实践对货币市场演进的内在逻辑给出思考。

## 5.2 改革开放以来中国货币市场的历史演进

就货币市场发展历程而言，全球大致可划分为两大类：一类是以美国、英国为代表的传统市场经济国家，其货币市场大多都是从票据市场发展起来的，然后才逐步出现了同业拆借市场和其他市场；另一类是以新加坡为代表的新兴工业化国家/地区，它们根据本国和本地区的具体情况，优先发展了银行同业拆借市场，其后才发展了票据市场，而且总体来讲商业票据市场在整个货币市场中所占份额较小。这种区别主要源于经济运行对货币市场的需求不同。前者是在商业信用发展和直接融资的基础上产生的，后者则是在自由港、区域性金融中心且融资体制以间接融资为主的基础上产生的。换句话说，货币市场的建设与发展并没有一个统一的模式，各个子市场的发展也没有一个固定的先后顺序。因此，改革开放以来受我国独特的经济金融体制转型约束，货币市场的演进也颇具特色，走了一条与其他国家/地区都不尽相同的发展之路。

### 5.2.1 萌芽阶段：1979—1985年

改革开放之初，借助与票据相关的商业信用形式，货币市场在中国的发展初露端倪。从1980年开始，上海率先进行了商业信用票据化的试点工作，并在1981年2月由中国人民银行上海杨浦区办事处与黄浦区办事处合作试办了第一笔同城商业承兑汇票贴现，同年10月，中国人民银行上海市徐汇区办事处与安徽省天长县（现天长市）支行合作，试办了第一笔跨省市银行承兑汇票贴现。到了1982年8月，经中国人民银行总行批准，以同城票据承兑贴现为主的业务在上海市全面试行，并得以在重庆、沈阳、武汉、河北等地推广。1985年人民银行更是下达了《商业汇票承兑贴现试行办法》，并组织推广，社会反应效果良好。

在票据试点推广的同时，鉴于1983年下半年国家出台了规定，由银行统管全国国营企业流动资金，但当时国家对银行资金管理试行计划控制，按系统、按地区分配信贷资金指标，就出现了资金的计划分配和企业实际需要的差异（时间差、地区差、行际差等），不同地区或不同银行之间的资金调剂（也就是同业拆借）开始出现。到1984年中国人民银行开始独立行使中央银行职能、明确法定存款准备金制度，同业拆借活动开始变得常态化，拆借规模尽管从绝对额上看较小，却呈现出快速发展的态势。

总体上看，这一时期中国的货币市场只能说处于萌芽状态，票据的使用更侧重于支付目的而非短期融资，同业拆借更是无法可依，带有较强的自发色彩。

## 5.2.2　初步形成与探索阶段：1986—1995年

1986年1月，国务院颁布《银行管理暂行条例》，条例明确"专业银行的资金可以相互拆借"，进而为中国拆借市场的发展提供了法律依据，标志着以短期资金融通为目的的中国货币市场正式形成，并开始了长达10年的分散自由发展阶段。

### 1. 同业拆借市场

自1986年同业拆借合法化之后，中国的拆借市场短期内遍地开花，交易额迅速扩大，从1986年的300亿元激增到1987年的2300亿元。1988年，中国人民银行批准海南、大同融资公司等市场中介组织，开始形成由中国人民银行、专业银行、金融机构都办理市场机构的多形式、多层次的拆借市场体系，全年的交易额激增到5200亿元。但交易额激增的背后是市场分割、资金借贷长期化、利率高企以及政府干预等乱象，极大地冲击了当时的信贷资金管制体制，进而很快引发了货币管理部门的不满和整顿。1990年，中国人民银行颁布《同业拆借管理试行办法》，第一次规范了同业拆借业务和比例要求。

由于分散的市场结构并未受到影响，早期的整顿尽管短期有一定效果，但缺乏长效约束性。1992年下半年，随着股票、房地产投资出现失控，非法集资和乱拆借卷土重来，拆借市场再一次陷入混乱，并成为严重干扰当时宏观金融调控、危及金融秩序稳定的重要因素。在这样的背景下，中国人民银行于1993年3月下发《关于进一步加强对同业拆借管理的通知》，要求规范拆借行为；6月，中共中央下发《关于当前经济情况和加强宏观调控的意见》，决定纠正乱集资、乱提高利率和乱拆借，开始整顿、治理乱拆借，"约法三章"。据此，中国人民银行下发《关于进一步整顿和规范同业拆借市场的通知》，采取坚决措施，整顿拆借市场。

二度整顿的市场效果短期颇为明显，拆借交易量从1992年4 500亿元下降至1993年的2 500亿元。但很快市场回暖，1995年的拆借额迅速回升到了8 202亿元。为了控制这种拆借交易失控的局面，1995年11月，中国人民银行下文撤销了商业银行组建的融资中心、资金市场和各类中介组织50多家，保留了央行牵头设立的融资中心43家。

### 2. 回购市场

中国的国债回购市场最早出现于1991年的全国证券交易自动报价系统（STAQ）。1992年和1993年年底武汉证券交易中心和上海证券交易所先后推出了国债回购业务。此后，深圳、天津等地也先后推出了包括国债、金融机构债券以及当时在各证券交易中心上市的基金凭证为标的的回购业务，交易量平稳上升。

1995年8月，为了控制场外回购市场的乱象，国家开始对债券场外回购市场进行规范清理，一度使得回购主要局限于上海和深圳两个证券交易所。

### 3. 票据市场

票据在这一时期被作为解决当时企业间拖欠货款、占用资金严重问题的主要手段。因此，1986 年中国人民银行发布了《再贴现试行办法》等文件，为票据贴现、转贴现、再贴现业务的开展提供了制度支持。1988 年，人民银行改革银行结算制度，取消了银行签发汇票必须确定收款人和兑付行的限制，允许一次背书转让。1989 年中国人民银行经国务院批准发布《关于改革银行结算的报告》，制定了新的银行结算办法，确定了"三票一卡"银行结算制度，为票据业务的发展提供了重要支持。到 1990 年年底，整个票据承兑贴现市场累计融通资金量达到 3.2 万亿元，相当于当年国家银行贷款余额的21.2%。

### 4. 短期融资券

短期融资券出现于 20 世纪 80 年代后期，其主要目的是弥补各地短期流动资金贷款的不足。1989 年，中国人民银行下发《关于发行企业短期融资券有关问题的通知》，肯定了这种产品，规定由总行每年下达各地融资券发行额度，由分行逐个审批发行。1988—1997 年，企业短期融资券累计发行 1 124.5 亿元。

由于 1993—1994 年社会上出现了乱拆借、乱提高利率和乱集资的"三乱"，各地超规模发行债券，个别地区演变为以高利贷集资，到 1997 年一些地区企业债券和短期融资券不能按期兑付的情况逐渐暴露出来。大量的未兑付短期融资券使商业银行的信贷流失，政策运行的结果与预期完全相反，直接导致短期融资券的退市（张健华，2008）。

## 5.2.3 逐渐统一基础上的规范发展阶段：1996—1999年

随着《商业银行法》《票据法》等一系列法律法规在 1996 年的生效实施，以及1996 年 1 月统一的银行同业拆借市场的建立，中国货币市场逐渐摆脱了之前那种分散、无序的发展状况，市场运行的规范化程度明显改善，同时货币市场工具日益丰富，其市场定位渐趋回归短期流动性调剂这一本源。从表 5-1 来看，在这一阶段尽管货币市场交易规模增长的绝对值极为有限（从 1995 年的 1.081 万亿元增长到了 1999 年的 2.185 万亿元），但由于 1995 年的市场发展起点较低，年均增速仍达到 19.2% 的水平。

### 1. 同业拆借市场

1996 年 1 月，中国人民银行在上海组建了中央和地方两层拆借交易网络，使得全国的同业拆借市场基本统一起来。一开始，作为二级网络核心的地方融资中心扮演着信息中介甚至融资中介等重要角色，二级网络拆借资金明显高于一级网络，同时拆借期限、资金投向及利率出现了明显失控状况，迫使央行从 1997 年开始整顿，并在 1998 年 6 月之后开始撤销各地融资中心。融资中心撤销之后，信息不畅、资信不明、交易双方供需不平衡等问题一度导致银行同业拆借市场交易量大幅下降，进而迫使央行通过扩大电子交易信息系统、鼓励商业银行开展融资代理业务以及吸收符合条件的证券公司、证券基金公司加入拆借市场等措施重新激活市场。

从交易规模来看，这一阶段的同业拆借市场整体呈振荡下行的态势，尤其是1998年撤销各地融资中心之后，交易量大幅下降（当年989亿元，仅为1995年的12%）。1999年之后，随着信用良好的商业银行成为同业拆借市场主要参与者以及参与金融机构日益多元化，拆借金额才有所回升，但规模仍较统一之前有明显下降。

### 2. 回购市场

由于国债回购交易者参与的初衷是寻找一个可以替代违规拆借的融资渠道，再加上1995—1996年间股票市场活跃度的提升，债券回购规模在1996年出现超常增长（突破万亿元大关）。鉴于当时一些证券公司和机构投资者在通过国债回购从商业银行获得大量资金后进入了股市，交易所国债回购市场实际上成为银行信贷资金流入股市的重要渠道，进而规避了法律上"银行信贷资金不得进入股票市场"的规定，因此，为防止信贷资金进入股市，1997年央行在国务院统一部署下对债券回购市场进行规范，要求商业银行等机构停止在交易所进行证券回购和现券回购交易，转为在同年6月设立的银行间债券市场中进行，由此导致中国的债券回购市场呈现交易所市场和银行间市场并存的新格局。

从交易额来看，这一时期回购交易呈明显上升态势，从1995年的0.12万亿元增加到了1999年的1.615万亿元，同时银行间同业市场中银行间债券回购额明显低于交易所市场。但值得注意的是，交易所回购和银行间回购两个市场间的差距明显缩小。

### 3. 票据市场

1996年《票据法》的全面推行，标志着中国票据市场进入了一个新的规范化发展阶段。同年，中国人民银行颁布了《关于进一步规范和发展再贴现业务的通知》，明确了借助商业汇票推广使用改善金融服务的思路。随后，中国人民银行陆续颁布《对国有独资商业银行总行开办再贴现业务暂行办法》《票据管理实施办法》《商业汇票承兑、贴现与再贴现通知》等系列法规，为中国票据市场的发展构建了制度框架基础。

从这一阶段票据市场承兑和贴现情况看，1999年的累计承兑、累计贴现、未到期承兑余额和贴现余额分别为5076亿元、2499亿元、1873亿元和552亿元，分别较1995年增长109%、77%、116%和268%。

## 5.2.4　完善和高速发展阶段：2000—2008年

进入新世纪，随着中国成功加入WTO，经济获得高速发展，贸易空前繁荣，货币市场的发展空间进一步放大，包括同业拆借、回购、票据等在内的传统货币市场均实现了较快增长，央行票据和短期融资券等适合中国实际的创新型货币市场产品也陆续出现。

在这样的背景下，货币市场交易额快速提升，2008 年达到了 113.93 万亿元，年均增速高达 55%。

### 1. 同业拆借市场

这一阶段中国同业拆借市场处于稳定发展状态，拆借交易量呈波浪式上升态势：在 2000—2003 年实现快速增长，达到 2.4 万亿元阶段性高位之后，受 2004 年宏观调控的影响，2004 年、2005 年拆借规模持续萎缩（2005 年仅 1.28 万亿元），但从 2006 年开始，伴随着股权分置改革完成引发的股票市场价格持续上扬，拆借交易重回上升轨道，在 2007 年跳跃式增长达到 10 万亿元大关之后，2008 年的拆借交易达到了 15 万亿元。

### 2. 回购市场

2000 年，银行间债券回购交易量一举超过交易所市场，逐步占据债券回购市场主体地位。到 2008 年，银行间债券回购占国内回购总交易量的比例达到了 96%，交易所市场仅占 4%，回购交易在整个货币市场交易额中所占的比重也达到了 53.13%，一直牢牢占据着货币市场的主体地位。

从这一阶段回购交易的总体规模变化来看，与同业拆借市场类似，2003 年之前交易规模持续上升（达到了 17.3 万亿元），2004 年则出现了明显萎缩（仅 14.1 万亿元），但 2005 年之后又进入了持续上升的轨道，2008 年的回购交易总量达到了 60.53 万亿元。

### 3. 票据市场

在这一时期，随着票据业务在全国范围内的开展，其运作机制逐渐成熟，无论是从规模还是专业程度上来看，商业银行票据业务都有了显著提升，参与主体迅速扩大，各类商业银行、财务公司和信用社等金融机构纷纷开展票据业务，交易活跃度大幅提升。

2008 年，中国商业汇票承兑发生额达到 7.1 万亿元，较 1999 年增长近 13 倍，贴现累计发生额则达到 13.5 万亿元，较 1999 年增长逾 53 倍。

### 4. 央行票据与短期融资券市场

在传统的同业拆借、回购和票据市场之外，这一时期的中国货币市场还出现了很多具有中国特色的创新，央行票据和短期融资券是其中的代表。

自 2002 年央行票据出现之后，这一阶段央行票据的发行总体呈上升态势，2008 年的发行额为 3.3 余亿元，一度成为最主要的银行间债券市场短期金融工具，其交易也非常活跃，在 2008 年的交易额达到了 22.56 万亿元，成为仅次于回购的第二大货币市场子市场。

2005 年 5 月，中国人民银行为了扩大企业直接融资，颁布《短期融资券管理办法》，重启短期融资券市场。短期融资券自推出之日就受到了发行人和投资者的追捧，2008 年的发行额从 2005 年的 1 424 亿元增长到了 4 338.5 亿元。

## 5.2.5　流动性充裕背景下高速增长阶段：2009—2015年

2008年，肇始于美国的次贷危机最终演变为一场全球金融危机。为了应对这场危机对中国经济造成的冲击，中央政府启动了大规模的经济振兴计划，推出了高达4万亿元的宏观经济刺激计划。在庞大的经济刺激行动下，金融市场流动性十分充裕，中国货币市场出现了空前繁荣，进入高速增长阶段。2009—2015年间，中国货币市场维持了高速增长态势，市场交易额从2008年的113.93万亿元增长到了2015年的771.6万亿元，年均增速为31%。

### 1. 同业拆借市场

整体上看，这一阶段的同业拆借市场维持了较高的增长速度，拆借资金规模从2008年的15万亿元持续增长到了2015年的64.2万亿元，年均增速为23%。

### 2. 回购市场

相比同业拆借，这一阶段的回购市场增长更为惊人，交易额从2008年的46.66万亿元一举增长到2015年的574.47万亿元（其中银行间回购457.8万亿元），年均增速达到了43%。

### 3. 票据市场

在市场流动性充沛的背景下，随着票据电子化进程的加速，互联网技术的崛起和银行、证券、保险领域资产管理新政的推出，这一阶段的票据市场在业务不断创新的同时，实现了高速增长——2009—2015年票据贴现交易量的年均复合增长率高达42.16%。2015年出现的"资产荒"促使商业银行大力增加对票据资产的配置与交易，年度票据贴现业务量首次突破100万亿元，达到了102万亿元，同比增长68%。

### 4. 央行票据、短期融资券和同业存单市场

#### （1）央行票据

这一阶段的央行票据市场受国际收支顺差变化的影响经历了戏剧性的大转变：2009—2011年间，央行票据发行继续保持了较高的水平（其中2008年达到了3.82万亿元，2011年虽有明显下降，但也仍达到了1.29万亿元），而2012—2015年间，除2013年的0.11万亿元外，其余年份均为零。与发行规模的变化相对应，这一阶段的央行票据交易额呈现持续下降态势，从2008年的峰值22.56万亿元降至2015年的0.63万亿元。

#### （2）短期融资券市场

2008年4月，《银行间债券市场非金融企业债务融资工具管理办法》发布，短期融资券进入快速发展阶段。短期融资券年度发行规模持续增长，从2008年的0.44万亿元增长到了2015年的3.28万亿元，其中超短期融资券从2010年起步之后，在2015年的发行规模达到了2.31万亿元，占到了短期融资券发行总额的70%，其交易规模也从

2008 年的 2.34 万亿元增长到了 2015 年的 11.8 万亿元。

**（3）同业存单市场**

自 2013 年 12 月中小银行允许重新发行同业存单后，城商行和股份制银行成为同业存单的发行主力，其年度发行规模呈现指数级别增长，2013—2015 年分别为 0.034 万亿元、0.899 万亿元和 5.29 万亿元。中小银行通过同业存单主动负债，从国有商业银行获得大量短期资金来扩大资产负债表，再将同业借来的资金进行理财或委外赚取利差。

## 5.2.6　简政放权与规范治理背景下的平稳发展阶段：2016年至今

在货币市场整体经历了狂飙猛进的大潮下，社会各类机构和资本通过不同的途径进入货币市场，高杠杆率操作、不合规经营十分普遍，引发了诸多市场乱象，与之相关的金融风险受到了监管层的关注。相应地，尽管这一阶段中国货币市场的绝对交易额仍有一定的增加，但年均增速明显放缓，仅为 16%。

2016 年年初，银监会陆续出台了一系列加强市场监管的措施（诸如对"三套利""三违反"等的专项治理），对票据市场、同业存单等子市场进行了规范和整治，由此导致票据市场规模明显下降，同业存单增速明显放缓，同时为贯彻十八届三中全会"市场在资源配置中发挥决定性作用"和"简政放权"的治理思路，同业拆借市场主体准入制度安排发生了重大调整，同业拆借交易规模则持续显著放大。

这一阶段，中国的同业拆借、回购市场和同业存单整体上均延续了之前的高速增长态势。其中：拆借和回购交易规模分别从 2015 年的 64.2 万亿元和 457.8 万亿元跃升到了 2021 年的 118.8 万亿元和 1395.2 万亿元（其中银行间回购 1045 万亿元），增加幅度分别为 85% 和 205%；同业存单的发行规模在 2016 年和 2017 年快速增长的基础上，2018 年增速明显放缓（21.1 万亿元），2019 年则出现了下降（17.94 万亿元），2021 年（21.8 万亿元）则基本与 2018 年持平，其交易却一直非常活跃，从 2015 年的 18.4 万亿元跃升到了 2021 年的 154.5 万亿元（2018 年为 149.85 万亿元）。相对而言，票据市场则呈现整体萎缩态势，贴现额较 2015 年的历史高位明显回落，2019 年和 2021 年分别为 34.3 万亿元和 45.9 万亿元。

## 5.2.7　中国货币市场发展的独特性

### 1. 市场驱动力：从行政主导到市场化驱动

与中国从计划经济体制向市场经济体制转轨的发展路径一致，中国货币市场的发展也经历了由行政主导向市场化驱动的转型。换句话说，在货币市场发展初期，主要是为了适应改革和经济转型的需要，在国家相关政策推动下，借助外部的经济推动和行政引导实现发展，并受到政策变动的显著影响。

从历史角度看，票据在 20 世纪 80 年代初期出现和发展的契机是国家希望借助商业票据的结算功能，去解决企业间长期存在的相互拖欠问题（换句话说，政府发展票据的出发点并不是重视其融资功能，而是将其作为结算工具使用）。同业拆借市场的出现，则源于 1983 年下半年出台银行统管全国国营企业流动资金的规定，用于调剂企业在资金使用上季节性、临时性变化导致的资金计划分配与实际需要的差异，而 1985 年"实贷实存"的信贷管理体制允许并提倡金融机构之间以有偿方式相互融通资金。回购市场的初始发展动机也颇为类似。之所以在 1991 年开启国债回购的运行试点，是因为当时受制于国债无法开展跨地区、有组织的规范化交易，"国债发行难"问题已十分尖锐，财政部基于提高国债流通进而促进国债销售的考虑才试行国债回购甚至国债期货等创新，来逐步扭转国债交易在有组织市场中一直低迷徘徊的局面，提升国债的吸引力。此外，像 20 世纪 80 年代后期出现的 CDs（大额可转让定期存单）则是在严格的利率管制条件下交通银行等股份制银行尝试"高息揽储"、与专业银行竞争开展竞争的一种方式，并没有交易层面的设计考量，也很难归为货币市场产品的范畴。

随着经济改革，特别是市场化的逐步深入（最为核心的是各级各类金融机构利益的确立和逐渐强化），回购、票据等各类货币市场工具的融资功能逐渐被市场认可与利用，非银行金融机构和企业开始积极寻求通过各类货币市场工具获取短期（甚至长期）运营资金。这时，市场化开始成为驱动货币市场加速成长的主要动力。

### 2. 市场功能定位：在异化与回归之间反复

驱动力决定了中国货币市场的功能呈现明显的阶段性。1998 年银行间债券市场创建之前，鉴于中国的货币市场是在不正规的银行体制、不发达的金融市场、不健全的金融监管制度以及不完善的中央银行调控制度下产生发展起来的，因此，同业拆借、回购市场事实一度上发挥着货币市场和资本市场的双重功能，这些市场在经济运行中发挥的主要作用就是解决信贷资金计划在地区间、行际间的分配失当，搞活资金，从正规的银行体系中将资金吸引出来，并通过其交易网络分配到非正规的金融体系中去。

1998 年是中国货币市场功能转变的一个重要转折点。在这一年，中国尝试放弃长期实行的信贷规模控制管理，希望借助货币市场的发展为中国货币政策传导提供一个有效平台，这一度成为其重要的功能定位。可惜的是，当时整个金融体系的市场化程度不高，利率市场化刚刚启动，商业银行等金融机构也未完全实现商业化，因此，尽管货币市场对货币政策实施的影响越来越明显，但并未起到较大的作用。

2008 年"四万亿计划"刺激政策约束下，影子银行在中国从小到大，实现了极为迅猛的发展。按照 2013 年国务院有关文件以及 2014 年 IMF 的界定，除委托贷款、信托贷款之外，票据（银行承兑汇票）、货币市场基金、部分理财产品等均是中国影子银行的重要构成之一。在 2010 年信贷规模控制复归以及 2015 年宏观审慎监管（MPA）思路得以明确的背景下，这一时期的货币市场实际上又重回之前有些复合的功能定位，成为各类金融机构"监管套利、空转套利、关联套利"的重要场所，同时也客观上为很多无法从正规银行体系获得信贷的主体提供了资金来源。

2016 年中国人民银行、银监会等部门出台诸多"强监管"措施，同时落实"简政放权"

的治理思路，放宽同业拆借的市场主体准入，旨在重新确立货币市场流动性调剂的功能定位，并借助 SHIBOR（上海银行间同业拆放利率）的建设实现基准利率体系的构建，推进利率市场化进程。

### 3. 市场组织模式：从分散到集中

尽管从理论上说，货币市场是一个典型的 OTC 市场，其运行更多地依赖交易商体系，呈现出相对分散的态势，但中国货币市场较为特殊，多个子市场经历了一个从分散到集中的转变过程。

中国货币市场发展伊始的组织模式与成熟经济体类似，交易分散，这一组织模式转变最早始于同业拆借市场。1996 年 1 月 3 日，中国人民银行依托当时的外汇交易中心，正式建立了由中央和地方两层交易网络构成的全国统一的同业拆借市场。回购市场的统一要稍晚一些，1997 年上半年，中国人民银行要求国有商业银行以及其他参加同业拆借一级市场的商业银行和非银行金融机构从上海和深圳交易所市场撤回其回购交易席位，单独形成一个"封闭式"的银行间回购市场。票据市场的统一则始于 2003 年 6 月中国票据网的正式启用，完成于 2016 年 12 月上海票据交易所的设立。除此之外，像央行票据、同业存单、短期融资券（含超短期融资券）的发行和交易均依托银行间债券市场开展，实质上均被纳入了中国人民银行的监管之中。

### 4. 市场运行彼此分割并由此导致的流动性分层

货币市场各个子市场以及同一子市场内部的分割，或者说货币市场整体统一性的缺失是长期以来困扰中国金融运行的一个难题。1997 年中国人民银行建立了封闭性的以国有商业银行为中心的银行间债券市场之后，不仅人为地将回购市场一分为二，而且通过准入限制，同业拆借和银行间回购主体也存在较大差异，客观上使得不同子市场之间不仅存在较大的交易规模差异，而且同一子市场的不同类型以及不同子市场之间长期存在较大的利率差异，给市场参与者留下套利空间，相互间市场运行的联动效应一度也不明显。以回购市场为例，历史上曾出现同时运行在沪、深两个证券交易所的回购交易利率，有时一个市场利率走高，另一个市场的利率却没有明显变化，有时一个市场利率走势平稳，另一个市场却下降走低。

## 5.3 中国货币市场：结构变迁视角的再考察

就市场构成而言，中国货币市场在 1997 年银行间债券市场设立之前结构一直较为单一，同业拆借牢牢占据主体地位，回购、票据以及短期存在的短期融资券则扮演辅助角色。但自银行间债券市场构建之后，中国货币市场呈现出颇为明显的阶段性结构变迁。因此，通过对 1996 年以来中国货币市场多个维度结构变迁的系统梳理和分析，有助于我们更好地认识中国货币市场发展的独特性。

## 5.3.1 货币市场发行结构

尽管与股票、债券等资本市场不大一样，像同业拆借、回购等货币市场在运行中并不需要新创设"证券"，而主要借助非标准化的协议或票据来完成资金的短期调剂，但随着金融体系市场化程度的提升和创新的活跃，现实经济中的确出现了很多期限较短〔1年（含）之内〕且带有资金融通性质的金融工具，诸如商业票据、同业存单、短期融资券、央行票据等。

在我国，受《票据法》等法规的约束，货币市场产品大体可以划分为两类：一类是以短期融资券、央行票据、同业存单为代表的标准化短期金融产品，主要在银行间债券市场上发行和交易；另一类则是以商业票据为代表的非标准化金融产品，其交易（贴现、转贴现和再贴现）范围要更为广泛，不局限于银行之间。

图5-2向我们展示了1998年以来在可供交易的短期金融产品中，标准化产品和商业票据这样的非标准化产品的相对结构变化。从图中我们可以很清晰地看出，在过去的20余年中，这两类产品结构变化呈现颇为曲折的轨迹——整体上看，标准化产品呈上升态势，从2001年之前的缺失状态上升到了2017—2021年超过50%的水平。

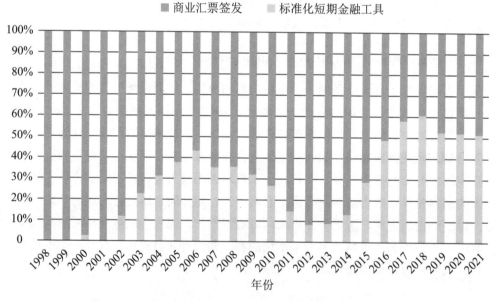

图5-2　中国货币市场可交易性工具发行结构：1998—2021年

资料来源：中国人民银行，WIND。

借助于图5-3，我们可以更为细致地考察标准化短期金融产品结构的阶段性变化。2002年之前，中国标准化的短期金融产品严格意义上只有短期国债一种。短期国债年度发行额非常少，可以看到央行票据自2002年创设之后，就在此后10年间牢牢占据了标准化短期金融产品的主体地位。2012年之后，央行票据的发行额陡然下降为0，2005年之后出现的短期融资券则异军突起，占据了绝对主体地位。在持续了3年之后，从

2015 年开始，同业存单这一产品在经历了两年的试水之后，一跃成为最主要的标准化产品。

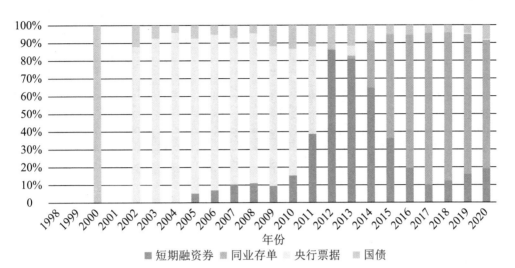

图 5-3　中国银行间市场可交易性货币市场工具发行结构：1998—2020 年

资料来源：中国人民银行，WIND。

## 5.3.2　货币市场交易结构

### 1. 交易场所结构分布

在 1997 年 6 月银行间债券市场创设之后，中国货币市场交易场所一开始保留了四种类型：一是相对带有"封闭性"的银行间市场（包括银行同业拆借市场和银行间回购市场）；二是上海证券交易所和深圳证券交易所的市场（主要涉及国债回购）；三是各地证券交易中心（如天津、武汉、大连）的市场（涉及回购交易）；四是上述几种有组织的市场之外的通过交易者直接联系而达成的市场（诸如票据交易）。1998 年国务院在防范金融风险的背景下，决定彻底清理和纠正各类证券交易中心和报价系统的交易活动，进而导致目前仅存在三种市场类型。

由图 5-4，可以发现就中国货币市场的交易结构而言，银行间市场从 2000 年开始就占据了主体地位（超过了 50%），2021 年其所占的比重超过了 70%。相对而言，交易所市场所占的比重则波动很大，呈现出"先降后升"的态势。大致来看，1997—2008 年间一路下滑，所占份额从 60% 降至 2%、3% 这样几乎可以忽略的水平，而随后的 10 年间却出现了明显逆转，2021 年的份额达到 22%。相比其他两类市场，更多带有场外性质的票据市场一开始的份额就不大，随时间推移而发生的变化也并不那么剧烈。

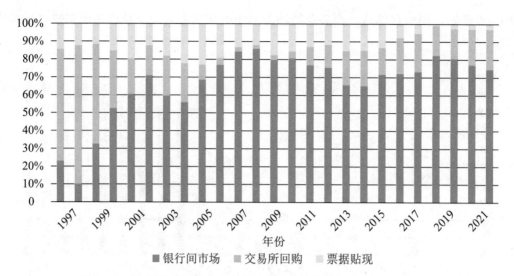

图 5-4　中国货币市场产品交易场所分布结构变化：1997—2021 年

资料来源：WIND。

## 2. 交易品种结构分布

就货币市场的总体交易产品结构分布来看，回购市场一直是最为重要的子市场，而排序第二的子市场则时有变化，从最初的同业拆借到之后的票据贴现，央行票据也曾一度（2008 年）上升到第二的位次，2021 年同业拆借和同业存单的交易额几乎相差无几，处于同一水平（参见图 5-5）。

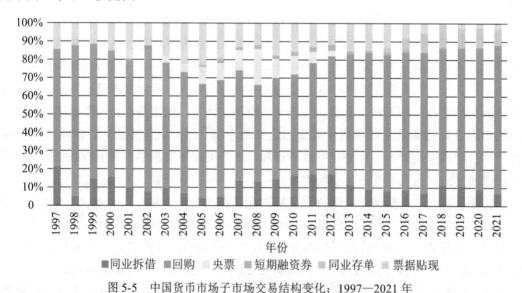

图 5-5　中国货币市场子市场交易结构变化：1997—2021 年

资料来源：WIND。

如果仅考虑作为货币市场主体的银行间市场的交易分布状况，我们可以发现一些与总体产品交易结构分布不一致的现象。借助于图 5-6，可以看到 1997 年占据银行间市场主导产品的并不是回购，而是同业拆借。但这一现象从 1998 年开始就发生了逆转，此后回购一直占据了银行间货币市场交易的首位，同业拆借的份额则在前 10 年呈现持续下降的态势，从 2007 年开始这种变化才得到控制，其所占份额出现了一定程度的回升，但随着央行票据（2002—2008 年，其中 2008 年一度仅次于回购）和同业存单（2015 年至今）两个产品的先后出现，同业拆借所占的市场交易份额受到了较大压制，目前大致与同业存单类似。

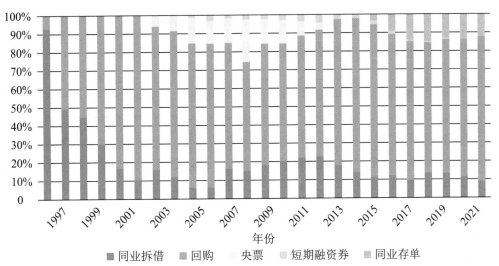

图 5-6 中国银行间市场中货币市场产品的交易结构变化：1997—2021 年

资料来源：WIND。

### 3. 交易期限结构

就中国货币市场交易的期限结构来看，1999 年之前总体呈现长期化态势，隔夜和 7 天之内的拆借和回购所占的份额都不高（低于 50%）。但从 2000 年开始，货币市场的交易期限结构有了明显的改进，大致从 2007 年开始，隔夜与 7 天之内的拆借和回购均占到了各自交易金额的 95% 以上（参见图 5-7）。2019 年的交易结构也大致维持了这种状态——隔夜与 7 天之内的同业拆借占比在 98% 以上，质押式回购在 95% 以上。

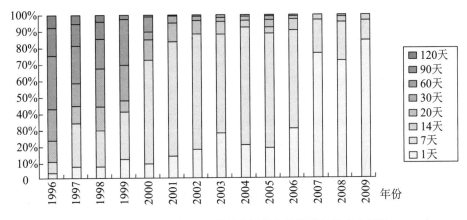

图 5-7 1996—2009 年间我国同业拆借市场期限结构变化情况

数据来源：中经网统计数据库。

### 5.3.3　货币市场参与主体结构

1996 年中国人民银行严格界定同业拆借的主体之后，中国货币市场中的银行间市场参与主体就受到了严格的控制，一开始同业拆借的中央级网络仅限于 20 家商业银行总行、全国性金融信托投资公司以及挂靠各地方人行的 35 家融资中心，二级网络则以融资中心为核心，包括经总行授权的地市级以上分支机构、当地的信托投资公司、城乡信用社等，而银行间债券市场则仅限于国有商业银行、全国股份制商业银行和城市商业银行。

参与主体的范围扩大首先出现在银行间债券市场。从 1998 年开始，外资银行、保险公司、农信社、投资基金、证券公司陆续被允许进入这个市场参与交易，进而其主体由单一的商业银行扩展到几乎涵盖所有的金融机构类型。而同业拆借市场的参与主体增加主要是在 2000 年之后，政策性银行、农信社、保险公司、证券公司和基金管理公司等机构先后获准进入。2016 年 2 月，国务院取消了金融机构进入全国银行间同业拆借市场等一批行政审批事项，使得中国同业拆借市场的管理重点由事前审批转向事中事后监管，管理手段的市场化转型成为促使拆借市场迅猛发展的重要原因。

借助于表 5-1，我们可以了解这 10 年同业拆借市场参与主体的结构变化，成员总数从 2011 年的 892 家增长到 2020 年 4 月的 2 216 家，农村商业/合作银行所占比例从 11% 上升到接近 50%，而民营银行、消费金融公司等从无到有，金融机构类型进一步扩展。

表 5-1　中国同业拆借市场成员构成变化：2011 年和 2020 年

| 机构性质 | 2011 年<br>成员数 | 2020 年<br>成员数 | 机构性质 | 2011 年<br>成员数 | 2020 年<br>成员数 |
|---|---|---|---|---|---|
| 国有商业银行 | 35 | 19 | 股份制商业银行 | 76 | 40 |
| 城市商业银行 | 118 | 135 | 政策性银行 | 3 | 3 |
| 外资银行 | 73 | 120 | 农村商业/合作银行 | 107 | 1017 |
| 农村信用社 | 245 | 288 | 信托投资公司 | 40 | 66 |
| 金融租赁公司 | 13 | 66 | 财务公司 | 81 | 234 |
| 保险公司 | 7 | 53 | 证券公司 | 78 | 102 |
| 资产管理公司 | 1 | 4 | 汽车金融公司 | 7 | 24 |
| 城市信用社 | 2 | | 保险公司资管公司 | 2 | 5 |
| 境外银行 | 3 | 10 | 消费金融公司 | 0 | 13 |
| 民营银行 | 0 | 16 | 其他 | 2 | 1 |

资料来源：中国货币网。

与同业拆借相比，回购依托的银行间债券市场的参与主体数量要增加得更快一些。根据中国人民银行的数据，2011 年年底和 2020 年 4 月这个市场的参与主体数量分别为 11 162 个和 31 900 个，不仅囊括了所有类型的金融机构，而且有信托公司的理财产品、保险公司的资产管理产品等其他形式的主体，成为各类市场主体进行投融资活动的重要平台。

值得一提的是，尽管同业拆借市场、银行间回购市场等货币市场的参与主体种类不断拓展、数量不断增加，但整体来看，2013年之前信用发行主体仍主要集中于大型国有企业和金融机构，2014年之后随着短期融资券、票据等子市场的不断发展，这种状况才有所改变。从交易量和债券持有的份额来看，市场交易仍以少数商业银行尤其是大型商业银行为主，且机构投资者存在着买卖行为趋同的现象，引致主要商业银行对货币市场具有较大影响力。

## 5.3.4 货币市场资金流向结构

整体来看，我国货币市场的资金流向基本上呈"单向"特征，也就是资金总是从大型商业银行向其他机构流动。

借助于图5-8，可以发现2003年以来同业拆借市场的资金流向结构出现了较为明显的阶段性变化。2003—2008年，中资大型银行出现资金从拆出到拆入的趋势性变化，但从2009年开始，除个别年份（2012年）外，重新成为拆出资金的主要主体；中资中小银行在2003—2008年逐渐占据了拆出资金的绝对主体，2009年之后，则在拆出与拆入之间反复。至于同业拆借市场的其他机构则基本上扮演着拆入角色，其中证券业机构在很多年份是最为主要的拆入主体，其后则是其他金融机构及产品等主体。

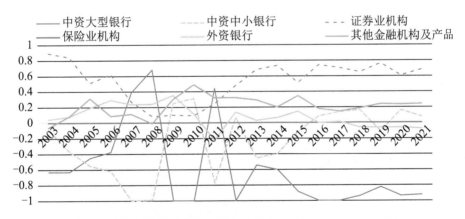

图5-8 中国同业拆借市场的资金流向主体结构：2003—2021年

资料来源：中国人民银行。

银行间回购市场的资金流向的变化则较同业拆借要简单一些。借助于图5-9，可以发现中资大型银行牢牢占据着融出资金的绝对主体地位（多数年份甚至是唯一融出方），而其他金融机构及产品、中资中小银行、证券公司等主体则占据着融入资金主要主体的位置。

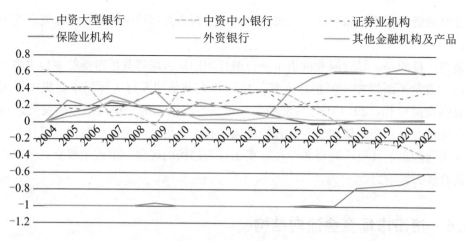

图 5-9    中国银行间回购市场的资金流向主体结构：2004—2021 年

资料来源：中国人民银行。

从银行间市场短期资金流动的总体情况看，2007 年之后中资大型银行和中资中小银行之间的资金流向变化颇有意思。2007—2008 年，大型商业银行在利用同业拆借拆入资金的同时，却通过回购融出了大量资金，而中小银行则在 2011 年之后的几年在回购市场融入资金，同时利用同业拆借市场拆出资金。考虑到回购的资金规模要远远大于同业拆借，这意味着中国商业银行资产构成中债券的比重越来越高，在资金面相对紧张的背景下，包括中资中小银行在内的其他机构融资条件更加恶化（因为其融资更依赖于质押）。

# 5.4    中国货币市场发展及其结构变迁的内在经济逻辑

从历史角度看，尽管中国货币市场的创建从时间上看早于资本市场，但在较长的一个时期内资本市场的发展速度却远超货币市场，进而导致货币市场在中国金融体系中的地位显得颇为尴尬。但令人意外的是，2010 年之后中国货币市场的发展却极为迅猛，无论从短期货币市场工具的发行还是交易来看都早已超越了资本市场，在金融体系中的地位也日益凸显。要想了解货币市场在中国的这一独特发展轨迹就需要结合中国经济金融转轨的历史，从其功能定位的变迁来分析。

## 5.4.1    中国经济领域的"边缘革命"的兴起与货币市场的起源

1978 年后，中国迅速转向解散公社、有利于小土地持有者的农业经济体制，也就是向家庭联产承包责任制这样一种立即提高农业生产率的刺激结构转变，进而引发了科斯等（2013）提及的对于中国经济转型至关重要的"边缘革命"。[①]

从历史角度看，以农业家庭联产承包责任制、乡镇企业、个体经济和经济特区等为代表的四大"边缘革命"不仅充当了带动中国逐渐步入现代市场经济的重要力量，而且对中国当时专业银行垄断的信贷管理体制形成了极为重要的挑战。无论是1980—1984年"存贷差额包干"体制还是1985年开始实行的"实贷实存"体制，都是"统一计划"之下的信贷资金分配体制，获得信贷最为关键的因素是纳入中国人民银行确定的对专业银行的贷款计划。从当时的情况来看，只有国营企业、全民所有制企业才能从银行获得贷款、发行债券，而那些处于体制外的乡镇企业和个体企业是无法获得正规金融体系的资金支持的。

正是在这样一个独特的经济环境下，一开始被中央银行视为弥补当时信贷资金管理上的不足，进而解决信贷资金计划在地区间、行际间的分配失当，借以搞活资金，使信贷资金处于持续运动状态、提高资金效益的同业拆借以及后来的回购市场很快就发生了功能异化，开始从正规银行体系中将资金吸引出来，并通过其遍布全国的交易网络分配到非正规金融体系中，为众多非国有企业的高速发展提供了资金保障。从历史角度看，正是由于同业拆借、回购这样一种功能定位，导致在实践中各地政府对其发展热情高涨进而组织庞杂、混乱，且呈现资金借贷期限长期化、资金投向实业化、资金价格高利贷化等现象。

客观地说，尽管以同业拆借市场等为代表的中国货币市场出现伊始显得极为混乱，但其出现和发展事实上缓解了当时中国僵硬的信贷资金管制体制、以国有经济单位为主要对象的资金分配机制的矛盾，为"边缘革命"的持续及成功提供了重要支撑。

### 5.4.2　金融乱象、金融压抑与货币市场的发展起伏

在国有经济运行需要大量信贷资金支持的背景下，发挥货币市场和资本市场双重功能的同业拆借和回购市场自然成为引发全社会资金运行转移进而脱离原有资金（尤其是信贷资金）配置轨道的重要平台。

历史地看，一开始国家可能出于（隐性）扶持非国有经济的考虑，对于这种信贷资金运行机制的变化采取了较为宽松的态度。以同业拆借为例，1986年的交易额仅为300亿元，而1987年、1988年则迅速增长到2300亿元和5200亿元，但问题是1985年开始的第二轮银行改革的目标是赋予专业银行发放贷款方面更大的自主权，导致银行产生了极强的信贷扩张动机，加之物价改革的启动，通货膨胀在1988年、1989年迅速加剧，进而导致经济改革的全面停滞，同业拆借市场也很快陷入了低谷。1992年，当经济重新启动之后，同业拆借市场的乱象又一次出现，当时不少金融机构违规利用拆借资金逃

---

[①]　在科斯等（2013）看来，改革开放初期中国社会主义经济最为重要的发展并不发生在其中心，而是在它的边缘，在受国家控制最弱的地方。真正的改革先锋不是拥有各种特权并被奉为社会主义"掌上明珠"的国营企业，而是那些落后的、被边缘化的群体。他们游离在政府机构和中央计划之外，在现有体制下饱受歧视。尽管如此，正是这些处在边缘的经济力量成就了一系列变革，将私营企业重新带回到经济体制中，为日后的市场转型铺平了道路。他们把这种改革称为"边缘革命"。

避信贷规模控制，大量转移信贷资金炒房地产、炒股票、办公司，或用于地方财政开支搞开发区、上新项目，扩张固定资产投资规模，变短期资金为长期投资，严重干扰了宏观金融调控，危害金融稳定。在这样的背景下，同业拆借市场受到了极为严厉的治理整顿，交易量迅速回落。同业拆借交易的回落导致了回购市场的迅猛扩张，这意味着当时国内各类经济主体从银行体系套取信贷资金和银行体系逃避信贷管制的动机均极为强烈，监管当局出于金融宏观调控、金融稳定及信贷资金有序运行的考虑很难放任货币市场的发展。

正是在这样的背景下，借助于1995年《中国人民银行法》《商业银行法》和《票据法》等一系列法规，国家对于培育和发展货币市场采取较为谨慎的政策，进而导致在相当长一段时间内，中国货币市场建设主要在禁止信贷资金违规进入股市等法规约束下，围绕着国有商业银行短期头寸调剂这一单一目的展开，除了同业拆借市场和票据市场中的银行承兑汇票贴现市场之外，明显缺乏对其他货币子市场的引导、开发和支持。

## 5.4.3　利率市场化受限下货币市场的统一规范与宏观调控

在中国银行商业化改革取向渐趋明确的背景下，1998年中国人民银行改进国有商业银行贷款规模管理。从1998年1月1日起，中国人民银行对商业银行贷款增加量，不再按年分季下达指令性计划，改为按年（季）下达指导性计划。这本该成为货币市场发展的一个契机，因为货币当局放弃了信贷规模控制，转向主要依赖市场化的手段来实施货币政策时，就产生了宏观层面发展货币市场的需求。

中国人民银行也为货币市场的发展做了很多努力，先后构建全国统一的同业拆借市场和"封闭性"的银行间债券市场，采取扩大交易主体、拓宽市场参与者范围等措施。但整体来看，货币市场发展仍较为缓慢。这样一种状况，是以下几个方面的原因相互交织的结果。

第一，《商业银行法》中的"分业经营""银行信贷资金禁止违规进入股市"以及《票据法》关于票据仅限于真实票据等法规约束实际上为货币市场各个子市场之间以及子市场内部的统一人为地制造了障碍，如交易所回购市场和银行间回购市场之间的统一就无法实现，票据市场也就长期定位于支付结算而不能扩展到资金融通。

第二，利率市场化虽已启动，但当时存贷款利率均受到严格管制，刚刚推出的CHIBOR（中国银行间同业拆借利率）试点并不成功，货币市场基准利率信号难以形成。

第三，受国有经济经营状况恶化以及东南亚金融危机的冲击，中国的国有商业银行资产负债表状况整体不佳，自身经营陷入困境，亟待通过"不良资产剥离—引进战略投资者—股份制改造—上市"等系列措施来摆脱。

在这样的背景下，中国人民银行在银行间债券市场中主要借助央行票据这样的创新型产品来对冲国际收支顺差与外汇结售汇制度共同作用导致的基础货币投放增加，而不是借助已有的同业拆借和回购来进行宏观调控。

## 5.4.4 宏观层面的流动性滥觞、信贷管制与货币市场迅猛发展

2008 年，中国货币市场发展的环境较之前发生了较大的改变：第一，作为货币市场主体的商业银行，尤其是国有商业银行已完成了"不良资产剥离—引入战略投资者—股份制改造—上市"的分步骤改革，其资产负债表得到了很好的清理，商业化经营方向日益明确。第二，为了更好地解决中小微企业"融资难、融资贵"的问题，中国的中小型银行机构体系发生了较大变化，在农村信用社机构数大幅压缩的同时，村镇银行、农村商业银行等中小银行机构数增长迅猛（参见表 5-2）。第三，中央银行重新启动信贷规模指导。2008 年，以上年新增贷款规模为基础，限定当前信贷额度；2010 年，监管部门以金融机构上年末贷款余额数统一确定增长比例来限定金融机构当年贷款增速，并按照 3：3：2：2 来确定各季度新增规模。第四，利率市场化进程处于推进过程之中，存贷款利差仍处于高位。第五，为了应对全球金融危机，我国启动了大规模经济刺激计划，推出了高达 4 万亿元的宏观经济刺激方案，宏观层面流动性十分充裕。

表 5-2 中国银行业中的中小金融机构变化状况

| 年 份 | 2008 | 2015 | 2018 | 2020（截至 6 月） |
|---|---|---|---|---|
| 银行业机构数 | 5 634 | 4 262 | 4 588 | 4 607 |
| 农业商业银行 | 22 | 859 | 1 427 | 1 500 |
| 农村合作银行 | 166 | 71 | 30 | 27 |
| 村镇银行 | 91 | 1 311 | 1 616 | 1 629 |
| 民营银行 | 0 | 5 | 16 | 19 |
| 农村信用社 | 4 965 | 1 373 | 812 | 692 |
| 金融租赁公司 | 12 | 47 | 69 | 71 |

资料来源：银保监会。

在这样的大背景下，以商业银行为代表的金融机构产生了较大的信贷扩张动机。从当时的情况看，这种信贷扩张来源于银行等机构内部激励制度安排和外部庞大信贷需求之间的有效结合。从商业银行等金融机构内部看，无论是通过借助信贷规模扩张完成利润高增长目标，或是做大信贷规模、维持市场份额增长，还是利用分母扩张战略降低不良贷款率都使其存在强烈的信贷扩张动机。而当时中国经济仍处于从劳动密集型向资本密集型转变、城镇化进程加快的过程中，这在中国银行主导型的金融模式中需要庞大的信贷资金来驱动，同时大量的中小微企业不仅融资困难，而且融资成本极高，由此导致实体经济信贷资金配置严重失衡，导致对实体经济运行和增长贡献巨大的中小微企业始终存在一种信贷资源"饥渴"。

当时中国这种独特的金融运行格局引发了 2008 年以来商业银行信贷规模的爆发式增长。从本外币贷款余额看，2008 年年底仅 32 万亿元，到了 2015 年年底则达到 99.3 万亿元的规模。但问题是，在央行重启信贷规模控制，存贷比监管、资本监管日趋严格以及宏观审慎监管（MPA）启动等大背景下，随着利率市场化进程提速和金融脱媒加剧，

商业银行很难简单地遵循传统的依靠吸收存款的信贷业务扩张模式，转而开始探索新的信贷业务扩张途径。也正是在这样的环境下，以商业银行与其他金融机构合作为基础，以同业资金流动为纽带，旨在实现金融机构利润最大化的金融同业协作活动创新此起彼伏，在中国引发了一场"信贷资产腾挪"的大潮。

2008年以来中国金融机构同业业务创新极为活跃，从之前简单的代理、结算和托管到同业存款、票据融通再到信贷资产转让、信托受益权买入返售、同业存单等，同业之间的业务合作范围不断拓展，合作层次不断提升，规模不断扩大。考虑到货币市场本身就定位于服务金融机构同业之间的（短期）资金调剂，于是这一期间中国不仅见证了同业拆借、回购和票据等多个传统货币子市场交易规模的爆发式大增长，而且诸如同业存单、大额可转让定期存单等这样的产品也得以创设或复归，导致了货币市场在中国金融体系地位的显著提升。

## 5.4.5　规范治理、市场化与货币市场的稳健发展

进入2016年，中国货币市场发展的环境再一次发生了巨大变化：第一，"防范金融风险"逐渐成为中国经济运行面临的"三大攻坚战"中的首要任务。一方面，银监会对同业业务的监管不断升级，针对"三套利""三违反""四不当"等行为的专项治理陆续启动，"资管新规"正式落地；另一方面，自2016年年初开始，中央银行将此前的合意贷款规模控制（也就是现在我们说的狭义贷款规模控制）升级为宏观审慎管理，其中7大指标体系中最核心的内容就是广义贷款规模增速与资本充足率进行挂钩，严控银行总的金融资产增速。第二，为了落实十八届四中全会"简政放权"的治理思路，同业拆借等银行间市场的准入渐趋市场化。第三，在利率市场化、金融（机构）对外开放步伐明显加速的同时，商业银行业务范围进一步拓展，资产证券化等结构化金融创新持续推进。第四，银行业机构构成中，农村商业银行、村镇银行等中小银行机构进一步增加。

2016年以来，中国人民银行MPA（宏观审慎评估）[①]中涉及的广义信贷规模限制导致表外和表内非标回归贷款本源，从而产生一定的信贷需求，而这种信贷需求的出现对中国的部分股份制银行、多数城商行及其他中小银行的后续信贷行为调整中的"狭义贷款规模"指标占用形成了巨大压力。因为对于这些中小银行而言，无论是之前的表外非标业务还是表内非标业务，一旦回到银行资产负债表中的贷款科目就会占用央行监控的狭义信贷规模指标，实际上改变的只是监管报表科目，或者说是将此前机构隐藏的信贷类资产转换身份回到表内贷款科目而已，并没有真正新增整个社会的融资。这意味着对于那些当初通过表外非标和表内应收款类投资科目规避央行贷款规模管控的商业银行而言，现在其即便有强烈的回表意愿，且有足够资本金支撑表内放贷，也很可能面临狭

---

① 宏观审慎评估（macro prudential assessment，简称MPA）体系主要包括资本和杠杆情况、资产负债情况、流动性、定价行为、资产质量、外债风险、信贷政策执行等七大方面，其中资本充足率是评估体系的核心。中国人民银行从2016年起将现有的差别准备金动态调整和合意贷款管理机制升级为宏观审慎评估体系（MPA）。

义贷款规模严重不足的现实。使问题更为严峻的是，诸如农商行等中小银行之前自身资金来源渠道极为有限，一度主要依靠同业资金来源开展业务，在同业监管趋紧的背景下，其信贷投放也面临着诸多制约。

或许正是为了提供一些更为规范的同业融资渠道，中国人民银行在 2016 年放宽同业拆借等银行间市场准入门槛，允许中小银行利用同业存单等方式从大型商业银行获取资金，相应地同业拆借和同业存单的交易额都实现了巨幅上升，货币市场整体维持了稳健发展态势。

# 5.5　基于流动性管理功能定位的中国货币市场发展

在我们看来，中国货币市场的功能定位应回归流动性调剂 / 管理这一本源，进而其未来发展也应围绕着如何强化这一核心功能展开。

## 5.5.1　流动性管理：货币市场的核心功能

之所以说货币市场是现代金融体系的核心要素之一，是因为货币市场的流动性管理功能的强弱对于金融体系运行的各个环节均有着直接的影响。

### 1. 流动性、价格波动性与金融市场规模

从理论的角度看，由于存在市场投资者不同程度的自我满足的流动性预期，流动性的缺乏可能导致现代金融体系，尤其是金融市场陷入一种恶性循环的均衡状态。Pagano（1989a，1989b）最早对此做出了分析。在 Pagano 的理论中，流动性等同于市场深度。假设每个交易者对资产的需求受制于一些异质的流动性冲击，这些冲击体现在均衡价格里，资产价格似乎比那些可预计资产的信息更易变化。然而，如果流动性冲击在代理人之间是独立的且代理人的数目很多，则大数定律保证了这些流动性冲击的总影响相对于资产的总需求要小一些。结果是当市场中有很多活跃的交易者时，由流动性冲击所导致的价格波动性将较小，并且市场也将是流动的。如果交易者进入市场的意愿取决于市场的波动性，那么，市场很可能出现多种均衡：如果预期市场是非流动性的，则几乎没有交易者愿意参与，并且由于市场缺乏深度，资产价格对流动性冲击极为敏感；在极端的情形下，缺乏足够的流动性会导致市场的消亡。

Allen 和 Gale（1994）在投资者面临市场参与成本约束且不能根据价格信号迅速地改变参与决策的假设下，也考察了一个相关现象，该现象不依赖于交易者的数量，而是依赖于参与市场的交易者的类型。他们的分析也认为一旦参与者预期市场是非流动性的，从资产价格高波动性的意义上说，只有具有低流动性偏好的交易者才会进入，而由于这些当事人具有低流动性偏好，他们只将财产中的一小部分以流动资产形式持有，因此

他们不能平抑发生流动性冲击时所导致的资产价格的波动，进而又进入了类似 Pagano（1989a、1989b）的市场运行（走向规模萎缩）的恶性循环。[①]

### 2. 流动性、市场稳定性与系统性风险

给定上述关于流动性与资产价格波动性之间的关系，我们还可以发现金融流动性的强弱，尤其是在市场处于不利状态下流动性供给机制的运行效率对于维持市场的稳定，防范金融体系的系统性风险有着至关重要的意义。

关于这一点，我们可以借助 2000 年以后的美国资本市场的实例做一个说明。2000年以来不仅美国资本市场的资产价格波动很大——且不提纳斯达克指数的下跌曾经超过了东南亚以及东亚国家在亚洲金融危机时的下跌幅度，道·琼斯指数在 2000—2003 年间的波动幅度也接近亚洲金融危机时的下跌幅度——而且资本市场也爆发了一些影响极大的事件，如"9·11"事件，安然、世通的破产以及 LTCM 的巨额亏损等。这样的金融冲击与事件如果发生在亚洲，极有可能导致金融危机，但是在美国并没有发生金融危机，充其量只能称之为金融波动，并且在金融波动的同时，金融体系的运行效率也没有受到多大的损害，没有由此引发经济危机（但引发了中等规模的经济衰退，Greenspan，2005）。现在看来，这与美国资本市场自身流动性以及灵活的流动性供给机制有着非常密切的关系。

### 3. 流动性与资产定价（效率）

自 Kyle（1984，1985）开始，大量理论文献开始关注市场流动性与资产定价（效率）之间的联系，如 Chowdhry 和 Nanda（1991）在 Kyle（1985）类似的"噪音理性预期模型"中，就认为在市场均衡中，每一个市场中的交易价格都部分揭示了知情交易者所拥有的私人信息，而当市场参与者数目趋向无穷大时，所有的私人信息将通过交易指令反映出来，进而当信息方差减小时，市场中信息不对称自然减少，因此，市场流动性提高，同时证券交易的价格更加体现其内在价值；Holmstrom 和 Tirole（1993）也分析了市场流动性与资产定价效率之间的关系。他们的研究表明，当市场流动性增加时，知情交易者能够更好地伪装为流动性交易者，从而通过交易获利以弥补信息收集成本，而知情的交易者将更多的信息引入证券市场，从而提高资产定价效率；Subrahmanyam（1991）在引入"知情交易者为风险厌恶型投资者"假设后，通过在噪音理性预期均衡的模型分析，发现并非知情交易者的数目越多（竞争程度越高），市场流动性就越高，在市场流动性与知情交易者数目、风险厌恶程度和信息的精确性之间，并不存在单调关系；同时，噪音交易者的增加导致定价效率的降低。

从现实来看，流动性与资产定价效率之间的关系更容易理解。以金融衍生品为例，我们可以看到现有的理论定价模型的应用，只有在基础工具市场产生连续价格的情况下

---

[①] 很多实证也证明了流动性、资产价格波动性与市场规模之间的这种内在联系，如 Silber（1975）对特拉维夫股票交易所的实证分析就显示，越是"薄（Thin）"的证券波动性越大。

才能定价（在 Black-Scholes 期权模型中股票价格连续变化且旨在实现证券复制的交易也必须是连续的），而一旦市场流动性不足，基础工具在短期内无法产生连续价格或价格出现大幅跳跃时（1987 年 10 月的情形），现有的定价模型都将失效，不同市场价格的扭曲就会出现。

### 4. 流动性与金融创新

虽然就单个证券而言，流动性（作为一种证券特征）增强是金融创新的动机之一，但换个视角，市场流动性的高低是决定资本市场中金融创新能否成功的一个关键要求。为了说明这一点，我们仍可以金融衍生产品为例。因为很大程度上，交易所交易衍生品的增长依赖于市场参与者产生日内"优良资金（在结算银行中的储蓄和国库券）"来满足其潜在的由于价格剧烈波动而产生的大量日内追加保证金的需求的能力。类似地，20世纪 80 年代在美国曾风靡一时的"动态保值技术"以及"投资组合保险"等交易策略很大程度上也依赖于在下跌的市场中出售大量基础工具和上涨的市场中购买大量基础工具的能力。而 OTC 衍生品市场的风险管理也几乎完全依赖于具有流动性的货币市场（回购协议、国库券、银行同业拆借市场）和具有流动性的交易所交易衍生品市场。

### 5. 流动性、市场操纵与市场透明度

操纵市场是指机构或者个人以获取利益或者减少损失为目的，利用资金、信息等优势或者滥用职权操纵市场，影响证券市场价格，制造证券市场假象，诱导或者驱使投资者在不了解事实真相的情况下做出证券投资决定，扰乱证券市场秩序的行为。市场操纵人为制造虚假投资信息，使证券价格不能真实地反映市场状况，破坏了证券市场的公正原则和市场透明度。

一般来说，流动性差的股票，其价格波动容易受到交易行为本身的影响，因此，较有利于以赚取短期价差为目的的市场投机行为。同时，由于低流动性意味着少量交易即能对价格产生较大的影响，故操纵低流动性股票价格的成本就较低，从而便利了市场操纵行为（刘荻和叶刚，2006）。

## 5.5.2　现代金融体系中的流动性管理网络：一个基于美国的考察

保持市场的流动性，是市场导向的现代金融体系运行的必要条件。但作为金融体系运行的核心要素，流动性的获得或实现并非是一个市场运行过程中完全"自我实施"（self-enforcing）的过程，而一般是通过一个微妙复杂的层级网络体系（即分层次流动性供给机制）实现的。从理论上说，一个有效的流动性供给架构不仅能够提供市场正常运行时所需的流动性，更为关键的是其必须在市场处于不利状况时，也能够保证证券市场持续供应流动性。那么，究竟流动性是如何提供给市场的呢？这里我们借助美国的实践，对资本市场四个不同层面流动性供给机制的基本架构及功能做一个说明。

### 1. 广泛的投资者参与和有效的证券市场微观结构：市场流动性的直接来源

在美国这样一个高度证券化的金融体系中，鉴于金融市场的参与者非常广泛，市场中众多金融工具（如国债、股票等）的交易也非常活跃，导致各类证券本身具有很强的流动性——买卖非常方便，随时都可以变现，那么我们可以认为市场本身就是流动性最直接的来源，进入市场参与投资的每一个投资者实际上都参与了流动性的创造。

金融市场特有的这种流动性创造功能根植于市场参与者内在的跨期消费优化需要。在投资者面临未来消费的不确定性、投资项目期限不同导致的生产率差异以及信息不对称导致的"有限承诺"等约束下，股票、债券等以各类投资项目"虚拟形式"出现的有价证券（初级证券），客观上使得各类资产在实物形式之外，获得了新的、对应的金融形式。也正是由于这种对应性的存在，经济主体只需要在金融领域通过特定金融资产的交易就可以实现实物资产所有权或债券的转移，从而金融体系的发展使各类主体获得了重新分配流动性风险的可能，这也就意味着流动性供给功能的实现（Diamond & Dybvig，1983；Diamond，1997；应展宇，2004）。容易理解，给定其他约束，当资本市场的参与者数量越多、其特征分布（如年龄、行业、收入等）越为分散且其交易策略相互独立时，市场流动性会处于一个较为理想的状态。

当然，任何一个金融市场绝不仅仅依赖参与者的广泛参与来实现必要的流动性，规范有效的市场微观结构（包括市场模式选择、订单形式、市场集中程度以及大宗交易制度等）也是确保市场流动性的一个重要制度设计（刘荻，2002）。从美国的情况来看，以做市商制度为核心的市场模式成为确保市场流动性的一个关键要素。NYSE 的专家和 NASDAQ 的做市商不但在资本市场处于缺乏价格连续性，缺乏深度，供需不平衡存在或合理地预期其将存在时，有义务以自己的账户、自有资金逆市买进或卖出[①]，而且其具有另一个重要功能——由于其在转营的股票上具有较多的信息，知道谁曾经对该股票买卖产生兴趣，进而可将目前市场的情况通知有兴趣的买方或卖方，以促成交易，实现市场现实的流动性。

### 2. 发达的非银行机构之间的货币市场：市场流动性的重要支撑体系

从美国的情况来看，一个平稳运作的交易商（做市商）提供了将一种证券转化为另一种证券的服务。从实践来看，这种转换给交易商运营带来资金，允许交易商在无须动用交易商银行信用额度的情况下提供流动性。但问题是，低资本和高杠杆是美国市场证券交易商的基本特征，而这意味着只有当交易商掌握非常具有流动性的工具时，才能在

---

① 在NYSE，专家在开盘集中竞价时段和随后的连续交易时段均有义务缓冲供需的临时性不平衡。如在开盘时段，一旦市场买盘大大超过卖盘，股价存在急剧上升可能的时候，专家将逆市行动，卖出股票，从而使市场更有序；同样在连续交易时段，当供给（需求）远远超过需求（供给）时，尽管专家不能阻止价格的下跌（上涨），但专家将在不同的价位买进（卖出）股票，从而使价格从一个价位向另一个价位的过渡更加平缓，降低市场的波动，赋予投资者更好的入市机会，并最终将恢复平衡，在维持市场有序性的同时实现高流动性。在NASDAQ，做市商则必须持续地提供买卖报价（包括价格与数量），以此满足投资者的买卖流动性需求。一旦报价公开，做市商必须执行投资者按此价格下达的订单，但执行的数量仅限于其报出的数量。

没有银行信用额度支持的情况下避免陷入经营困境。正是在这个意义上，我们认为美国发达的货币市场应该是其资本市场流动性的重要支撑。

借助于图 5-10，我们可以发现，美国资本市场上经纪商 / 交易商主要依赖有流动性的回购市场来为其证券头寸融资。而另一方面，规模巨大的商业票据市场则为公司借款人满足其短期资金需求提供了一条非常便利的廉价融资渠道。

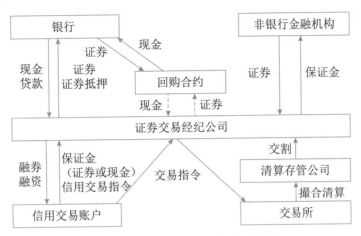

图 5-10 美国证券信用交易基本流程

### 3. 货币中心银行 / 存款货币银行（信用额度）：市场流动性的日常保障

美国金融市场流动性提供链的下一个环节是货币中心银行，因为当市场处于不利状态出现较大波动时，无论是资本市场还是货币市场都无法满足经纪商 / 交易商以及投资者的流动性需要，进而需要外部流动性的注入。

与资本市场不同，由于一家货币中心银行可以同时接入银行体系和中央银行的流动性服务，而接近中央银行流动性给了银行提供流动性的比较优势，进而使得其在现代金融体系中的位置非常独特。其特有的"信用创造"（或者说"存款派生"）功能使之可以在简单媒介现存货币（或保证现存货币购买力的前提）之外通过新增信贷，向经济体系注入新的购买力（货币），进而成为整个社会资金运动的触发者（参见图 5-11）。这意味着货币中心银行是经济中最基本、最主要也是最廉价的流动性来源。

如果把图 5-10 和图 5-11 结合起来看，我们可以发现在美国金融市场的运行中，货币中心银行对市场流动性非常关键。其通过事先安排的信用额度成为仅次于中央银行的日常流动性提供者或保障者：非银行金融机构如经纪商 / 交易商依赖货币中心银行来提供信用额度，以便在这些机构自己的短期债务转期碰到困难时可以通过回购市场或其他地方动用这些信用额度；同样，公司一般从货币中心银行获得备用额度，以便在为其短期债务转期发生问题时能够获得资金，另外作为商业票据的发行人，它们必须向贷款人保证在票据到期时能够支付优良资金，只有当从银行购买一个信用额度后才能保证现金支付；最后，作为过去十年金融工程发展的核心，有组织的期货和期权交易所的参与者大量使用银行信用额度来满足追加保证金的要求。①

当然，批发银行本身则依赖银行同业市场来满足日末向支付系统的结算义务。银行同业拆借市场在银行体系内重新分配资金，而这对某家银行有能力来实现其对金融市场参与者提供短期接近现金信用承诺是十分关键的。

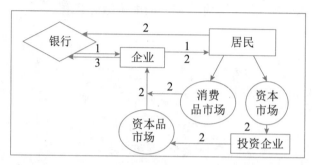

时点1。银行利用其特有的项目选择技术，在对大量申请信贷主体的投资项目依据风险、效率、收益进行筛选的基础上，与选中企业就信贷的条款进行协商。达成协议之后，银行通过贷记企业的银行账户，使企业获得了确定的贷款（一般购买力）。企业购买了生产所需的各种要素（设备与劳动力），相应的存款就在银行从企业账户账转向居民账户（各种设备最终体现为工资或利得）。

时点2。居民收入或用于购买消费品，或被储蓄起来。储蓄要么仍存在银行，要么通过资本市场，可直接用来支持企业长期资产的融资。同时，那些希望进行长期投资的企业通过资本市场发行有价证券。资本市场在非银行中介的协助下，把资金导向最有前途的企业。得到融资的企业将资金用来购买所需的资本品。

时点3。得到融资的企业生产出产品，销售得到的收入用于支付银行的本金与利息。时点1创造的货币通过贷款的清偿被冲销。

图 5-11    流程视角下经济金融体系中的资金流动

### 4. 中央银行：金融市场流动性的最终提供者

在任何金融制度设计中，作为"银行的银行"的中央银行都扮演着流动性最终提供者的角色，资本市场也不例外。一般来说，这样一种角色是由中央银行通过其银行功能、对隔夜市场的日常干预来维持有序的市场以及支持支付提供和最终贷款人信用来保证或支持的。②

在过去的十几年间，美国联邦储备体系日益推行一个维持有序市场的政策，在公开市场上通过干预（通过回购市场或短期证券交易）来防止隔夜利率的大幅波动。尽管这一政策的初衷是向市场主体传递货币政策信号，但现在已经成为金融体系流动性最重要的来源，降低了资本市场中的流动性风险和现金头寸的资本成本。

此外，长期以来，人们已经认识到，当清算体系所需的资金激增时，中央银行应当暂时扩张其资产负债表以对银行和金融体系提供必要的信用支持——或者是向银行体系

---

① 实际上，对于美国银行业而言，评估和管理涉及这些信用额度和OTC风险管理头寸中的信用风险，已经取代了评估规模日益萎缩的商业和工业贷款的信用风险的位置。

② 例如，保证批发支付体系的日末清算——直接通过最终支付或间接通过隐含的保证——使得日内交易的堆积不发生信用风险或监控支付接受者的成本。

的紧急流动性帮助，或引导银行体系向非银行做市商提供流动性。尤其是当金融机构或金融市场出现大的意外事件时，来自中央银行的这样一种流动性干预尤为重要。因为只有这样，才可以防止流动性证券变为非流动性证券和不必要的交易商的破产以及最终的银行体系的失灵，避免由大的价格波动导致的流动性危机演变为系统性金融危机。[①] 美联储在 1987 年 10 月的股灾、LTCM[②] 的破产等事件中扮演的角色就证明了这一点。

### 5.5.3 流动性管理视角下中国货币市场的发展建议

通过货币市场的发展来重构金融体系的流动性供给机制是实现中国金融体系健康运行进而构建现代金融体系的内在要求与应有之义。因此，在我们看来，未来一个时期，中国货币市场的功能定位应回归流动性调剂／管理这一本源，进而其发展也围绕着如何强化这一本源功能展开。而要实现这一点，中国必须从完善市场运行机制、改善货币市场子市场体系构成以及适度打通银行主导的货币市场与资本市场间的资金连通渠道等方面共同着手。

具体而言，中国货币市场的改革和发展应着重于以下四点：

第一，中国现有的以同业拆借、（银行间）国债回购、同业存单等银行间市场为主体的货币市场架构，实际上仍然是依赖商业银行，尤其是大型商业银行来满足包括中小金融机构、非银行金融机构以及工商企业的短期资金融通需要。现有的这种市场流动性提供体系过度依赖包括中央银行在内的银行体系，而一个成熟金融体系所内含的多元化的流动性来源机制并未建立，难以满足各类主体流动性需求，也无法发挥各类主体在流动性调剂／管理中的积极作用。这样一种状态，尽管有助于强化银行的流动性管理活动，但既干扰了货币市场自身流动性的市场化调剂，更无法支持资本市场流动性进而实现证券合理定价。这意味着我们必须在发展和规范现有同业拆借、银行间回购、同业存单等旨在为银行间流动性调剂提供便利的货币子市场的同时，重点围绕着工商企业以及非银行金融机构的短期资金调剂需求，大力推动短期融资券（含超短期融资券）、银行承兑汇票这类子市场发展，适时调整《票据法》中关于"融通票据"合法性的表述，探索资产支持商业票据等创新模式，为工商企业提供灵活有效的流动性调剂平台。

第二，加快信用体系建设，培育权威的资信评级机构。货币市场是一个高度依赖主体信用的市场，进而信用制度的不完善、信用评级机构公信力的缺失是制约中国货币市场发展的瓶颈之一。在完善货币市场管理体制的同时，强化货币市场发行主体的信息披露，加大对信息披露标准和业务规范的监管约束，进一步强化信用评级市场的竞争格局，改进信用评级质量，扩大评级范围，努力实现评级与货币市场产品定价的对应无疑是中

---

① 当然，从监管的角度看，这种政策干预可能引发"预算软约束"和"逆向选择"等类似的负面效应——由于经济主体认识到一旦其采取了过于激进、冒险的行为，即便可能引发大的问题，但来自中央银行的最终救助将给其提供必要流动性，使得它们最终无须为冒险最终支付负责，进而（在事前）鼓励类似活动。

② 美国长期资本管理公司（Long-Term Capital Management，简称LTCM），成立于1994年2月，总部设在离纽约市不远的格林尼治，是一家主要从事定息债务工具套利活动的对冲基金。

国货币市场市场化发展的内在要求。目前，随着2019年金融开放"新十一条"的实施，外资机构在华开展信用评级业务放开到银行间债券市场和交易所债券市场的所有种类债券评级，中国本土信用评级与外资机构评级之间的竞争日趋白热化，如何提升本土信用评级机构评级的公信力将成为中国货币市场后续市场化发展的重要一环。

第三，尽管中国人民银行一直以来就试图将SHIBOR建设成为中国的短期基准利率，且已经开展了完善SHIBOR的定价机制、扩大SHIBOR在产品定价中的运用范围等诸多活动，但客观地看，SHIBOR至今不仅仍未真正成为短期的基准利率，且其在货币政策传导机制中的作用也不明显，而2014年发布的存款类金融机构以利率债为质押的7天回购利率（DR007）却成为判断银行间市场流动性、货币松紧的一个重要指标。这意味着，随着货币市场运行规模的扩张和市场化程度的提升，市场自身会形成一个基准利率体系，而无须货币当局刻意为之，进而逐步放宽诸多货币子市场的准入及运行限制，不断提升市场化程度也就成为市场发展的内在之义。

第四，破除市场分割，适当缓解"流动性分层"，使货币市场产品定价日趋市场化的同时强化不同市场间的关联度。从金融体系整体流动性的角度看，一个发达的、具有高流动性的货币市场仅仅为流动性调剂提供了一个局部平台，而要想真正使货币市场发挥其对整个金融体系的流动性支撑功能，就需要适当突破货币市场与资本市场间资金流动的藩篱，逐步构建多元化且灵活、顺畅的跨市场资金流动渠道。现实地看，在主体资格限制放宽，逐步打破货币市场中不同子市场之间和同一子市场内部的制度性分割的前提下，适度扩大证券公司、财务公司等非银行金融机构和工商企业的资金运用自主权，允许其根据市场状况灵活利用货币市场和资本市场进行资金的掉期性筹集与运用，使两个市场适度融合，同时发挥各类货币市场经纪商和证券金融公司等中介机构的服务功能，进一步增加非银行间货币子市场的交易活跃度。

---

### 思考题 ▶

1. 从结构视角来看，中国货币市场有哪些独特之处？你是如何理解这种市场的独特性的？

2. 试结合中国现实和相关理论，谈谈你对中国货币市场近年来迅猛发展的原因及其存在问题的认识。

# 第6章 中国股票市场的经济分析

作为一种金融制度创新，以1990年上海证券交易所的设立为标志的股票市场在中国出现和发展的时间并不长，至今也就30余年。30余年来，中国股票市场以市场化、规范化和国际化为基本目标取向，实现了极为迅猛的发展，成为社会主义市场经济体系的重要组成部分，在中国经济社会发展中发挥了不容忽视的作用。但从实践来看，2008年以来，美国次贷危机进而全球金融危机的爆发、国内通货膨胀压力以及宏观经济转型的巨大压力和不确定性等众多境内外负面因素的冲击不仅使得中国股票市场价格长期低迷，一度市值下降过半，迥异于实体经济的强劲表现，而且融资和资源配置功能也受到了很大影响，客观上导致其在中国金融体系中的地位呈现较为明显的边缘化态势，金融结构失衡加剧。在这样一个大的背景下，如何破解当前中国股票市场的发展困境，实现其未来的持续、健康和平稳的发展自然成为金融理论和学术界高度关注的话题之一。本章试图在简要介绍中国股票市场发展现状的基础上，通过对中国股票市场核心制度的介绍以及对金融体系有些"边缘化"的发展困境及其制度成因的分析，从宏观上反思制约中国股票市场发展的主要因素，最后对其未来的发展给出一些政策建议。

## 6.1 中国股票市场发展：历史与现状

对于中国而言，以股票市场为核心的金融市场体系从无到有、从小到大、从单一到多层次的构建及完善打破了银行业"一统天下"的局面，其蓬勃发展无疑成为40余年间金融领域发生的最为深刻的结构性变革之一。现实地看，无论是从市值的规模及结构、上市公司数量和融资量，还是从基础性市场制度，尤其是法律法规、市场组织和市场监管体系的建设来看，中国股票市场发展的成就显著，已成为了全球金融体系中一个不容忽视的重要构成部分。

为了对中国股票市场的发展现状有一个直观了解，这里我们从市场规模、融资额、市场交易、市场结构、投资者、证券监管以及对外开放等方面做一个简单勾勒及介绍。

### 6.1.1 市场规模

股票市场规模的迅猛扩张，可以说一度（尤其是2005—2007年间）是中国股票市场最引人注目的特征性事实之一。借助于表6-1，我们可以清晰地发现，尽管在中国场内集中交易场所创建之初，其规模几乎是可以忽略的（1991年年底，上海和深圳两个市场的上市公司总数为13家，市值仅30余亿元），但仅仅20余年的时间里，中国场内股票市场的市值总规模一度跃升到32.71万亿元（2007年年底），成为仅次于美国股票市场的全球第二大市场。

但 2008 年以来，市场的持续低迷使得以市值来测度的中国股票市场规模较 2007 年底出现了极为明显的萎缩。2013 年年底，中国股票市场的总市值为 23.09 万亿元，约占 GDP 的 38.95%。随着我国资本市场的改革发展，2014—2015 年，股票市场再次迎来一段蓬勃发展的时期，之后回落进入一个较为稳定的发展阶段。在国内外经济形势的压力下，股票市场在 2018 年再次低迷，其后得到恢复，到 2021 年年底，中国两家证券交易所的上市公司总数增长到 4 615 家，股票总市值为 91.61 万亿元，约占 GDP 的 80.10%。

值得一提的是，由于中国股票市场历史上特有的"股权分置"制度的制约，中国上市公司中有相当数量的股份目前仍处于"限售"的状态，进而中国股票市场实际可流通的股份仅占所有股份的一定比例，市场流通市值一直少于总市值[①]。随着 2006 年绝大多数中国上市公司股权分置改革的完成，股票总市值和流通市值之间的差额不断缩小，到 2013 年年底流通股市值为 19.96 万亿元，约占总市值的 86.41%。在之后的发展中，流通股占总市值的比例大致稳定在 80% 以上的水平，2021 年年底流通股市值为 75.16 万亿元，约占总市值的 82.04%。

表 6-1　中国股票市场的总体发展状况：1992—2021 年

| 年　份 | 上市公司总数 | 总股本（亿股） | 流通股本（亿股） | 总市值（亿元） | 流通股市值（亿元） | 市盈率（上海） |
|---|---|---|---|---|---|---|
| 1992 | 53 | 73.22 | 8.55 | 1 206.33 | 206.35 | — |
| 1993 | 183 | 328.68 | 81.62 | 3 541.5 | 861.6 | 42.48 |
| 1994 | 291 | 641.01 | 185.63 | 3 690.6 | 968.9 | 23.45 |
| 1995 | 323 | 770.08 | 224.98 | 3 474.3 | 938.2 | 15.70 |
| 1996 | 530 | 1 110.73 | 345.57 | 9 842.4 | 2867.0 | 31.32 |
| 1997 | 745 | 1 771.43 | 560.82 | 17 529.2 | 5 204.4 | 39.86 |
| 1998 | 851 | 2 346.69 | 741.70 | 19 521.8 | 5 745.4 | 34.38 |
| 1999 | 949 | 2 911.49 | 953.65 | 26 471.2 | 8 214.0 | 38.13 |
| 2000 | 1 088 | 3 616.26 | 1 234.35 | 48 091.0 | 16 087.5 | 58.22 |
| 2001 | 1 160 | 4 851.88 | 1 487.66 | 43 522.2 | 14 463.2 | 37.71 |
| 2002 | 1 224 | 5 464.19 | 1 680.26 | 38 329.1 | 12 484.6 | 34.43 |
| 2003 | 1 287 | 6 003.34 | 1 899.05 | 42 457.7 | 13 178.5 | 36.54 |
| 2004 | 1 377 | 6 714.74 | 2 194.15 | 37 055.6 | 11 688.6 | 24.23 |
| 2005 | 1 381 | 7 163.54 | 2 498.89 | 32 403.3 | 10 630.51 | 16.33 |
| 2006 | 1 434 | 12 683.99 | 3 444.50 | 89 403.9 | 25 003.64 | 33.30 |
| 2007 | 1 550 | 17 000.45 | 4 933.64 | 327 140.90 | 93 064.00 | 59.24 |
| 2008 | 1 625 | 18 900.13 | 6 964.97 | 121 366.4 | 45 213.90 | 17.99 |
| 2009 | 1 718 | 20 606.26 | 14 200.19 | 243 939.1 | 151 258.65 | 27.04 |
| 2010 | 2 063 | 26 984.49 | 19 442.15 | 265 422.59 | 193 110.00 | 16.71 |
| 2011 | 2 342 | 29 745.11 | 22 499.86 | 214 758.10 | 164 921.30 | 12.08 |

---

① 参见本章第二节的内容。

续表

| 年　份 | 上市公司总数 | 总股本（亿股） | 流通股本（亿股） | 总市值（亿元） | 流通股市值（亿元） | 市盈率（上海） |
|---|---|---|---|---|---|---|
| 2012 | 2 494 | 31 833.62 | 24 778.22 | 230 357.62 | 181 658.26 | 12.59 |
| 2013 | 2 489 | 33 822.04 | 29 997.12 | 239 077.20 | 199 579.54 | 10.99 |
| 2014 | 2 613 | 36 795.10 | 32 289.25 | 372 546.96 | 315 624.31 | 15.99 |
| 2015 | 2 827 | 43 024.14 | 37 043.37 | 531 304.20 | 417 925.40 | 17.63 |
| 2016 | 3 052 | 48 750.29 | 41 136.05 | 507 685.89 | 393 401.68 | 15.94 |
| 2017 | 3 485 | 53 746.67 | 45 044.87 | 567 086.08 | 449 298.14 | 16.30 |
| 2018 | 3 584 | 57 581.02 | 49 047.56 | 434 924.02 | 353 794.19 | 12.40 |
| 2019 | 3 777 | 61 719.92 | 52 487.62 | 592 934.57 | 483 461.26 | 14.55 |
| 2020 | 4 154 | 65 455.93 | 56 353.49 | 797 238.16 | 643 605.29 | 16.76 |
| 2021 | 4 615 | 70 694.38 | 60 755.13 | 916 088.18 | 751 556.12 | 18.02 |

资料来源：《中国证券期货统计年鉴》（2018）、WIND 资讯。

## 6.1.2　筹资金额（含IPO和再融资）

在过去的几十年间，股票市场融资功能得到了极大改善。1992 年，我国共有 36 家企业通过 IPO 方式募集资金 18.66 亿元。2021 年，共有 1 214 家公司通过股票市场募集资金 18 178.39 亿元，其中 524 家企业通过 IPO 募集资金 5 426.75 亿元，522 家企业通过增发股票方式募集资金 9 082.92 亿元，7 家公司通过配股方式募集资金 493.35 亿元，161 家企业通过优先股、可转债、可交换债的方式募集资金 3 175.37 亿元。图 6-1 展示了 1992 年以来通过股票市场进行融资的企业数量及募集资金规模的历年变化。

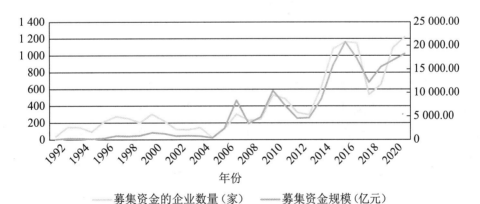

图 6-1　中国股票市场的募集资金金额变化：1992—2021 年

资料来源：WIND 资讯。

## 6.1.3　市场交易

中国股票市场的交易一直较为活跃，市场换手率居于世界前列。图 6-2 展示了

1992 年以来中国股票市场年度成交股份数和成交金额的历年变化。

借助于图 6-2，我们可以清晰地发现，从绝对值来测度，2005 年以来的中国股票交易量较之前有了明显的放大，但 2008 年之后又呈现整体下降的运行态势，2012 年全年，中国股票市场成交股份数为 3.29 万亿股，成交金额为 31.47 万亿元。2013 年开始，股票市场的交易得到恢复，并开始持续放大，2015 年股票市场的交易量达到一个历史性的顶峰，成交股份数为 17.10 万亿股，成交金额为 255.05 万亿元。2016 年股票市场的交易规模回落将近 50%，之后市场交易缓慢调整。2019 年股票市场交易明显活跃，规模有了较大提升，成交股份数 12.66 万亿股，成交金额为 127.42 万亿元，到 2021 年年底股票交易重新达到顶峰，成交股份数 18.74 万亿股，成交金额为 257.97 万亿元。

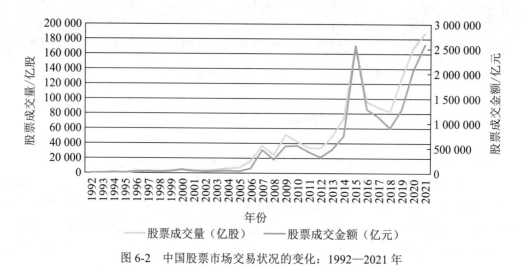

图 6-2　中国股票市场交易状况的变化：1992—2021 年

资料来源：国家统计局、WIND 资讯数据库。

## 6.1.4　市场结构

多层次股票市场的建设一直是中国金融发展的重要内容。随着 2004 年 5 月中小企业板和 2009 年 10 月创业板在深圳证券交易所的创设以及 2012 年 9 月全国中小企业股份转让系统（在中国也称作"新三板"）的设立，再加上之前存在的代办股份转让系统，一个包括场内市场和场外市场进而能够满足不同类型企业融资需求和不同风险偏好投资者的多层次股票市场在中国可以说基本成形（参见表 6-2）。

表 6-2　中国场内股票市场的功能定位

| | |
|---|---|
| 主板 | 接纳国民经济中的支柱企业、占据行业龙头地位的企业、具有较大资产规模和经营规模的企业上市，通常就是接纳基础产业中的大型企业上市 |
| 创业板 | 面向成长型创业企业，重点支持资助成长型创业企业，支持市场前景好、带动能力强、就业机会多的成长型创业，特别是支持新能源、新材料、电子信息、生物医药、环保节能、现代服务等新兴产业的发展 |

| | |
|---|---|
| 科创板 | 面向世界科技前沿、面向经济主战场、面向国家重大需求，主要服务符合国家战略、突破关键技术、市场认可度高的科技创新企业，新一代信息技术、高端装备、新材料、新能源、节能环保以及生物医药等高技术产业和战略性新兴产业的科技创新企业，互联网、大数据、云计算、人工智能和制造业深度融合的科技创业企业 |
| 新三板 | 主要为创新型、创业型、成长型中小企业发展服务的市场定位，符合条件的股份公司均可通过主办券商申请挂牌，公开转让股份，进行股权融资、债权融资、资产重组等 |

截至 2021 年 3 月，在中国总计 4 248 家上市公司中，1 004 家公司在中小企业板上市，总市值为 131 489.53 亿元，流通市值 103 758.47 亿元（在中国场内股票市场的占比分别为 23.63%、16.78% 和 16.18%）。① 截至 2021 年 12 月，在中国总计 4 615 家上市公司中，1 090 家在创业板上市，总市值为 140 240.30 亿元，流通市值 98 118.03 亿元（其占比分别为 23.61%、15.31% 和 13.06%）。

在沪深两个证券交易所得到快速发展的同时，2012 年 9 月设立并于 2013 年 1 月正式运营的全国中小企业股份转让系统（新三板）发展也极为迅猛，到 2021 年年底，在转让系统挂牌的公司数量达到 6 932 家，总市值达到 22 845.40 亿元，成为中国股票市场不容忽视的一个带有场内市场性质的构成部分。

此外，值得强调的是，2018 年 11 月 5 日，国家决定在上海证券交易所设立科创板并试点注册制，2019 年 7 月 22 日科创板正式开市，2019 年年底，科创板上市企业为 70 家，市值为 8 637.64 亿元，流通市值 1 288.04 亿元。到 2021 年年底，科创板上市企业为 377 家，市值为 56 305.56 亿元，流通市值 22 590.87 亿元。科创板的推出是一项重大改革，对完善多层次资本市场体系、促进股票市场健康发展有重要战略意义。

2021 年 9 月，习近平总书记做出"将继续支持中小企业创新发展，深化新三板改革，设立北京证券交易所，打造服务创新型中小企业主阵地"的重要指示，同年 11 月 15 日，为"专精特新"中小型企业提供融资服务的北京证券交易所正式开市交易，到 2021 年年底，北京证券交易所上市企业为 82 家，市值为 2 722.75 亿元，流通市值为 1 073.82 亿元。至此，中国多层次资本市场建设初具规模。

## 6.1.5　投资者及其构成

从某种意义上说，股票市场的出现和发展在中国成为普及金融乃至市场经济基础知识，培育金融意识最为重要的平台。而之所以有这样一个判断，是因为当前的中国股票市场的投资者（尤其是个人投资者）群体数量极为庞大。截至 2015 年 5 月底，有效股票账户数达到 17 528.23 万元。截至 2021 年年底，投资者数量达到 19 740.85 万户，其中自然人投资者数量为 19 693.91 万户，约占当年全国城镇人口的 21.54%。之后投资者数量突破 2 亿户大关，到 2022 年 3 月底，投资者数量达到 20 244.94 万户，其中自然人

---

① 2021年3月31日，深交所发布公告，宣布4月6日正式实施主板和中小板合并，形成以主板、创业板为主体的市场格局。

投资者数量为 20 196.91 万户。图 6-3 展示了 2008 年以来股票市场投资者数量的变化。

此外，从 1998 年初开始，证券投资基金作为机构投资者的重要构成部分也得到了颇为迅猛的发展，2021 年全年，交易所证券投资基金的交易金额达到 18.32 万亿元。

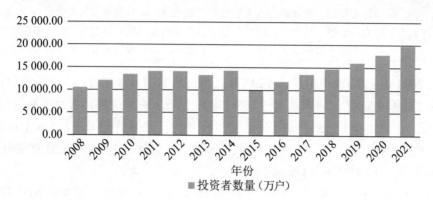

图 6-3　中国股票市场投资者数量的变化：2008—2021 年 [①]

资料来源：WIND 资讯。

## 6.1.6　证券监管架构

总体上看，中国现行的证券监管架构建立在"分业经营、分业监管"的理念之上，其变迁大致呈现一个把中国人民银行的统一监管职能逐渐分拆进而形成分业多头监管的过程。[②] 目前中国已经形成了一个以证券监督管理委员会、证券行业协会和证券交易所为主体的证券监管体系。

尽管中国证监会成立后，推动了一系列证券期货市场法规和规章的建设，但一般认为，1998 年颁布的《证券法》才是中国第一部调整证券发行与交易行为的法律。而为了适应经济和金融改革不断深化及股票市场发展变化的需求，《证券法》和《公司法》在 2005 年得到了修正并于 2006 年实施。随后，相关部门对相关法规、规章和规范性文件进行了梳理和修订。

---

① 2014年之前的投资者数量为有效股票账户数量，这一数据在2015年5月以后停止更新，2015年后使用的投资者数量指持有未注销、未休眠的A股、B股、信用账户、衍生品合约账户的一码通账户数量。

② 1992年10月，国务院成立了国务院证券委员会和中国证券监督管理委员会，专门负责对证券业的监管。1998年11月，中国人民银行撤销了31个省级分行，组建了9个跨省分行。1998年11月，中国保险监督管理委员会成立，使保险监管从中国人民银行金融监管体制中独立出来。2003年4月，中国银行业监督管理委员会成立。在当前中国这种分业多头监管格局下，不同金融机构直接的系统性内在联系，尤其是其所从事金融业务的交叉和重叠，使各家监管机构之间的沟通与合作显得非常有必要。2000年9月，中国人民银行、证监会、保监会决定建立三方监管联席会议制度；银监会成立后，2003年9月，银监会、证监会、保监会召开了第一次监管联席会议；2004年6月，这三家监管机构签署了《三大金融监管机构金融监管分工合作备忘录》，在明确各自职责分工基础上，建立了定期信息交流制度、经常联席机制即联席会议机制。2018年3月，十三届全国人大一次会议审议通过了《国务院机构改革方案》，确定了银监会和保监会职责整合组建成为中国银行保险监督管理委员会，将原银监会、保监会的拟订重要法律法规草案和审慎监管基本制度的职责划入中国人民银行。

2019 年新修订的《证券法》对涉及证券及发行制度等的诸多内容进行了较大调整，在强化透明度原则的基础上加大了证券犯罪的处罚力度，为后续中国证券市场的发展提供了重要法律保障。

## 6.1.7　市场的对外开放

自 2001 年 12 月中国加入 WTO 后，中国股票市场对外开放的步伐明显加快。截至 2006 年年底，中国已全部履行了加入 WTO 时有关证券市场对外开放的承诺。

从现有的情况看，中国股票市场的开放大致可以分为三个部分：一是借助 B 股、H 股以及"A+H"等方式，在推动中国企业境外上市的同时外资进入内地市场；二是机构与业务层面的开放，即设立合资证券经营机构或开放证券业务；三是资金层面的开放，主要体现为 QFII（含 RQFII）和 QDII 制度的推出以及沪港通、深港通等的开通。

境外上市是中国股票市场开放早期的重要举措。境内股票市场建立之初，已准备对外开放，继 1992 年推出境内上市外资股（B 股）之后，在国务院的领导下，启动了股份制企业到境外上市的工作。目前，中国内地企业境外上市地遍布美国、英国、中国香港（借助 H 股和"A+H"模式）等世界多个国家和地区。

在机构和业务开放层面，按照"以我为主、循序渐进、安全可控、竞争合作、互利共赢"的基本原则，贯彻开放与监管并重的方针，将外资机构、港澳台资机构"引进来"和中资机构"走出去"相结合，稳妥推进证券服务业的对外开放。早在 2002 年，证监会就陆续发布《外资参股证券公司设立规则》《外资参股基金管理公司设立规则》等办法，允许外资参股设立证券公司、基金管理公司等机构。2013 年借助 CEPA，允许内地证券公司、证券投资咨询机构对港澳地区进一步开放。2018 年 4 月《外商投资证券公司管理办法》发布之后，外资控股合资证券公司得以允许的同时，合资证券公司的业务范围也逐步放开。截至 2021 年 12 月底，外资控股证券公司数量已达到 9 家（资料来源：证券日报）。

当然，在外资机构、港澳台资机构"引进来"的同时，境内证券期货经营机构也积极开展"走出去"战略，积极拓展跨境业务的同时，纷纷开设境外附属或独立证券期货机构。

资金流动层面，在人民币资本项下未实现完全自由兑换的情况下，2002 年 12 月中国实施了允许经批准的境外机构投资者投资于中国证券市场的 QFII 制度。自 2003 年引入 QFII 制度以来，截至 2020 年 5 月 31 日，中国证监会累计批复 295 家境外合格机构投资者，国家外汇管理局累计批准投资额度 1162.59 亿美元。[①]2011 年年底，中国政府启动人民币合格境外机构投资者（RQFII）的试点，截至 2020 年 4 月 30 日，证监会累计批复 230 家境外合格机构投资者，RQFII 投资额度合计 7 229.92 亿元。2020 年 5 月 7 日，中国人民银行、国家外汇管理局发布《境外机构投资者境内证券期

---

① QFII和QDII制度的相关数据来自国家外汇管理局。

货投资资金管理规定》，取消合格境外机构投资者（QFII）和人民币合格境外机构投资者（RQFII）投资额度限制。

2006年5月，中国实施了允许经批准的境内机构投资于境外证券市场的QDII制度。截至2022年4月30日，获得证监会批准并经外汇管理局额度审批的QDII共174家，累计投资额度为1575.19亿元。其中包括34家银行（总额度为252.70亿美元）、68家证券类公司（额度845.80亿美元）、48家保险公司（额度386.53亿美元）和24家信托公司（额度为90.18亿美元）。

此外，随着2014年11月和2016年12月沪港通和深港通的先后开通，沪深两个证券交易所和香港联合交易所之间技术连接的建立，使内地和香港投资者可通过当地证券公司或经纪商买卖规定范围内的对方交易所上市股票，实际上打通了个人投资者境内外证券投资资金双向流动的渠道。

# 6.2 中国股票市场的核心制度安排

## 6.2.1 股权分置：中国特色的股权结构制度设计

### 1. 股权分置的经济内涵

从历史角度看，中国政府曾出于公有制在上市公司中的控制地位保持和国有资产大量流失的考虑，对上市公司的普通股按其所有者性质不同做了中国特色的处理，将其划分为国家股、法人股和个人股，同时明确国家股、法人股"暂不"上市流通，进而导致中国上市公司的股权结构一度呈现出和世界上其他国家或地区截然不同的"股权分置"特点。

中国股权分置的制度依据是1992年发布的《股份制企业试点办法》，在该办法的第四部分"股份制企业的股权设置"中明确规定，根据投资主体的不同，中国股份制企业的股权设置有四种形式，也就是国家股、法人股、个人股、外资股。其中：国家股为有权代表国家投资的部门或机构以国有资产向公司投资形成的股份（含现有资产折成的国有股份）；法人股为企业法人以其依法可支配的资产向公司投资形成的股份，或具有法人资格的事业单位和社会团体以国家允许用于经营的资产向公司投资形成的股份；个人股为以个人合法财产向公司投资形成的股份；经批准由外国和我国香港、澳门、台湾地区投资者向公司投资形成的股份，则称为外资股。此外，根据办法的相关条款，根据资产的性质，还可以将国有资产投资形成的股份和集体所有投资形成的股份区分为公有资产股和非公有资产股。

1992年7月，国家国有资产管理局、国家体改委在《股份制试点企业国有资产管理暂行规定》中进一步把国有股区分为国家股和国有法人股两类，明确："组建股份制试点企业,用国有资产入股形成的股份(包括将全民所有制企业改组为股份制试点企业),视股权管理不同情况,可以分别构成国家股和国有法人股。国家股为有权代表国家投资的政府部门或机构以国有资产向股份制试点企业投资形成的股份(含现有已投入企业的国有资产折成的股份)。国有法人股是全民所有制企业用国家授予其自主经营的国有资产向独立于自己的股份制试点企业投资形成的股份。国有股和国有法人股,其性质均属国家所有,统称为国有资产股(简称国有股)。"

1994 年 11 月,原国有资产管理局、国家体改委联合发布的《股份有限公司国有股权管理暂行办法》对"国家股"和"国有法人股"两类国有股的管理进行了更详细的界定,并将国有法人股的投资主体和持股主体进行了扩展,从原来单一的全民所有制企业扩展为国有企业、事业单位及其他单位。另外《暂行办法》还对国有企业改组设立和新设立股份公司时,国家股和国有法人股的区分作了较详细规定。

值得一提的是,国有股、法人股不能上市流通并不意味着其不能转让,1994 年颁发的《股份有限公司国有股权管理暂行办法》第 29 条指出:"国有股权可以依法转让。国家股权转让应符合以下规定:1. 转让国家股权应以调整投资结构为主要目的。2. 转让国家股权须遵从国家有关转让国家股的规定,由国家股持股单位提出申请,说明转让目的、转让收入的投向、转让数额、转让对象、转让方式和条件、转让定价、转让时间以及其他具体安排。3. 转让国家股权的申请报国家国有资产管理局和省级人民政府国有资产管理部门审批;向境外转让国有股权的(包括配股权转让)报国家国有资产管理局审批;国家股转让数额较大,涉及绝对控股权及相对控股权变动的,须经国家国有资产管理局会同国家体改委及有关部门审批。4. 非国有资产管理部门持股的股东单位转让国家股权后,须向国有资产管理部门报告转让收入金额、转让收入的使用计划及实施结果。"

### 2. 股权分置的经济效应

客观地看,在特定的历史环境下出现的股权分置制度安排为当时在争议中摸索建立和稳步发展证券市场提供了宝贵的机遇期和相对宽松的尝试空间。大批国有企业通过在股票市场发行上市,建立了现代企业制度并实现跨越式发展(证监会,2012)。

但从历史来看,一方面,股权分置这种极具中国特色的制度设计不仅导致中国股票市场中长期超过 2/3 的股票不能流通,进而从根本上改变了市场中股票的供求关系(参见表 6-3),而且由于包括大股东在内的各类国家股、法人股股东所持股份不参与市场定价,产生了极为明显的利益扭曲和利益冲突,所以不但导致市场定价机制的扭曲和失效,股价难以对大股东、管理层形成市场化的激励和约束,公司治理赖以存续的共同利益基础被打破,成为引发包括再融资、股利分配、并购重组等诸多中国上市公司经济行为长期异化的根本原因之一,市场内幕交易盛行、价格信息失真,极大地制约了股票市场资源配置功能的有效发挥;另一方面,股权分置制度的长期存在,也直接导致中国股票市场中各种制度和相关主体的利益格局形成了较为刚性的路径依赖,成为困扰中国股票市场健康发展的一个重要障碍。

表 6-3　全国上市公司历年年末股本结构情况统计表：1990—2004 年　　　　单位：亿股

| 年份 | | | 1990 | 1991 | 1992 | 1995 | 1998 | 2001 | 2004 |
|---|---|---|---|---|---|---|---|---|---|
| 股份总数 | | | 2.61 | 6.29 | 68.87 | 848.42 | 2526.79 | 5218.01 | 7149.43 |
| 尚未流通股份 | 合计 | | | | 47.69 | 1664.9 | 3404.85 | 3404.85 | 4572.35 |
| | 国家股 | | | | 29 | 865.51 | 2410.61 | 2410.61 | 3344.20 |
| | 法人股 | 发起法人股 | | | 528.06 | 663.17 | 663.17 | 224.63 | 757.32 |
| | | 外资法人股 | | | 35.77 | 45.80 | 45.80 | 14.99 | 70.30 |
| | | 募集法人股 | | | 152.34 | 245.25 | 245.25 | 91.82 | 345.02 |
| | 内部职工股 | | | | 0.85 | 51.70 | 23.75 | 23.75 | 8.94 |
| | 其他 | | | | 0.00 | 31.47 | 13.64 | 13.64 | 46.45 |
| 已流通股份 | 合计 | | 2.61 | 6.29 | 21.18 | 861.94 | 1813.16 | 1813.16 | 2577.18 |
| | A 股 | | 2.61 | 6.29 | 10.93 | 608.03 | 1318.13 | 1318.13 | 1992.53 |
| | B 股 | | | | 10.25 | 133.96 | 163.09 | 163.09 | 197.01 |
| | H 股 | | | | 0.00 | 119.95 | 331.94 | 331.94 | 387.64 |
| 流通股占股份总数的比例（%） | | | 100 | 100 | 30.90 | 34.11 | 34.75 | 34.75 | 36.05 |
| 国家股占股份总数的比例（%） | | | 0 | 0 | 42.11 | 34.25 | 46.2 | 46.2 | 46.8 |

注："转配股""基金配售股份""战略投资者配售股份"等统计数据都包括在"其他"中。

数据来源：1990—1991 年数据：《1998 中国证券期货统计年鉴》，中国证券监督管理委员会编。

1992—2004 年数据：《2005 中国证券期货统计年鉴》，中国证券监督管理委员会编。

### 3. 股权分置改革及其后续股份划分

从历史来看，中国政府在 20 世纪 90 年代末就曾出于解决国有企业改革和发展的资金来源问题尝试通过国有股减持的方式来部分解决这一问题。第一次是 1999 年 10 月 27 日，中国证监会就尝试通过让试点上市公司将一定比例的国有股优先配售给该公司原有流通股股东（如有余额再配售给证券投资基金，配售价格将在净资产值之上、市盈率 10 倍以下的范围内确定），且向原有流通股股东配售的国有股可立即上市流通，向基金配售的国有股须在两年内逐步上市这种配售方式减持国有股。[①] 第二次是 2001 年 6 月 12 日，国务院正式发布了《减持国有股筹集社会保障资金管理暂行办法》，启动了新

---

① 但由于实际试点的两家公司在配售价上采取了一种明显偏向于国有股股东利益的方法，直接导致流通股股东和证券投资基金的认购不足，虽然最后有承销商包销了剩余股份，但后续也就不了了之，意味着这次国有股配售试点以失败告终。

一轮的国有股减持工作①，但市价减持的理念受到了已有众多流通股股东的诟病，最后也黯然收场。

随着 2004 年《国务院关于推进资本市场改革开放和稳定发展的若干意见》（"国九条"）的发布，明确了"在解决（股权分置）这一问题时要尊重市场规律，有利于市场的稳定和发展，切实保护投资者特别是公众投资者的合法权益"的指导原则。也正是按照"国九条"的总体安排，2005 年 4 月，经国务院批准，证监会会同国资委、财政部、人民银行正式启动股权分置改革试点。这次改革在国务院统一领导下，确定了"统一组织、分散决策"的操作原则和"试点先行、协调推进、分步实施"的操作步骤，从初期的改革试点到后期的积极稳妥推进，耗时 6 年左右。截至 2011 年 4 月底，沪深两市已完成或者进入改革程序的上市公司 1 303 家，占 1 319 家应改革的 A 股上市公司的98.79%，对应市值和股份占比分别为 99.32% 和 99.06%。股权分置改革按既定目标顺利完成。（证监会，2012）

值得一提的是，在股权分置改革推进中，鉴于制度长期存续导致的不流通状态的国家股、法人股数量极大，为了避免由改革导致短期内股票供给迅速增加进而从根本上改变市场的供求关系，对已完成股权分置改革的公司，目前仍按股东性质及其流通状态区分为无限售条件股份和有限售条件股份两类，其中有限售条件股份指股份持有人按照法律、法规规定或按承诺有转让限制的股份，包括因股权分置改革暂时锁定的股份，内部职工股，董事、监事、高级管理人员持有的股份等，而无限售条件股份则指流通转让不受限制的股份，包括 A 股、境内上市外资股（B 股）、境外上市外资股（如H 股）和其他。

## 6.2.2 额度制、核准制和注册制：中国特色的股票新股发行上市制度

### 1."额度＋审批"的证券发行制度

中国股票市场出现伊始，由于当时强烈的意识形态因素以及由此导致的政府当局对于股票市场"实验"性质伴随的种种疑虑，中国政府对于上市资源的配置采取了一种带有浓重计划经济色彩的"规模控制＋实质审批"特殊模式，即为了确保上市进程的平稳和有序进行以及弱化供给冲击，中央政府事先确定一个年度总规模（通常称为"额度"），然后按照行政分配原则对规模在不同部门、省市进行分配。尽管在 1987

---

① 该办法关于国有股减持的核心内容就是三条：第一是国有股减持资金去向，即"减持国有股所筹集的资金交由全国社会保障基金理事会管理"和"国有股存量出售收入，全部上缴全国社会保障基金"；第二是国有股减持的方式，即"国有股减持主要采取国有股存量发行的方式。凡国家拥有股份的股份有限公司（包括在境外上市的公司）向公共投资者首次发行和增发股票时，均应按融资额的10%出售国有股；股份有限公司设立未满3年的，拟出售的国有股通过划拨方式转由全国社会保障基金理事会持有，并由其委托该公司在公开募股时一次或分次出售"；第三是国有股减持的定价方式，即"减持国有股原则上采取市场定价方式"。

年颁布的《国务院关于加强股票、债券管理的通知》中规定由中国人民银行统一负责管理相关事宜，但 1992 年 10 月，负责对全国的证券业和证券市场进行监管的国务院证券委员会及其执行机构中国证券监督管理委员会（CSRC）成立之后，则转变为证券委配合国家计委下达证券市场的年度规模，由证监会负责复审公开发行股票和基金的申请。自此，在中国内地实行长达 10 年之久的上市资源"规模控制＋实质审批"的配置模式基本确立。①

在确定了这一配置模式之后的 1992—1996 年间，由于按照当时的规定，地方政府在国家下达的发行规模内对地方企业的发行申请进行审批，中央企业主管部门在与申请人所在地方政府协商后对中央企业的发行申请进行审批，地方政府、中央企业主管部门在做出审批决定后抄报证券委，因此，在执行过程中，地方政府和中央企业主管部门为了将有限的发行规模尽可能多地分配给多家企业，出现"撒胡椒面式"的额度分配现象，一定程度上造成了 IPO 数量快速增加但公司规模偏小的状况——在 1993 年确定的 50 亿元额度（实际执行 45.25 亿元）中取得上市资格的公司为 127 家。

为了改变这一局面，1996 年 10 月国务院做出决定，对股票发行改为"总量控制、集中掌握、限报家数"的做法，由证监会在总量控制下对企业进行审核，授予公司发行股票的资格。在这种模式下，1996 年的 150 亿元额度（原定 100 亿元，后追加 50 亿元）分配的公司数为 207 家，而 1997 年确认的 300 亿元额度分配的公司数量为 279 家，IPO公司的平均规模较之前有了非常明显的倍数扩大。

### 2. "核准＋通道／保荐"的新股发行制度

随着 1999 年 7 月《证券法》的颁布实施，中国内地股票发行制度发生了一些制度性变化，从原先的审批制改为核准制，旨在弱化证券发行的行政控制色彩。从制度设计来看，核准制实行的是证券发行的实质管理原则，要求发行人在发行证券时，不仅要充分公开企业的真实信息，还必须符合有关法律和证券管理机关规定的必备条件，证券主管机关有权否决不符合规定条件的证券发行申请，发行人的发行权由审核机构以法定形式授予。实行核准制的目的在于，证券监管部门能尽法律赋予的职能，保证发行的证券符合公众利益和证券市场稳定发展的需要。

2000 年 3 月，《中国证监会股票发行核准程序》正式颁布。2001 年 4 月 1 日，中国证监会正式取消了实行了 9 年之久的审批制和指标制，代以"核准制＋通道制"的发行模式。所谓的核准制，是指拟发行股票的公司按照中国证监会发布的《股票上市发行核准程序》等规定进行申报，发行审核委员会按照规定进行审查，符合条件的由证监会核准发行，不符合条件的不许发行，没有计划和额度的限制；而通道制作为核准制的配合制度则是指由证券监管部门确定各家综合类券商拥有的发股通道数量，券商按照发行

---

① 但从实践来看，由于发行计划的完成必须考虑证券流通市场状况，所以这种规模控制实际流于形式，往往在遇到熊市时额度就难以完成而结转到下一年度（1993 年、1994 年），而遇到牛市时，计划额度又供不应求从而追加额度或提前下达下一年度的计划额度（1996 年、1997 年），并没有真正实现控制的目的。

1 家再上报 1 家的程序来推荐公司的制度。① 随着 2001 年 4 月 "用友软件" IPO 的完成及上市，"核准＋通道" 的证券发行模式在中国内地成为现实。

"核准＋通道" 这种发行模式在中国内地实施了近 3 年。到了 2004 年 2 月，由中国证监会在 2003 年 10 月发布的《证券发行上市保荐制度暂行办法》的正式实施实际上就标志着中国内地证券发行制度的改革进入了一个新的阶段——"核准＋上市保荐" 模式取代了原先的 "核准＋通道" 的模式。从内容来看，保荐制度核心内容是对企业发行上市提出了 "双保" 要求，即企业发行上市必须要由保荐机构进行保荐，并由具有保荐代表人资格的从业人员具体负责保荐工作。这样既明确了机构的责任，也将责任具体落实到了个人。

此外，为了配合证券发行核准制的实施，中国证监会自 1999 年起还建立了发行审核委员会制度。在我国，发行审核委员会是依据《证券法》设立，对申请发行股票的公司进行审核、提出专业意见的机构。2003 年之前，中国的发审委名单保密，并采取无记名投票方式进行，其运行透明度极低。2003 年 12 月，证监会发布《股票发行审核委员会暂行办法》，对发审委制度作出改革，全面提高发审委工作透明度的同时，将投票表决由无记名改为记名，建立了发审委委员的问责机制和监督机制，强化委员的审核责任。

### 3. 新股发行的注册制：从试点到立法

注册制是一种有别于核准制的证券发行制度，始于 1933 年美国《证券法》。与核准制内涵的监管部门实质管理证券发行不同，注册制实行公开管理原则，实质上是一种发行公司的财务公布制度。换句话说，注册制下的证券发行人在准备发行证券时，必须将依法公开的各种资料完全、准确地向证券主管机关呈报并申请注册，而证券监管机关的职责是依据信息公开原则对申请文件的全面性、真实性、准确性和及时性作形式审查，无权对证券发行行为及证券本身做出价值判断，发行人的发行权无须由主管部门授予。

从历史来看，中国金融学术界和实务界建议证券发行制度从核准制向注册制的转变由来已久，也得到了政府的认可。在 2013 年党的十八届三中全会通过的《中共中央关于全面深化改革若干重大问题的决定》中明确提出 "健全多层次资本市场，推进股票发行注册制改革，多渠道推动股权融资"；2015 年政府工作报告也有 "实施股票发行注册制改革" 的内容。基于这样一个背景，2015 年 12 月全国人大授权国务院进行 A 股发行注册制改革，授权有效期为 2 年，但 2018 年 2 月，经全国人大审议这一

---

① 其具体运作程序是：由证券监管部门根据各家券商的实力和业绩，直接确定其拥有的发股通道数量（例如，规模较大的券商拥有8个通道，规模较小的券商拥有1个通道）；各家券商根据其拥有的通道数量遴选发股公司，协助拟发股公司进行改制、上市辅导和制作发股申报材料，由该券商向中国证监会推荐该家拟发股公司；中国证监会接收拟发股公司的发股申请后，进行合规性审核，经 "股票发行审核委员会" 审核通过，再由中国证监会根据股票市场的走势情况，下达股票发行通知书；拟发股公司在接到发股通知书后，与券商配合，实施股票发行工作。

授权延长至 2020 年 2 月 29 日。这一授权意味着注册制的试点在中国已获得了政策支持和法律授权。

2019 年 1 月，经党中央、国务院同意，证监会公布《关于在上海证券交易所设立科创板并试点注册制的实施意见》，标志着中国股票市场注册制试点正式启动。

就科创板的相关制度设计来看，中国最初试点的证券发行注册制与美国等发达国家中拟发行证券的上市公司在承销商协助下直接向类似 SEC 这样的证券主管机关申请注册不同，发行人申请首次公开发行股票并在科创板上市，应当按照证监会有关规定制作注册申请文件，由保荐人保荐并向上海证券交易所申报，交易所收到注册申请文件后，5 个工作日内做出是否受理的决定，在交易所设立的独立审核部门主要通过向发行人提出审核问询、发行人回答问题方式开展审核工作之后，由交易所按照规定的条件和程序，做出同意或不同意发行人股票公开发行并上市的审核意见。只有交易所审核同意的情况下，才将审核意见、发行人注册申请文件及相关审核资料报送证监会履行发行注册程序，而证监会在收到交易所报送的相关注册资料后，履行发行注册程序。这意味着证券交易所在证券发行注册中发挥了极为重要的审核功能。

之所以中国证券发行注册制这么设计，在我们看来尽管有多方面的考虑，但其中最值得重视的原因可能是，与美欧不同，中国一直以来实行"发行＋上市"捆绑的制度安排，且中小板、创业板、科创板分布地点不一，上市交易规则也不尽相同，且上市公司是否符合市场定位这样的问题都需要作为上市地的证券交易所结合实际来判断，相应地作为履行发行注册程序的证监会则仅就审核内容是否遗漏、程序是否符合规定以及发行人在发行条件和信息披露要求的重大方面是否符合相关规定进行关注，进而有利于机构之间注册权责的划分，提高证券发行的效率。

科创板注册制试点的初步顺利实施为中国证券发行制度的根本性转变创造了良好的示范。2019 年 12 月底，新修订的《证券法》进一步明确"公开发行证券，必须符合法律、行政法规规定的条件，并依法报经国务院证券监督管理机构或者国务院授权的部门注册。未经依法注册，任何单位和个人不得公开发行证券。证券发行注册制的具体范围、实施步骤，由国务院规定"，并要求"发行人申请公开发行股票、可转换为股票的公司债券，依法采取承销方式的，或者公开发行法律、行政法规规定实行保荐制度的其他证券的，应当聘请证券公司担任保荐人"。未来中国股票发行注册制试点将先从科创板扩展到创业板，进而主板的顺序稳步推进。

## 6.2.3　股票再融资制度

### 1. 审批制下的权益再融资制度

在 1992 年 10 月证券委和中国证监会成立之后，随着以额度指标审批管理为核心的证券发行制度的建立和实施，上市公司再融资行为开始被纳入规范管理和全国性的集中统一监管框架之中。

从历史角度看，这一时期关于上市公司再融资的统一规定最早见于 1993 年国务院颁布的《股票发行与交易管理暂行条例》。该条例在相关条款中对上市公司在 IPO 之后的增资申请公开发行股票和定向募集首次做出了明确规定，其核心要求是增发或定向募集距前一次公开发行股票的时间不少于 12 个月。但问题是，由于 1993 年间中国并没有上市公司选择增发作为其再融资的途径，而在《股票发行与交易管理暂行条例》中没有明确规定的配股反倒在市场中大行其道，不仅成为众多上市公司再融资的唯一途径，而且其再融资额接近了当年 IPO 的 42%，对刚刚开始实施的证券发行额度管理审批制度形成了巨大的冲击。

现实与规则的脱节迫使中国证监会以《股票发行与交易管理暂行条例》为基础，从 1993 年 12 月 17 日开始出台了《关于上市公司送配股的暂行规定》《关于执行〈公司法〉规范上市配股的通知》（1994 年 9 月）《关于 1996 年上市公司配股工作的通知》（1996 年 1 月）等一系列监管规则，对上市公司配股资格的获取提出了明确要求。1993 年 12 月仅要求在"距前一次发行股票的时间间隔不少于 12 个月"的基础上"连续两年盈利"就可配股，但"配售的股份总数不超过总股本的 30%"；到了 1994 年 9 月，配股门槛较之前有了提高，要求"配股公司净资产税后利润率三年平均在 10% 以上，属于能源、原材料、基础设施类的公司可以略低于 10%"，同时满足"公司配股募集资金后，公司预测的净资产税后利润率应达到同期银行个人定期存款利率"等条件；此后的 1996 年 1 月再次提高配股门槛，要求"公司在最近三年内净资产税后利润率每年都在 10% 以上，属于能源、原材料、基础设施类的公司可以略低，但不低于 9%"，同时规定"公司一次配股发行股份总数，不得超过该公司前一次发行并募足股份后其普通股股份总数的 30%，公司将本次配股募集资金用于国家重点建设项目和技改项目的，在发起人承诺足额认购其可配股份的情况下，可不受 30% 比例的限制"。

在配股门槛日益提升的背景下，1994 年 7 月正式实施的《公司法》在对股份的发行和转让作了具体规定的同时，也为可转换公司债、增发等其他门槛相对较低的再融资途径的发展提供了制度基础。而 1997 年 3 月中国证监会颁布的《可转换公司债券管理暂行办法》就掀开了这一监管导向的再融资途径创新的序幕。从《可转换公司债券管理暂行办法》的相关规定看，尽管可转换债券的发行门槛原则上也要求"最近 3 年连续盈利，且最近 3 年净资产利润率平均在 10% 以上"，但考虑到针对能源、原材料、基础设施类的上市公司而言，办法规定发行所需的净资产利润率不得低于 7%（显著低于配股 9% 要求），实质上降低了中国上市公司再融资的整体门槛。此外，中国证监会在《做好 1997 年股票发行工作的通知》（1997 年 9 月）中第一次对 1993 年国务院《股票发行与交易管理暂行条例》中就曾提及的"增发"做出了明确规定："上市公司再次发行股票必须获得地方或国务院有关部门的推荐，并占用其股票发行指标。上市公司再次发行新股的条件和选择标准与初次发行新股相同（初次发行新股要求连续三年盈利，预期利润率达到同期存款利率）。"对比之前配股和可转换债券发行的门槛要求，证监会明显放宽了上市公司增发再融资的资格限制，实质性下调了再融资的整体门槛，进而为 1998 年之后再融资途径多元化时期的来临奠定了制度基础。

进入1998年,中国证监会主要对各类再融资途径的相关规则进行了进一步的完善。[①]自此,中国上市公司再融资的基本规则架构初步成型。

### 2. 核准制下的股票再融资规则:1999—2008年

进入1999年,随着《证券法》的颁布实施,中国资本市场进入一个全新的规范化发展阶段,相关证券法规体系的建立和进一步完善使得上市公司再融资规则处于不断的变化及完善进程中。

#### (1)1999—2005年(股权分置改革前)

1999年3月中国证监会在《关于上市公司配股工作有关问题的通知》中对配股上市公司的门槛较1996年做了一定的调整(下降):"最近3个会计年度的净资产收益率平均在10%以上;属于农业、能源、原材料、基础设施、高科技等国家重点支持行业的公司,净资产收益率可以略低,但不得低于9%;上述指标计算期间内任何一年的净资产收益率不得低于6%"且"距前次发行间隔一个完整的会计年度以上"。而随后发布的《关于上市公司配股工作有关问题的补充通知》中则第一次要求《配股说明书》中增加上市后预期分红派息情况的说明。

2001年《上市公司新股发行管理办法》出台后,中国证监会在《关于做好上市公司新股发行工作的通知》中对新股发行要求上市公司满足《新股发行管理办法》的同时降低了配股和增发的门槛。对于配股,要求"最近3个会计年度加权平均净资产收益率平均不低于6%",而对于增发,则要求"最近3个会计年度加权平均净资产收益率平均不低于6%,倘若低于6%,在能充分说明其良好的经营能力和发展前景的条件下也可以进行增发"。显然,与配股相比,这一时期的增发不仅门槛较低,而且在规模上也没有限制。

关于增发的这种宽松监管取向很快就发生了转变:2002年7月中国证监会在发布《关于上市公司增发新股有关条件的通知》中大幅提高了增发门槛,不仅要求"上市公司三个会计年度加权平均净资产收益率平均不低于10%,且最近一年加权平均净资产收益率不低于10%",而且明确规定了增发的募集资金量"不得超过公司上年度末经审计的净资产值,新增股份数量超过公司股份数量20%的,其增发提案还须获得出席股东大会的流通股股东所持表决权的半数以上通过。同时要求前次募集资金投资项目的完工进度不低于70%"。

此外,随着2001年4月《上市公司发行可转换公司债券实施办法》的发布,中国上市公司可转债的发行也有了具体的监管规则。在同年12月发布的《关于做好上市公司可转换公司债券发行工作的通知》中,中国证监会对发行可转债的上市公司资格做了明确表述,要求"最近3个会计年度加权平均净资产利润率平均在10%以上;属于能

---

① 5月,证监会发布《股票发行审核工作程序》,进一步规范配股审核流程;7月,证监会批复并颁布实施《上海证券交易所可转换公司债券上市交易规则》及《深圳证券交易所可转换公司债券上市、交易、清算、转股和兑付实施规则》,分别对可转换公司债券上市交易规则做出了严格规定。

源、原材料、基础设施类的公司可以略低，但是不得低于 7%（比配股要求略高）"，且"当公司扣除非经常性损益后，最近 3 个会计年度的净资产利润率平均值原则上不得低于 6%，若低于 6% 的，公司应当具有良好的现金流量"。

（2）2006—2008 年（股权分置改革后）

随着 2005 年《证券法》《公司法》相继修订完成，2006 年 5 月中国证监会发布了《上市公司证券发行管理办法》，对完成股权分置改革的上市公司恢复再融资，并全面地对上市公司各类融资方式（配股、增发、可转债、定向增发）做出了详细规定，明确该办法所称"证券"指"股票、可转换公司债券及中国证监会认可的其他品种"；而证券发行包括"公开发行"和"非公开发行"。

考虑到修订后的《证券法》《公司法》两部法律已对上市公司的业绩和发展有了严格的要求，因此，《上市公司证券发行管理办法》中对各项权益再融资的要求做了调整和放松，除必须满足"最近 3 个会计年度连续盈利""最近 3 年以现金或股票方式累计分配的利润不少于最近 3 年实现的年均可分配利润的 20%"等一般性规定外，针对配股，《上市公司证券发行管理办法》中不再有净资产收益率方面的严格规定，只要求"拟配售股票数量不超过本次配售股份前股本总额的 30%"和"控股股东应当在股东大会召开前公开承诺认配股份的数量"；针对增发和可转换债券，《上市公司证券发行管理办法》规定"最近 3 个会计年度加权平均净资产收益率平均不低于 6%，扣除非经常性损益后的净利润与扣除前的净利润相比，以低者作为加权平均净资产收益率的计算依据"，且增发"价格应不低于公告招股意向书前 20 个交易日公司股票均价或前一个交易日的均价"，同时规定上市公司可以公开发行认股权和债券分离交易的可转换公司债券[①]；针对非公开发行，《上市公司证券发行管理办法》要求"一般投资者 12 个月内不得转让，控股股东、实际控制人及其控制的企业认购的股份，36 个月内不得转让"的同时，明确规定"发行价格不低于定价基准日前 20 个交易日公司股票均价的 90%"。

### 3. 核准制约束下与分红挂钩的再融资规则

2008 年后，在上市公司再融资整体规则未予较大改动的前提下，中国证监会进一步强化了 2006 年发布的《上市公司证券发行管理办法》中将上市公司的（再）融资与股利分配政策挂钩的一般性规定，成为这一时期上市公司再融资监管中最引人关注的要求之一。

监管层试图强化股利分配（尤其是现金分红），并把现金分红与再融资挂钩的政策取向最初体现在 2008 年 10 月由证监会发布的《关于修改上市公司现金分红若干规定的决定》中。证监会不仅明确要求"公司应当在章程中明确现金分红政策，利润分配政策应保持连续性和稳定性"，而且将《上市公司证券发行管理办法》中"最近 3 年以现金或股票方式累计分配的利润不少于最近 3 年实现的年均可分配利润的 20%"修改为"最

---

① 分离交易可转债的发行条件较可转债更高，还必须符合净资产不低于15亿元人民币，最近3个会计年度经营活动产生的现金流量净额平均不少于公司债券1年的利息或加权平均净资产收益率平均不低于6%等规定。

近 3 年以现金方式累计分配的利润不少于最近 3 年实现的年均可分配利润的 30%"。考虑到这一条款是包括再融资在内的证券发行的一般规定，因此，可以认为从这一文件发布之日起，连续、稳定且高比例的现金分红已成为上市公司融资的基本前提之一。

进入 2012 年，来自监管层的这一政策取向在实践中出现了进一步强化的态势：5 月，中国证监会发布《关于进一步落实上市公司现金分红有关事项的通知》，在强调现金分红政策重要性的同时，要求公司在进行募集资金申请时要对现金分红情况进行披露；8 月，《上海证券交易所上市公司现金分红指引（征求意见稿）》发布，其中提出的所谓"绿色通道"机制 [ 对于高分红（不低于 50%）且红利收益率高（红利与净资产的比例不低于 1 年期存款利率）的公司，交易所在涉及再融资、并购重组等市场准入情形时给予支持或"绿色通道"待遇，并在相关评奖或考核时予以优先考虑 ] 以及高分红公司专项指数的编制（对公司分红比例不低于 30% 且红利收益率（红利与净资产的比例）不低于 3 个月定期存款利率的公司编制专项指数予以集中反映，鼓励引导公司提高分红水平 ] 等措施不仅代表了交易所落实监管部门政策导向的最新尝试，而且也意味着在过去 4 年间高现金分红已成为当前中国上市公司获得再融资资格的内在要求。

2020 年 2 月，证监会发布了修订后的《上市公司证券发行管理办法》《创业板上市公司证券发行管理暂行办法》和《上市公司非公开发行股票实施细则》，坚持市场化、法制化的改革方向，显著放宽了对主板（中小板）、创业板上市公司定向增发股票的监管要求（涉及对认购者限售期、定向发行对象人数、最高发行定价、定价基准日认定等），解除了对上市公司再融资的必要限制，提升了再融资的便捷性和制度包容性，有利于上市公司利用资本市场做大做强。

## 6.2.4　证券交易制度

证券交易制度有时也称为市场微观结构，涉及证券交易价格形成与发现过程以及与运作有关的各种制度安排。从构成内容看，证券交易制度通常涉及价格形成方式、委托、交易离散构件、价格监控机制、交易信息披露、交易支付机制以及价格形成的特殊方面等，其中竞价交易制度或做市商交易制度等证券价格形成方式构成证券交易制度的基础。

从历史角度看，上海和深圳两个证券交易所依靠现代发达的科学技术，在开业不久即完成了由手工竞价到电脑自动撮合的转变，建立了全自动的电脑交易系统。目前两家证券交易所实行的是"以集中竞价交易制度为主、协议交易为辅"的机制安排。设立 30 余年来，两家证券交易所围绕着基本的交易原则和交易规则，就交易时间、委托、申报价格最小变动单位，以及涨跌幅限制、开（收）盘价形成机制、公开交易信息、交易行为监督等经历了多次反复和变迁。

### 1. 竞价交易制度

集中竞价交易一直是沪深两个证券交易所市场最主要的交易方式。1998 年的《证券法》一度明确规定："证券在证券交易所挂牌交易，应当采用公开的集中竞价交易方式。"但在 2005 年修订《证券法》时，将交易所交易方式由集中竞价交易修改为集中交易，给交易方式的创新预留了空间。2020 年 3 月 1 日正式实施的《证券法》进一步放宽了交易方式的选择范围，改为："证券在证券交易所上市交易，应当采用公开的集中交易方式或者国务院证券监督管理机构批准的其他方式。"

中国证券交易所市场采取集中竞价的方式，包括集合竞价和连续竞价两种形式。

**（1）集合竞价**

集合竞价主要在开盘和收盘阶段，由两家证券交易所按照成交量最大、高于该价格的买入申报与低于该价格的卖出申报全部成交和与该价格相同的买方或卖方至少有一方全部成交这三个原则来确定开盘价和收盘价。

如果有两个以上申报价格符合以上条件的，上海证券交易所规定使未成交量最小的申报价格为成交价；若仍有两个以上使未成交量最小的申报价格符合上述条件的，其中间价为成交价格。深圳证券交易所则取在该价格以上的买入申报累计数量与在该价格以下的卖出申报累计数量之差最小的价格为成交价；买卖申报累计数量之差仍存在相等情况的，开盘集合竞价时取最接近即时行情显示的前收盘价为成交价，盘中、收盘集合竞价时取最接近最近成交价的价格为成交价。

集合竞价的所有交易以同一价格成交，然后进行集中撮合处理。

**（2）连续竞价**

连续竞价指的是盘中交易时段对买卖申报逐笔连续撮合的竞价方式。连续竞价时，成交价格的确定原则为：第一，最高买入申报与最低卖出申报价格相同，以该价格为成交价；第二，买入申报价格高于即时揭示的最低卖出申报价格时，以即时揭示的最低卖出申报价格为成交价；第三，卖出申报价格低于即时揭示的最高买入申报价格时，以即时揭示的最高买入申报价格为成交价。

### 2. 中国证券交易制度的其他主要构件

**（1）委托及其申报方式**

在中国，委托以限价委托为主的同时，上海证券交易所提供最优五档即时成交剩余撤销申报和最优五档即时成交剩余转限价申报两种类型的市价申报，深圳证券交易所提供对手方最优价格申报、本方最优价格申报等五种类型的市价申报。委托申报则主要借助自助终端、互联网等自助委托方式完成。委托在竞价匹配成交时则遵循"价格优先、时间优先"的原则。

**（2）价格离散构建**

沪深交易所市场股票交易以"手（100 股）"为单位（卖出不受此限制），A 股申报价格最小变动单位为 0.01 元人民币，B 股为 0.001 美元（上海）或 0.01 港元（深圳）。

**（3）价格稳定机制：涨跌幅制度**

1996 年 12 月，《关于对股票和基金交易实行价格涨跌幅限制的通知》发布，将中国股票和基金的涨跌幅限制为 10%，此后主板市场一直延续了这一安排。在 ST 制度推出之后，ST 股票和 *ST 股票价格涨跌幅比例为 5%。

上海证券交易所规定，属于下列情形之一的，首个交易日无价格涨跌幅限制：首次公开发行上市的股票；增发上市的股票；暂停上市后发行上市的股票；退市后重新上市的股票；上海证券交易所认定的其他情形。此外，科创板股票竞价交易的涨跌幅比例放宽为20%，且首次公开发行上市的股票，上市后的前5个交易日不设价格涨跌幅限制。

深圳证券交易所关于股票上市首日不实行价格涨跌幅限制的规定与上海略有不同，没有提及暂停上市后恢复发行和退市后重新上市等情形。此外，创业板市场的涨跌幅限制与科创板一致。

高于涨幅限制价格的委托和低于跌幅限制价格的委托无效。

**（4）交易信息公开**

2003年12月，上海和深圳证券交易所将买卖盘价位揭示提高到五档最优买卖盘价位，上海证券交易所随后发布的行情提高到十档。

证券交易公开信息制度涉及的证券范围扩大到日收盘价格涨跌幅度偏离值达到7%、日价格振幅达到15%、日换手率达到20%的各前5只证券，以及出现交易价格异常波动的证券。

**（5）融资融券交易**

融资融券交易于2010年3月正式启动。在我国，融资交易是指投资者向证券公司缴纳一定的保证金（现金或可冲抵保证金的证券），融（借）入一定数量的资金买入（证券交易所和证券公司公布的融资标的名单内）股票的行为；融券交易指投资者向证券公司缴纳一定的保证金，融入一定数量的证券并卖出的交易行为。

转融通交易指证券金融公司将自有或依法筹集的资金和证券出借给证券公司，以供其办理融资融券业务的经营活动。

**（6）大宗交易**

在上海证券交易所进行的股票买卖符合以下条件的，可以采用大宗交易方式：① A股单笔买卖申报数量应当不低于30万股，或者交易金额不低于200万元人民币；② B股单笔买卖申报数量应当不低于30万股，或者交易金额不低于20万美元。大宗交易可借助意向申报、成交申报和（可按当日竞价交易市场收盘价格或者当日全天成交量加权平均价格进行的）固定价格申报等，通过协商确定。

在深圳证券交易所进行的股票交易符合以下条件的，可以采用大宗交易方式：① A股单笔交易数量不低于30万股，或者交易金额不低于200万元人民币；② B股单笔交易数量不低于3万股，或者交易金额不低于20万港币；③多只A股合计单向买入或卖出的交易金额不低于300万元人民币，且其中单只A股的交易数量不低于10万股。深交所大宗交易采用协议大宗交易和盘后定价大宗交易方式，其中协议大宗交易，是指大宗交易双方互为指定交易对手方，协商确定交易价格及数量的交易方式；盘后定价大宗交易，是指证券交易收盘后按照时间优先的原则，以证券当日收盘价或证券当日成交量加权平均价格对大宗交易买卖申报逐笔连续撮合的交易方式。

## 6.2.5 证券退市制度

### 1. 证券退市

证券退市指的是上市公司证券在证券交易所终止上市交易，包含了主动退市和强制退市。其中主动退市指的是上市公司基于实现发展战略、维护合理估值、稳定控制权、充分利用证券交易所的比较优势以及成本效益等方面的考虑，认为不再需要继续维持上市地位，或者继续维持上市地位不再有利于公司发展，进而依据相关法律法规主动向证券交易所申请其股票终止上市交易。而强制退市则指的是上市公司或者由于存在欺诈发行、重大信息披露违法或者其他严重损害证券市场秩序的违法行为；或者累计股票成交量低于一定指标，股票收盘价、市值、股东数量持续低于一定指标等；或者明显丧失持续经营能力的，包括主营业务大部分停滞或者规模极低，经营资产大幅减少导致无法维持日常经营等；或者公司在信息披露、定期报告发布、公司股本总额或股权分布发生变化等方面触及相关合规性指标等原因,证券交易所依法强制其股票退出市场交易的情形。

证券退市制度则指的是规范证券退市的相关规则，是证券市场重要的基础性制度之一。之所以有这样的判断，是因为从现实来看，一个高度市场化的证券市场可以通过其内在的运行机制实现其自身的均衡，而这种均衡的重要实现途径就是在不断吸纳新的优质公司发行上市的同时，不断地淘汰市场中的劣质公司。这样，通过上市公司及其证券吐故纳新的动态调整，可以为证券市场注入新的生机和活力，进而促使资源从低效率的劣质公司流向高效率的优质公司，实现资源的合理有效配置。因此，一个健康的证券市场作为优化资源配置的有机系统，必须是双向开放、有进有出。

### 2. 中国证券退市制度的形成及演变

中国沪、深两个证券交易所在创设之后的相当一个时期内是一个单向扩容的半封闭式的市场，即只有单一的吸纳功能（发行上市），而尚未真正有效地发挥排放功能（退市制度缺失）。这种机制设计的不完善以及由此导致的市场体系的不健全造成中国股票市场功能残缺不全。从当时的情况来看，中国股票市场退市制度的缺失极大地制约了中国股票市场内在机制的正常运行，并弱化甚至异化了股票市场的其他功能，从而难以充分地发挥市场的整体功能与整合效应。

从历史来看，中国股票市场证券退市最早的尝试是"特别处理 ST"和"特别转让PT"两个制度的先后推出。1998 年 4 月，上海和深圳证券交易所宣布将对财务状况或其他状况出现异常的上市公司进行特别处理，在其简称前冠以"ST"；1999 年 7 月，两个证券交易所宣布根据《公司法》和《证券法》的规定，如上市公司出现连续三年亏损等情况，其股票将暂停上市，并对这类暂停上市的股票实施"特别转让服务"[①]。但ST 和 PT 制度的推出并没有涉及证券退市这一敏感问题。

---

① 2002年2月，上证和深证两家证券交易所修改《上市规则》，取消了特别转让服务。

进入 21 世纪后，中国证券退市制度的形成才出现了实质性的进展。2001 年 2 月中国证监会发布了《亏损上市公司暂停上市和终止上市实施办法》。2001 年 3 月，九届全国人大四次会议通过的《国民经济和社会发展第十个五年计划纲要》首次指出："要完善市场退出机制，积极疏通和逐步规范企业特别是上市亏损公司退出市场的通道。"该《纲要》的发布为建立中国上市公司证券退市制度、提高上市公司总体质量营造了良好的政策氛围。2001 年 4 月 "PT 水仙" 成为首家终止上市的公司。2001 年 11 月，证监会对《亏损上市公司暂停上市和终止上市实施办法》进行了修订，规定连续三年亏损的上市公司将暂停上市，中国上市公司退市制度正式实施。

从当时的情况看，退市制度的建立和实施在通过优胜劣汰机制提升上市公司质量方面发挥了一定积极作用。但由于《亏损上市公司暂停上市和终止上市实施办法》中规定的退市标准单一且退市程序冗长，再加上核准制下上市资格获得并非易事（"壳资源"），导致市场实际运行中退市效率较低，类似 "停而不退" 这样的退市难现象极为突出。因此，2012 年，沪、深两个证券交易所依据国务院转批发改委《关于 2012 年深化经济体制改革重点工作的意见》的通知精神，对退市制度进行了较大的修改和完善。6 月，两家交易所公布新退市制度方案，明确 "连续三年净资产为负，或者连续三年营业收入低于 1 000 万元，或连续 20 个交易日收盘价低于股票面值的公司应终止上市"。此外，深交所在 4 月发布的创业板上市规则中明确创业板公司退市之后统一平移到代办股份转让系统挂牌，不支持上市公司通过借壳恢复上市。

2018 年 3 月 2 日，证监会宣布就修改《关于改革完善并严格实施上市公司退市制度的若干意见》公开征求意见。2018 年 11 月，沪深交易所正式发布《上市公司重大违法强制退市实施办法》，并修订完善《股票上市规则》《退市公司重新上市实施办法》等，构建了全新的退市制度，就证券重大违法（包括首发上市欺诈发行、重组上市欺诈发行、年报造假规避退市以及交易所认定的其他情形）和社会公共安全重大违法（上市公司国家安全、公共安全、生态安全、生产安全和公众健康安全等领域的重大违法行为）两类强制退市情形进行了明确，对上市公司重大违法强制退市的实施依据、实施标准、实施主体、实施程序以及相关配套机制做出了具体规定，并切实提高退市效率。

2020 年 3 月新修订的《证券法》中对于退市涉及的法律责任提出了更为严厉的要求，完善了现行的证券退市制度。

## 6.3　中国股票市场运行与实体经济的背离及其内在逻辑

中国股票市场尽管就其自身纵向发展比较来看，在过去的 30 年间可谓成就显著，但如果结合中国经济发展速度来看，股票市场与实体经济之间却存在较大的背离。从理论上说，一方面，股票的价值来源于未来的收益，并不单纯受当前经济状况的影响，那么，只要对未来的经济有足够的信心或良好预期，股价完全可能超越当前经济总量的约束，表现出一定的发散性；另一方面，由于经济增长技术含量的不断提升、价格指数的产业结构特征、股价指数样本企业的动态调整以及投资者资产选择偏好的变化所引发的资金流向变化等因素也会导致股票市场价格变化与实体经济之间的"剪刀差"。中国自然也不例外。但问题是，单纯从这些角度着眼，我们很难理解中国股票市场长期的"熊长牛短"现象。在我们看来，导致中国股市长期低迷及其与实体经济背离更为重要的原因在于制度层面，或者说是中国经济从计划经济向市场经济、从农业经济向工业经济这一双重转轨中政府对金融以及银行和股票市场的功能定位所决定的。

## 6.3.1　中国股票市场与实体经济的背离

自 1990 年股票市场创设以来，对于中国股市运行最为形象的描述可能就是"熊长牛短"和"波动剧烈"两个词汇，而这一态势无疑与中国持续、强劲的实体经济增长形成鲜明对比。这意味着，除个别时期外，中国股市与实体经济可以说存在常态化的背离，进而当前的现象绝非特例。

众所周知，1979 年以来的 40 余年间，中国无疑是世界上发展速度最快、增长最有活力的经济体——从总量上看，以 1978 年 3 678.7 亿元人民币的 GDP 为起点，中国 2021 年的 GDP 总量达到了 1 143 669.7 亿元人民币，创造了一个持续时间 40 余年的经济奇迹。

从理论上说，中国经济的持续增长为中国股价的变化（或者说上升）提供了强有力的基本面支持。但遗憾的是，中国股价的变化却似乎没有反映出实体经济的这种持续成长态势，股价指数的变动呈现出一种大起大落，相对发散的无规则状态。以上证指数为例，从 1990 年 11 月 19 日的 100 点起步，尽管在 2001 年、2007 年以及 2009 年分别达到过 2 226 点、6 124 点和 3 468 点的阶段性高位，但 2013 年年底收盘时仅 2 115.98 点，23 年的平均增长率为 14.2%。尽管 2014 年 7 月开始指数显著上升，但到年底收盘也仅 3 157.6 点。行情在 2015 年一路上涨至 5 178.19 点后大幅回落，2018 年年底上证指数再次低迷并跌破 2 500 点，其后股价缓慢恢复，2019 年上证指数收盘为 3 050.12 点，2021 年年底上证指数收盘为 3 639.78 点。

饶有意味的是，2008 年以来中国股价指数与实体经济间的背离出现了颇为戏剧化的反转：2008—2013 年间，尽管中国借助强力财政刺激政策在全球范围内率先走出衰退，实体经济迅速触底回升，维持了较高的增长速度，但股市却持续低迷，可谓"熊冠全球"；2014—2015 年间，即便实体经济的下滑已持续了十几个季度，且这种下行态势成为一种基本趋势而非周期性现象，股市却出现了极为迅猛的回升，并在 2015 年 3 月后出现了久违的"价量齐升"的"疯牛"态势。但疯狂往往是毁灭的前奏。2015 年 5 月之后，市场运行陡然转向，出现了"千股跌停"和"千股涨停"并存的奇特运行状态，指数一度呈现出暴跌暴涨的态势。在经过一个短暂的上涨触及上证指数 5 178 点的高位（6 月 15 日）之后，整体呈现出快速下降的态势，到 8 月份跌至 2 850 点的低位，下跌幅度超过 40%。

进入 2016 年，"1 周 4 熔断"的开年股价走势给全年走势带来了很大的阴影。尽管指数先抑后扬，在后期出现了恢复性上涨，但全年仍以下降结束。2017年尽管指数并未出现较大的变化，但市场却出现了明显的结构性分化——代表蓝筹股的上证50指数上涨了25%，中证100指数上涨了30%，而创业板指数却下跌了11%。

## 6.3.2　中国股票市场运行的直接制约因素

### 1. 股票市场运行制度体系的内在缺陷

从市场运行的角度看，中国股票市场中存在的诸多制度性缺陷可能是导致市场信心缺失另一个不容忽视的重要原因。在我们看来，股票市场运行层面的制度性缺陷大致表现为三个方面：一是制度内容背离市场运行的内在规律，存在较多的不合理之处；二是制度稳定性较差，相关内容变化频繁致使市场无法形成稳定的预期；三是制度不完善，在一定程度上与市场的快速发展脱节。

#### （1）制度不合理

关于这一点，我们可以用中国股票市场的再融资制度做一个说明。证监会于2006年5月发布的《上市公司证券发行管理办法》中对上市公司的（再）融资与股利分配政策挂钩做了一般性规定。而自2008年证监会发布《关于修改上市公司现金分红若干规定的决定》以来，高现金分红已成为当前中国上市公司获得再融资资格的基本前提和内在要求，此后证监会2012年发布的《关于进一步落实上市公司现金分红有关事项的通知》与《上海证券交易所上市公司现金分红指引（征求意见稿）》又对现金分红与再融资挂钩的政策取向进一步强化。这一制度体系一方面限制了上市公司再融资的便捷性，另一方面也使得部分上市公司出现了一边再融资一边进行高派现的较为矛盾的资本运作行为，甚至"分红"也名正言顺地成为某些大股东套现手段。直到2020年2月，证监会发布了修订后的《上市公司证券发行管理办法》，才解除了对上市公司再融资的必要限制。

#### （2）制度不稳定

2008年以来，IPO制度的变化可能是中国股票市场制度不稳定最为典型的例证。为了稳定市场，2008年至今中国股票市场至少经历了三次IPO的暂停，分别是2008年9月16日到2009年6月29日、2012年11月16日到2013年12月30日、2014年3月到2014年6月，期间没有一家公司获得中国证监会的股票发行核准。而伴随着IPO的暂停，中国证监会对IPO在核准对象判断依据、询价对象、定价方式、资金筹集管理、中介机构责任等相关制度内容不断修正。客观地说，尽管这一时期总体上看新股发行制度的市场化程度有了较大的改进，但制度的反复调整从根本上打乱了拟上市公司、（证券公司等）证券服务机构以及投资者的预期，成为影响市场运行的重要原因。

#### （3）制度不完善

尽管从形式上看，与股票市场运行相关的制度，诸如发行审核制度、退市制度、并购制度、信息披露制度等在中国都已存在，但其中很多制度缺乏实施细则，内容不够完善，直接导致其几乎流于形式，缺乏可操作性。以退市制度为例，尽管在几经讨论之后目前已经出台相关规定，但内容不够细致，直接导致至今真正退市的上市公司数目极为有限，无法发挥制度应有的约束与惩戒功能。

### 2. 金融基础设施建设滞后

#### （1）不完善的司法（含执法）体系

由于一些独特的历史原因，股票市场在中国的发展存在"实践先于制度"的现象。近年来，我国资本市场的法制建设已取得了相当的成就，但仍存在不少问题和局限：第一，整体上缺乏充分的、高位阶的法律作为规范基础，目前我国已经形成以《证券法》为基础的资本市场法律规范体系，但由于资本市场监管立法规范较为庞杂，且相关法律文件的法律位阶较低，缺乏上位法的支撑，容易产生规则之间的冲突且影响执法效率。第二，相关规范的制定过程缺少公众参与，根据《证券法》规定，国务院证券监督管理机构与证券交易所享有一定的规则制定权，但由于我国没有规范性文件的司法审查制度，以及证监会与自律组织之间的紧密联系，相关规范的制定难以形成有效的外部监督。第三，资本市场监管展现出较强的行政化与政策化色彩，监管权力的运行缺乏一定的可预期性。此外，在为投资者提供救济规范方面，我国有关投资者保护的制度（公司内部治理、关联交易、内幕交易等行为的监管制度以及信息披露制度）安排仍有待完善。

#### （2）财务信息质量不高

高质量的财务信息是金融体系平稳、有效运转的基本前提。但在中国，由于会计准则、信息披露制度的要求通常比较薄弱，金融体系中财务市场信息的可得性、准确性、完备性、全面性往往无法保证，使得人们难以准确地评估借款人的财务状况，极大地制约着股票市场运转的有效性。以上市公司年报信息披露为例，根据证监会发布的《2020年上市公司年报会计监管报告》，沪、深两市4 247家公司披露的年度财务报告，有254家公司年度财务报告被出具非标准审计意见的审计报告，占比5.98%。证监会在年报审阅中发现，部分上市公司仍存在对企业会计准则和财务信息披露规则理解和执行不到位的问题，主要包括：收入确认和计量不恰当、金融资产分类不正确、资产减值估计不谨慎、合并报表范围判断不合理、预计负债与或有资产抵销不恰当、债务重组损益确认时点不恰当等。而在企业的日常经营中，仅2021年一年时间，就有543家上市公司因为信息披露不及时不准确等受到违规处罚（共857起事件），在上市公司总量中占比超十分之一。①

#### （3）证券监管执行力度不够

由于相关法律法规的缺失以及法律执行的低效率，再加上金融监管机构设置、专业人员配备以及权利制约等因素，中国现有的证券监管体系目前来看无法很好地适应经济金融全球化背景下的金融创新的要求，监管模式相对较为僵化，更多的时候倾向于以牺牲效率为代价来换取经济金融的稳定。

---

① 数据来源：WIND资讯数据库。

此外，从中国目前的情况看，鉴于银行、证券、保险以及信托的混业已经成为现实，市场中存在诸多内在功能极为相似但形态各异的金融业务或产品，机构监管的有效性受到了很大的影响。

### 3. 投资者构成不合理导致股票市场的资金供给渠道不畅

2000 年以来，以证券投资基金、社保基金和保险基金为代表的机构投资者规模都在迅速增加。2013 年年末，公募和私募证券投资基金的证券资产总额达到 5.5 万亿元，私募股权和创业投资基金管理规模约为 0.72 万亿元；保险资金的证券投资规模达到 0.79 万亿元，社保基金规模为 1.24 万亿元。截至 2021 年末，公募投资基金的管理资产规模为 25.56 万亿元，私募证券投资基金管理基金规模为 6.12 万亿元，私募股权投资基金与创业投资基金规模达到 12.78 万亿元，保险资金的股票和证券投资规模达到 2.95 万亿元，社保基金规模则在 2020 年达到 2.92 万亿元。尽管从单类机构的角度看，近年来在规模上都有显著的增加，但相对现有的股票市场而言，这些机构投资者所扮演的角色并不突出。在个人投资者投资意愿萎缩的大背景下，近年来中国政府对养老金入市、保险资金投资股市比重的限制放宽和证券投资基金增加等问题都颇为谨慎，在一定程度上抑制了股票市场的资金供给，进而引发了供求失衡及价格下跌。

## 6.3.3 股票市场在金融体系中相对地位下降的制度性成因：进一步的思考

在我们看来，股票市场运行长期与实体经济的背离以及由此导致其在金融体系中地位相对银行不断下降的更为深层次原因在于制度层面，也就是由中国经济从计划经济向市场经济、从农业经济向工业经济这一双重转轨进程中政府对金融体系以及银行和股票市场的功能定位所决定的。

从制度演进角度看，对于包括中国在内的转轨经济体而言，特殊的制度起点与经济背景决定了其金融体制改革从一开始就是政府主导的强制性、自上而下的制度变迁过程，政府行为或者说各种政治势力的角力在很大程度上成为推动金融体制改革的重要力量。

由于中国在改革进程中始终保持着强有力的政府控制，因此当改革的车轮开始运动之后，即便在财政迅速下降时，可靠的国家信誉消除了中国国有银行储蓄存单持有者的风险顾虑，再加上适当的利率政策刺激，国家能够克服税收制度的局限利用国有银行体系迅速集中起分散于民间部门随着货币化进程日益增加的储蓄，使得政府依旧主导着金融体制的变革进程，国家仍然能够保持对传统的软预算国有企业边际内价格控制并给予强有力的资金支持，而来自市场（民间金融创新，包括对外开放引发的创新动力）的力量在中国一直是以辅助角色出现的。

在这样一个大背景下，部分是出于政治的考虑，部分是为了实现对上述资源控制的目的，我国政府一开始就通过发行额度控制与分配、证券定价、"股权分置"等制度安排严密控制股票市场的发展轨道。从实践来看，证券发行的额度控制与分配制度使中国政府获得了新的资源获得方式（直观上说，这与国有银行的信贷分配制度并没有什么不同），而在股权分置（即国有与法人持股占据较大比重且不流通）的情况下，再大的证券市场扩展规模都不会形成标准的资产替代，进而对转轨经济中的金融支持造成影响。处于如此"金融抑制"下的股票市场发展既可保持体制内产出的增长，又可体现总体改革尤其是金融改革的市场化倾向。

进入 2008 年，当全球金融危机在 9 月突然全面爆发之际，中国经济运行的内外部环境出现了重大转变，迫使政府紧急采取强有力的宏观调控措施来稳定经济，借以实现政治和社会的平稳。在这样一个特殊的背景下，中国金融体系市场化、国际化的步伐被迫在短期内重新调整，国有商业银行再一次成为国家稳定宏观经济最为有效的工具之一，而国有商业银行也紧紧抓住了这一难得的历史发展机遇，有效地利用现有存贷款利率管制等金融政策，短短 5 年间实现了信贷规模和总资产的迅猛发展，同时也获得了极高的账面收益。另一方面，相对于商业银行体系突飞猛进的扩张，以股票市场为主体的中国金融市场却表现不佳，甚至可以说陷入了一个恶性循环，尽管随着创业板的创设，上市公司总数较之前有了长足的增加，筹资总量也屡创新高，但市场的整体价格却呈现持续下跌的态势，市场的总市值和流通股市值规模不断缩水。容易理解，2008 年以来中国商业银行体系和股票市场表现的大相径庭，实际上意味着中国的总体金融结构较之前的发展趋势出现了一定程度的逆转，重新强化了中国银行主导型金融模式的基本架构。

正是由于长期以来中国金融结构的模式选择，使得股市长期处于银行体系辅助的角色或定位，实质上一直没有在国家层面获得战略上的功能认同。在这样一个大背景下，中国的股票市场实际上演变为一种有些畸形的资源分配或财富分配机制，其价格有效性较弱（信息内涵极为有限），其涨跌更多地和资金、投机联系在一起，和实体经济关联度不高。

中国股票市场的运行背景从 2013 年开始有了较大的改变。引发这种变化的原因主要有四个：一是中国宏观经济的困境，原有的经济增长模式无法维系；二是银行体系的信用扩张几乎已到了一个临界点，潜在的金融风险过度累积；三是政府经济改革思路的转变，明确了"市场在资源配置中发挥决定性作用"的指导思路；四是在依法治国的方略下，中国的契约法制环境较以往有了很大的改进。

在这种大背景下，从金融结构变迁的角度看：一方面，全社会信息透明度的提升不仅一定程度上削弱了银行原来通过其传统业务集获得的一些经济优势，致使一些经济主体（特别是大企业以及偏好风险的储蓄者）有着强烈的动机发展资本市场，利用证券的直接交易来满足各自目标，且有效的司法执行体系可以确保贷出者对资金回流的信心，同时提供了契约不完全时的稳定救济预期；另一方面，当经济发展到一定规模之后，社会财富的积累使得资金相对于投资机会而言变得较为充裕，这时如果市场被管制进而无法有效地发挥奖优罚劣的作用，银行体系在资金分配上的缺陷日益凸显，良性的优胜劣汰机制缺失，无法支持"创造性破坏"。这实际上就意味着在当前崇尚"大众创新、全民创业"的大环境下，中国金融结构的转型——相对于银行体系而言，股票市场的战略地位日益凸现进而重要性上升——势在必行。这种金融结构变迁中股票市场功能定位的转变是激发市场活力,引致市场火爆行情最为关键的内在逻辑,进而在一定程度上,当前中国股票市场与实体经济的正向背离是有理论支撑的——股市的发展进而金融结构的转型将是中国从经济大国向经济强国迈进中的关键一步。

## 6.4　关于中国股票市场未来发展的若干思考

对于中国政府而言,如何破解股票市场目前所面临的困境是必须克服的一道难题。在近几年银行信贷规模进而 $M_2$ 急剧扩张、宏观流动性相对充裕的大背景下,破解这一难题的关键在于恢复或重构投资者的市场信心。从现实来看,一方面,面对当前中国资本市场运行所表现出的市场信心极度缺失以及由此导致的价格持续低迷这一局面,要想恢复投资者对市场的信心,使市场真正摆脱颓势的关键并非监管层反复强调的"救市"决心或者说出台一些带有"强心剂"意味的短期"救市"举措,而在于能否回归市场的本来功能定位,弱化融资考虑,强化市场规则或秩序,尤其是要通过一以贯之的立法与执法,强化社会契约执行和信息披露要求,严格打击虚假陈述、内幕交易和操纵市场三大证券违法行为,夯实市场基础设施,为中小投资者提供有力的保护;另一方面,随着中共中央十八届三中全会《决定》中关于金融改革总体规划的公布,可以发现,在中国,未来一个阶段金融改革的重点将不再局限于商业银行等机构层面,利率和汇率市场化改革的推进将使市场导向、市场建设成为改革的根本,多层次资本市场建设的重要性不断上升,同时由于以影子银行为代表的金融创新将打破商业银行和资本市场的界限,金融监管面临的挑战也更为突出。

在这样一个大背景下,要想实现中国股票市场的未来健康发展,中国政府的政策导向必须在重新认识股票市场功能定位的基础上有所变化。

具体而言,短期来说:

(1)以市场发挥决定性作用这一思想为指导,修改完善现行的《证券法》,为中国股票市场的制度重构奠定基础,稳定市场预期。

(2)重新反思当前中国发行上市、兼并收购、信息披露等制度改革的基本取向,注意到在市场乃至公司治理等其他支撑制度并不健全的前提下,单纯强调发行上市以及定价制度的市场化可能会引发巨大的利益冲突,或者说在存在巨大信息不对称的前提下以损害中小投资者利益为代价来为内部人或大型机构投资者输送利益,进而需要在进一步完善金融基础设施的基础上,强化上市公司、中介机构(含证券公司、会计师事务所、律师事务所、资产评估机构等)责任,一旦出现问题,相关责任人一定要一追到底,以严刑峻法来保证证券发行环节的质量。

(3)进一步完善相关证券立法,同时强化证券犯罪打击的高压性、一贯性与持续性,证券违法打击的执法力度千万不能出现"阶段性"或"因人而异"的变化特点。

(4)进一步完善上市公司公司治理,尤其是规范独立董事制度和信息披露制度,对融资和再融资决策发挥必要的约束作用，同时对高管的股份出售制度必须予以进一步的规范和完善，强化其对其他股东的信托责任。

（5）加快机构投资者发展，优化投资者结构。一是继续扩大证券基金投资规模，完善基金治理结构；二是改革社会保障制度，使养老金成为股票市场上重要的机构投资者；三是更加积极地推动保险公司进入资本市场。

长期来看，中国股票市场的发展需要在坚持市场化原则的基础上在金融监管（稳定）和金融创新（效率）之间寻求一个恰当的平衡。客观地说，中国目前对金融市场的监管范围和力度要远大于成熟国家，这在规避了巨大市场动荡的同时也一定程度上损害了效率，致使市场的很多经济功能和上市公司理性行为选择停留于理论层面，很难成为实践。从这个意义上说，当市场日益成熟，从核准制向注册制的发行制度转型应成为市场发展的内在要求，彼时，现有诸多再融资规则，如与净资产收益率以及现金分红等挂钩的门槛限制可能都需要被扬弃。

## 思考题 ▶

1. 试结合理论与现实，谈谈你对中国股票发行制度从核准制向注册制转变的认识。

2. 在你看来，中国股票市场运行与实体经济的关系呈现出哪些特点？你是如何理解中国股票市场运行与实体经济之间的关系的？

## 7.1　引　言

改革开放之初，随着中国农业银行、中国银行等专业性银行的机构分设，中国与计划经济时代相适应的高度集中的"大一统"金融体系发生了较为显著的变化，同时考虑到国库券、企业债券、股票等证券化产品重现中国金融舞台，全社会资金流动已经出现了一定的从银行"脱媒"迹象，但由于当时集中性交易市场（流动性）的缺失，资金"脱媒"对于银行的冲击显得微乎其微。1990 年年底上海证券交易所这一集中性证券交易场所正式成立之后，以股票市场为代表的资本市场才对银行体系产生了较为直接的冲击，全社会资金流动渠道也真正发生较为显著的结构性改变。值得注意的是，尽管债券与贷款在契约的债权债务属性上颇为接近，仅涉及标准化（或流动性）的差异，但由于债券特有的面向广泛不特定持有者"约定还本付息"且现实存在的"隐性担保（刚性偿付）"等因素约束，与股票相比，企业债券市场在中国的发展呈现较为明显的滞后状况①，企业债券年度发行及存量规模均处于较低的水平，进而由企业债券发展引发的银行体系"资产端脱媒"在很长一个时期内表现得并不明显，众多大型企业（尤其是国有企业）仍主要依靠银行贷款来支持各项经营活动。

2014 年以来，随着中国债券市场，尤其是以短期融资券、中期票据、企业债和公司债等为代表的公司信用类债券市场的快速发展——在 2014—2021 年间，不仅国债（含地方政府债与央行票据）、金融债和公司信用类债权的存量规模分别从 101 121 亿元、103 968 亿元和 85 296 亿元增长到 533 287 亿元、305 213 亿元和 254 384 亿元，而且债券存量 /GDP 这一指标从 2014 年年初约 51% 的水平上升到了 2021 年年末的 114%（参见图 7-1）。中国全社会资金流动格局较以往出现了较为明显的结构性变化，相应地，由债券市场引发的资金从银行体系的"脱媒"也成为金融理论和实务界颇为关注的一个话题。本章在结合美国等国家金融脱媒的发展历程，从理论上思考债券市场的发展对于金融脱媒的影响机理的基础上，立足中国近年来的相关实践，对中国债券市场的发展进程及其内在逻辑给出分析，并对其对中国金融"脱媒"的影响做一个较为深入的思考。

---

① 值得指出的是，由于20世纪90年代以来，中国国债和政策性金融债增长较为迅猛，尤其是1997年银行间债券市场出现之后，机构层面的债券产品创新层出不穷，所以，总体上看中国债券市场的扩张速度高于股票市场，相应的债券存量规模也要高于股票市场市值。这里仅指企业部门的债券（含公司债）状况。

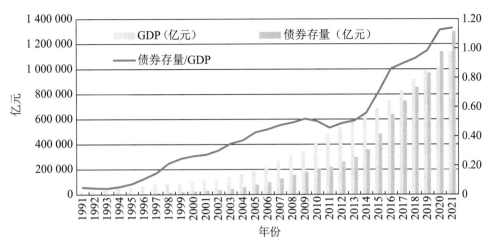

图 7-1　中国债券市场的发展：1991—2021 年

资料来源：WIND。

## 7.2　金融脱媒视野中的债券市场：理论视角

自 20 世纪 60 年代以来，肇始于美国的"脱媒"（disintermediation）（有时也称为"去中介化"）现象开始成为各国金融运行中一个颇引人关注的话题。最初的"脱媒"一般局限于商业银行体系，但随着金融自由化、金融理论（技术）以及信息技术的飞速发展，市场竞争日趋激烈，单纯的商业银行"脱媒"逐渐拓展至投资银行的"脱媒"，并引致了证券化的、具有高度流动性的货币与资本市场（含资产证券化）的出现和发展，相应的金融运行机制乃至金融体系的整体架构也发生了较为显著的变化。

### 7.2.1　金融脱媒的经济内涵及其本质

#### 1. 金融脱媒的经济内涵

就表现形式而言，"脱媒"这个词应与"中介"密不可分。按照古德哈特在《新帕尔格雷夫货币金融大辞典》中关于"脱媒（非中介化）"词条的解释，"'中介'通常是指，在资金的最终储蓄者和最终使用者之间的资金转移过程中所发生的一种金融机构的参与活动……当通常由于政府机构为了控制或管制金融中介的增长而出现某些干预时，并且这些干预是为了削弱金融中介在提供金融服务上的优势，驱使金融交易与商业业务进入别的渠道时，则我们说'脱媒'活动就出现了……因此，'脱媒'包括那些由过重的税收或更隐蔽的负担等外部压力引起的扭曲，例如较高的准备金要求或其他各种调控要求。"

借助古德哈特关于"脱媒"的分析，我们可以把金融脱媒理解为由金融创新所引致的商业银行等传统金融中介在全社会资金融通运行中地位的相对下降，也就是资金的融通绕开了商业银行等传统"存贷媒介"而通过一些新兴机构或新型融资手段直接完成配置的一种现象。从金融实践来看，金融脱媒主要表现为三个方面：一是负债端脱媒，也就是商业银行存款的"大搬家"；二是资产端脱媒，也就是银行贷款在企业资金来源中比重的下降；三是支付交易脱媒，也就是银行在支付体系中作用的相对弱化。

值得强调的是，金融脱媒这一概念不能简单地理解为货币和资本市场的发展，其侧重在于货币和资本市场的发展对银行等传统金融中介体系在资金配置中作用的替代。换句话说，货币和资本市场的出现和发展从时间上看远早于"金融脱媒"这一概念的出现。从历史来看，部分富裕的家庭和大公司在金融发展的早期就利用货币或资本市场，尝试通过票据以及股票、债券等证券的发行与交易，来实现其储蓄与融资的目的，而绝大多数并不富有的家庭与中小企业则主要借助于银行等金融中介实现各自储蓄与投资的融合。

### 2. 金融脱媒的经济本质：商品金融对关系金融的替代

从理论上看，金融脱媒（从最初的银行体系脱媒到具有流动性的货币和资本市场的深入发展）的实质应该是商品金融对关系金融的替代（施泰因赫尔，2003）。

之所以有这样的判断，是因为无论是从美国还是德国、日本等世界各国的情况来看，直到 20 世纪 60 年代，其金融运行很大程度上是建立在关系基础上的，换句话说，公司和银行（这里的银行既包括商业银行，也包括投资银行）等金融中介之间的密切关联（达到顶峰的时候银行家在公司董事会中拥有席位）是当时金融运行的核心特征。从理论上看，关系金融的存在有其必然性。商业银行或投资银行等金融中介机构在与客户长期交往过程中从事了旨在获得客户专属信息的投资活动，这些信息通常是私人信息（这意味着对于其他竞争者而言无法获得）和更为定性的信息（"软信息"），而正是这种金融中介拥有的信息优势的存在使其和忠实的客户构建紧密的关系之后，彼此之间均有明确的利益：对于这些中介的客户而言，其忠诚得到的回报是，商业银行提供融资保证，投资银行承诺即使在不利的市场环境下也进行承销和推销其证券；而对于银行而言，其可以凭借更优于市场解决信息问题的独特优势来分享客户的成功和失败。[1]

也正因为金融中介与客户之间的这种考虑，关系金融一般表现出三个常见却极为关键的特征：一是金融中介与客户的交往可以更为直接且具有价值增值性；二是重复的业务往来；三是金融中介基于一个较长时间期界而不是单次交易来评估关系的盈利能力。这就有别于仅聚焦于单笔交易的商品金融（有时也称为交易金融）——在这种金融活动中，金融产品的交易估价更为透明，成本变成了一个关键变量，而不是透明度较差的、更为神秘的"当市场干涸时还有我"的概念。透明度的增加使得金融产品更容易补交，

---

[1]　从相关金融中介理论来看，通过甄别，银行可以淘汰信用较低的借款人。没有甄别，贷款人需要收取更高的利息来补偿信用较低的借款人存在时可能诱发的逆向选择问题。特别的，更高的利率水平将会吸引到风险最大的借款人并劝阻更安全借款人。贷款人这时只能主要向风险借款人提供资金，正如柠檬问题所预测的那样。与此相反，那些会仔细甄别潜在贷款人的银行可以像第二章所讨论的那样按照借款人特征定制它们的信贷合同。在贷款发放之后，银行还会监控它们的借款人。如果不存在监控，借款人有可能倾向于冒险活动，尤其是如果风险可以转嫁给贷款人。银行对借款人的监控减轻了道德风险。

因此也加剧了竞争。

从这个角度着眼，金融"脱媒"可以视为传统基于银行等中介融资的变革，其最为重要的结果就是使投资者对于借款人变动的财富的评价变得更为透明，进而完全反映在证券价格之中，而不是埋藏在银行体系的资产负债表中。换句话说，金融"脱媒"使商品金融替代了关系金融，并由此引发了证券市场产品创新和交易规模的迅猛扩张。

## 7.2.2　融资证券化：金融脱媒实现机制的阶段性变迁

虽然从理论上说，金融脱媒的本质是商品金融对关系金融的替代，也就是融资的证券化，但从历史来看，金融脱媒的具体实现机制随着时间的推移存在较为明显的阶段性变化：最初是各种货币市场工具的创新，随后则是股票和债券的发展，最后则表现为以资产证券化等为代表的结构性金融进而影子银行的兴起。这里我们结合美国为代表发达国家的金融发展历程，对金融脱媒实现机制的阶段性演进做一个简要分析。

### 1. 货币市场工具创新对银行存贷款的替代：金融脱媒的第一阶段

大约从20世纪60年代开始，随着"滞胀"引发的持续性市场利率攀升，银行客户对相比短期银行存款利率而言具有更高收益率金融工具的内在需求日益强烈，而"Q条例"规定的利率上限却阻碍了银行向他们提供市场化的回报，由此不但导致了货币市场共同基金的迅猛发展，而且也使得一些大型的公司在利益驱使下尝试将短期贷款转变为商业票据，进而使得商业银行资产负债表的两边都出现了较为明显的"脱媒"迹象。

在美国，最初的银行体系"脱媒"的出现及其发展实际上使货币市场工具创新替代了商业银行的一部分传统存贷款业务：在负债端，银行将短期储蓄变为了CDs（大额可转让定期存单），储户将储蓄存款转为货币市场共同基金（MMMFs）；在资产端，公司将短期贷款换成商业票据。因此，最初的"脱媒"在迫使商业银行逐渐放弃储蓄市场，转而开始积极管理其负债，进而在导致传统中介业务毛利率不断下降的同时，也使得货币市场得到了迅猛的发展。大概到1980年前后，美国的商业票据市场、短期国库券市场、联邦基金市场、CDs市场和货币市场共同基金市场已经足够成熟，收益率之间可以进行套利。

此外，值得指出的是，这一时期金融"脱媒"在美国的演进其实并不限于商业银行，投资银行的传统关系性业务实际上也受到了很大的冲击：从1941年SEC发布U50规则[①]起，美国投资银行业与客户的关系也开始减弱；到20世纪70年代，许多蓝筹客户开始向保险公司和养老基金等机构投资者私下出售证券，同时大投资银行开始愿意承销新兴公司的证券，而投资银行对公司业绩承担的责任也越来越少。取而代之，专业的资信评级公司而非投资银行和商业银行开始承担部分资信评级功能。

---

① 该规则规定对于美国公用事业控股公司证券发行采取竞争性报价制度。

### 2. 从货币市场到资本市场：金融脱媒的第二阶段

随着 1982 年 SEC 引入并实施了 415 规则（也就是"储架注册"制度），美国的金融脱媒进入了一个全新的阶段，也就是脱媒过程从货币市场向资本市场纵深发展，大量资信评级较高的公司被投资银行带到了公司债券市场。之所以会出现这种状况，一方面是因为当时美国的 415 规则规定，借款人无须每次单独发行证券时进行注册，而可以一次注册一大批证券，然后在两年内认为合适的时机分批销售，次数不限，这种制度实际上使证券发行拥有了一些商业贷款提供的灵活性。另一方面则和当时的市场氛围有关，在 20 世纪 80 年代初期欠发达国家债务危机爆发之后，大银行的资产质量出现了下降，进而一个评级为 AAA 的公司借款人到债券市场直接融资要比通过一家评级为 AA 的银行中介更有优势。

从历史角度看，以债券市场为代表的资本市场的发展，连同一个具有高度流动性的货币市场的存在，吸引美国公司（尤其是大型公司）开展更为高级的财务运作，使得金融创新乃至金融脱媒达到了一个新的阶段。从目前的情况看，在美国为代表的发达国家的金融中介已经完全市场化的基础上，所有类型的借款人越来越能够在具有流动性的货币和资本市场上满足其短期资金、资本和风险管理的需求，由此导致不仅各种金融合约与金融和非金融的资产可以在具有流动性的市场上交易，市场风险、信用风险等主要类型金融风险也可以在市场上交易和定价。

### 3. 资产证券化以及影子银行的兴起：金融脱媒的第三阶段

作为一种金融创新，资产证券化的出现可回溯到 1970 年美国联邦国民抵押协会（"房地美"或 GNMA）创造的 GNMA 过手证券，这是一种由联邦住宅管理局和退伍军人管理局的单个家庭住房抵押贷款作为担保的住房抵押贷款支持证券。这样，美国储蓄贷款协会介入资产证券化活动的历史已超过 50 年。但银行相对而言则是这个市场的新参与者——虽然 1977 年美国银行发行了第一个由传统住房抵押贷款支持的私人部门过手证券，但各种类型的银行贷款资产证券化直到 1985 年才出现。

无论从理论还是实践来看，资产证券化一开始并未对银行产生过大的冲击，而仅仅是银行进行风险或流动性管理的重要战略措施之一，且银行还具有较高的操作主动性。但随着 1988 年《巴塞尔协议》的问世，资产证券化浪潮逐渐席卷全球，其对银行的影响也就变得极为微妙。一方面，对于银行而言，资产证券化在风险管理、流动性管理之外，可以充当一种监管套利的手段，借助其来实现希望达到的资本充足率水平；另一方面，随着资产证券化的深入发展，银行传统意义上捆绑在一起的借贷活动被分离成为发起、融资、风险管理和服务等诸多环节，进而使得一个长期存在于储户、银行所有者／经理和政府之间的隐性合同①无法维系，迫使银行的业务与盈利模式发生了较大的改变。

---

① 在这个隐性合同中，储户同意接受其资金低于市场的回报率，并以此换取来自政府的担保，而这份担保（存款保险）实际上将银行和储蓄机构的债务变成了对美国政府的或有债权；银行同意接受管制和监管，以换取一个以更低的存款成本和更长的存款期限形式体现的补贴；政府接受存款担保下的剩余风险（代表纳税人），以换取由银行体系稳定带来的政治利益。

从美国的情况看，在 20 世纪 80 年代金融立法改革，尤其是存款利率上限强制取消的背景下，银行的经营环境较之前发生了巨大的改变：第一，随着存款利率的上升，银行和储蓄机构的存款租金被不断侵蚀；第二，银行业的准入壁垒也开始崩溃，税收优势开始消失，存款保险的价格出现了上升，资本充足要求也不断提高。这些变化在不同程度上减少了银行获得的租金及其在利用存款为贷款提供资金过程中所享有的优势。然而，它们此前开发的发起、监控和服务技能并没有受到很大的影响。这为银行提供了（要么通过资产证券化，要么通过贷款销售）第一个推动力，借此只从事发起和承销业务而不提供资金。

银行贷款销售和资产证券化的第二个推动力来自于信息科技的进步。一次成功的贷款销售要求买者（通常是另外一家金融机构）有能力评估这笔贷款的回报特征，而这在一个具有良好信息的环境中较容易实现。考虑到资产证券化中的买家是投资者而不是金融机构，信息问题对于资产证券化的发展就显得更为重要了。信息处理科技的进步使投资者对资产的评级变得更为容易，进而减小了投资者和贷款发起者（银行）之间的信息差距。此外，信息技术是金融机构提供服务和监控业务的关键所在，尤其针对被剥离后的现金流。

从美国等国的实践来看，资产证券化的深入发展使得商业银行不再专注于资金问题，而把业务发展的核心放在信息处理及信息优势的构建与强化问题上。这种转变客观上使得商业银行与投资银行等其他金融中介之间的差异日趋模糊，机构之间的界限日益消失。

资产证券化通过多条途径连接起了银行和市场。一家银行发起了很多贷款，而这些贷款的资金来自于金融市场中发行和销售的资产支持证券，以至于基于市场的融资取代了银行贷款的存款资金来源。这样，银行依靠市场将这些贷款从资产负债表中移出（"表外化"）。相应地，市场则依靠银行来发起贷款，依托这些贷款创设出了资产支持证券，而资产支持证券的创设又满足了对这类证券的投资者需求。资产证券化以这种方式促进了银行与市场的互动。

容易理解，在商业银行日益关注市场、借助市场拓展业务的同时，投资银行等中介也开始利用资产证券化等结构化创新，尝试通过"影子银行"体系的构建来进一步侵蚀商业银行的业务领域进而拓展新的业务模式及收益来源。现实地看，基于资产证券化的"影子银行"体系的迅猛发展使得美国及欧洲的商业银行所面临的市场竞争日趋强化，金融脱媒的趋势日益明显。

## 7.3　中国债券融资证券化与金融脱媒：<br>历史与现状

30 余年来，随着中国多层次资本市场改革与建设的明显提速，尤其是债券市场的迅猛发展，直接融资在全社会资金运行中的重要性有了较大的提升。在这一背景下，尽管中国目前仍是一个银行主导型的金融体系，但作为金融脱媒重要表现的债券融资证券化进程发展较为迅猛。从现实来看，债券融资证券化的推进对中国的商业银行业产生了一定的冲击，在存款出现"大搬家"现象的同时，来自银行的人民币贷款在社会融资总量中的占比呈逐年下降的趋势。

## 7.3.1 中国债券融资证券化：历史和现状

### 中国债券融资证券化：从政府债到企业债的转变

从历史来看，改革开放之初中国债券融资证券化的尝试始于政府，为了治理通货膨胀，财政部于 1981 年 7 月通过行政分配，发行国库券 48.66 亿元。国债恢复发行之后，企业债券也开始出现，1985 年，沈阳市房地产公司向社会公开发行了 5 年期债券，标志着企业债券的发展正式拉开了序幕。但由于当时证券交易主要发生在柜台市场——企业债的柜台转让业务在 1986 年的沈阳首先成为现实 [①]，而 1988 年初国库券的流通转让试点才得以开展，所以从本质上看，相当长一个时期内的中国债券融资并未实现完全的证券化。

中国债券市场运行的这一状况在 1990 年年底上海证券交易所成立以及证券交易自动报价系统（STAQ）落成并投入使用之后发生了一定的改变，并在 1997 年 6 月银行间债券市场形成之后发生了根本性的转变。此后 20 余年间，中国债券市场规模快速扩大，债券融资证券化规模以及交易量和托管量均保持了迅猛的增长势头，而中国债券市场也逐步形成了以银行间债券市场为主体、交易所债券市场为辅助的债券市场体系，且无论从发行规模还是存量来看，债券市场均获得了极为显著的发展（参见表 7-1）。

借助于表 7-1、图 7-2，我们可以清晰地发现如果不考虑央行票据、同业存单等颇为特殊的债券产品，那么自 1991 年以来，中国债券市场的产品类型经历了较为明显的结构性变化。尽管从 20 世纪 90 年代初的情况看，企业部门的债券发行规模一度与政府非常接近，而金融部门的债券发行几乎可以忽略，但此后企业部门的债券发行进入了不断萎缩的状态，相反政府发行的国债比重日趋提高；1994 年政策性银行成立之后，政策性金融债在债券发行市场中的比重日趋上升，一度接近国债的发行规模（2006 年）；自 2007 年开始，中国债券市场的发行主体结构再次发生了重大转变，中央政府的债券发行规模相对保持稳定的同时，地方政府、企业部门的债券发行规模及其相对占比均经历了较快的增长，由此导致在 2012—2014 年间，政府债券在年度发行规模中占比下降至接近 20% 的水平，相应的企业债券发行占比则上升到了超过 40%。这意味着企业部门成为中国债券市场最主要的发行主体。2015 年之后中国的债券市场保持较高的增长速度，到 2021 年全年发行规模达到 61.8 万亿元、年末存量达到 130.4 万亿元（包含央行票据、同业存单等），仅次于美国，已成为世界第二大债券市场。

---

① 1987年3月国务院《企业债券管理暂行条例》的颁布，意味着企业债券的发行管理纳入正轨。

表 7-1 中国国内债券（按发行主体分类）发行状况：1991—2021 年 单位：亿元人民币

| 年　份 | 国　债 | 地方政府债 | 金融债 | 企业债 | 公司债 | 资产支持证券 |
|---|---|---|---|---|---|---|
| 1991 | 281.25 | 0 | 66.90 | 250.00 | 0 | 0 |
| 1992 | 460.78 | 0 | 55.00 | 683.70 | 0 | 0 |
| 1993 | 381.31 | 0 | 0 | 235.80 | 0 | 0 |
| 1994 | 1 137.50 | 0 | 0 | 161.70 | 0 | 0 |
| 1995 | 1 510.90 | 0 | 0 | 300.80 | 0 | 0 |
| 1996 | 1 847.80 | 0 | 1 070.20 | 268.90 | 0 | 0 |
| 1997 | 2 411.80 | 0 | 1 463.50 | 255.20 | 0 | 0 |
| 1998 | 3 808.80 | 0 | 1 950.20 | 147.90 | 0 | 0 |
| 1999 | 4 015.00 | 0 | 1 800.90 | 158.00 | 0 | 0 |
| 2000 | 4 657.00 | 0 | 1 645.00 | 83.00 | 0 | 0 |
| 2001 | 4 884.00 | 0 | 2 590.00 | 147.00 | 0 | 0 |
| 2002 | 5 934.30 | 0 | 3 075.00 | 325.00 | 0 | 0 |
| 2003 | 6 280.10 | 0 | 4 561.40 | 358.00 | 0 | 0 |
| 2004 | 6 923.90 | 0 | 5 008.70 | 327.00 | 0 | 0 |
| 2005 | 7 042.00 | 0 | 7 117.00 | 2 046.50 | 0 | 130.70 |
| 2006 | 8 883.30 | 0 | 9 520.00 | 3 938.30 | 0 | 322.00 |
| 2007 | 23 483.44 | 0 | 11 928.60 | 4 458.45 | 407.28 | 178.08 |
| 2008 | 8 558.21 | 0 | 11 897.38 | 7 642.40 | 998.05 | 302.01 |
| 2009 | 16 229.21 | 2 000.00 | 13 839.77 | 14 777.03 | 811.51 | 0 |
| 2010 | 17 778.17 | 2 000.00 | 13 569.20 | 14 689.95 | 1 228.80 | 0 |
| 2011 | 15 397.90 | 2 000.00 | 23 224.80 | 20 862.71 | 1 704.40 | 12.79 |
| 2012 | 14 362.26 | 2 500.00 | 26 510.30 | 33 040.40 | 2 786.86 | 281.42 |
| 2013 | 16 944.01 | 3 500.00 | 26 813.58 | 33 522.77 | 2 246.85 | 279.70 |
| 2014 | 17 747.32 | 4 000.00 | 35 682.78 | 48 853.86 | 1 728.52 | 3 309.83 |
| 2015 | 21 075.38 | 38 350.62 | 42 783.06 | 57 800.33 | 10 381.55 | 6 135.23 |
| 2016 | 30 657.69 | 60 458.40 | 46 132.00 | 57 001.80 | 28 072.20 | 8 887.10 |
| 2017 | 40 041.79 | 43 580.94 | 49 551.41 | 42 965.53 | 11 974.41 | 15 575.53 |
| 2018 | 36 670.97 | 41 651.67 | 52 459.10 | 56 134.70 | 17 371.37 | 20 132.48 |
| 2019 | 41 641.00 | 43 624.27 | 66 016.40 | 66 367.70 | 28 146.26 | 23 623.52 |
| 2020 | 71 173.25 | 64 438.13 | 90 750.51 | 84 432.69 | 36 467.15 | 28 864.56 |
| 2021 | 67 967.10 | 74 826.30 | 94 034.36 | 90 827.59 | 37 353.71 | 31 397.17 |

注：国债不含"央行票据"；"金融债"不含"同业存单"。此外，2007 年前后部分类别统计口径有所变化：可转换债券（含可分离交易可转债）2007 年之前属于权益再融资范畴，2007 年起计算入针对上市公司的"公司债"范畴；企业债主要面向非上市公司，包含了企业债、中期票据、短期融资券和定向工具等。

资料来源：《中国证券期货统计年鉴》（2007 年），2007 年及之后的数据来源于 WIND。

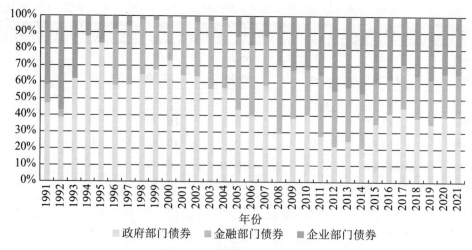

图 7-2　1991 年以来的中国债券发行主体结构变化

注：政府部门债券包括表 7-1 中的国债与地方政府债，金融部门债券即表 7-1 中的金融债，企业部门债券包括表 7-1 中的公司债与企业债。

资料来源：《中国证券期货统计年鉴》（2007 年），2007 年及之后的数据来源于 WIND。

中国债券市场发行主体结构的变化自然引发了债券产品存量结构的调整。借助于表 7-2，可以发现自 1996 年以来，企业部门债券存量规模经历迅猛扩张（从 1996 年末的仅 10 亿元扩张到了 2021 年的 25.4 万亿元），其在债券总存量所占的比重也实现了快速的上升，从 1996 年的 0.13% 增加到了 2021 年的 23.28%。换句话说，企业债、公司债、中期票据、短期融资券以及定向工具等企业债券证券化融资已成为中国债券市场的重要构成之一。

表 7-2　中国债券市场存量主体结构变化：1996—2021 年　　单位：亿元人民币

| 债券发行主体 | 1996 年 | 2001 年 | 2006 年 | 2011 年 | 2016 年 | 2021 年 |
|---|---|---|---|---|---|---|
| 政府部门 | 4 714.04 | 19 036.71 | 36 668.17 | 78 728.57 | 225 980.54 | 533 137.07 |
| 金融部门 | 3 106.6 | 10 843.43 | 25 437.58 | 71 938.04 | 163 085.02 | 305 213.36 |
| 企业部门 | 10 | 396.82 | 5 172.79 | 46 924.94 | 165 789.85 | 254 383.71 |

注：统计口径同图 7-2，这里的债券存量没有纳入央行票据、同业存单以及资产支持证券。
资料来源：WIND。

## 7.3.2　中国债券融资证券化的变迁：不同纬度的实证考察

为了对债券融资证券化在中国经济中重要性的阶段变化有所了解，我们可以利用社会融资规模以及政府和企业两个部门中债券融资比重的演变历程来做进一步的分析。

### 1. 社会融资规模中的债券融资

社会融资规模是指实体经济（除金融部门之外的社会各经济主体，包括公司企业、事业单位、政府部门、居民个人等）在一定时期内（月、季或年）从金融体系（各类金融机构和金融市场）获得的融资总额。从金融与经济的关系看，社会融资规模反映了金融体系在一定时期内对实体经济提供资金支持的全部融资总规模。

借助于中国人民银行 2011 年 4 月首次开始编制和公布的社会融资规模指标，我们可以发现金融体系对实体经济的支持力度明显加大。2002 年到 2021 年，中国社会融资年度增量由 2 万亿元扩大到 31.34 万亿元，年复合增长率 15.6%，比同期新增人民币贷款年均增速高 2.22 个百分点，而企业债券的年度发行规模则从 367 亿元增长到了 3.3 万亿元，年复合增长速度达到了 26.8%，远高于贷款的增速（参见表 7-3）。年度社会融资增量中各类渠道新增规模的相对变化极大地改变了融资结构，与人民币贷款所占比重的整体下行态势相比，企业债券融资成了年度社会融资规模增量中增长最为迅速的一个途径，从 2002 年的 1.8% 上升到了 2016 年的 16.85%，但 2017 年则出现了较大的回落（仅为 2.4%）。2021 年，社会融资规模增量累计为 31.34 万亿元，其中企业债券净融资 3.29 万亿元，占比 10.49%（参见图 7-3）。

表 7-3　中国社会融资增量的年度规模及其构成变化：2002—2021 年

| 年份 | 社会融资增量（万亿元） | 主要融资渠道占比（%） | | | | | | | |
|------|------|------|------|------|------|------|------|------|------|
| | | 人民币贷款 | 外币贷款 | 委托贷款 | 信托贷款 | 银行承兑票据 | 企业债券 | 境内股票 | 政府债券 |
| 2002 | 2.01 | 91.90 | 3.60 | 0.90 | — | −3.50 | 1.80 | 3.10 | — |
| 2003 | 3.41 | 81.10 | 6.70 | 1.80 | — | 5.90 | 1.50 | 1.60 | — |
| 2004 | 2.86 | 79.20 | 4.80 | 10.90 | — | −1.00 | 1.60 | 2.40 | — |
| 2005 | 3.00 | 78.50 | 4.70 | 6.50 | — | 0.10 | 6.70 | 1.10 | — |
| 2006 | 4.27 | 73.80 | 3.40 | 6.30 | 1.90 | 3.50 | 5.40 | 3.60 | — |
| 2007 | 5.97 | 60.90 | 6.50 | 5.70 | 2.90 | 11.20 | 3.80 | 7.30 | — |
| 2008 | 6.98 | 70.30 | 2.80 | 6.10 | 4.50 | 1.50 | 7.90 | 4.80 | — |
| 2009 | 13.91 | 69.00 | 6.70 | 4.90 | 3.10 | 3.30 | 8.90 | 2.40 | — |
| 2010 | 14.02 | 56.70 | 3.50 | 6.20 | 2.80 | 16.70 | 7.90 | 4.10 | — |
| 2011 | 12.83 | 58.20 | 4.50 | 10.10 | 1.60 | 8.00 | 10.60 | 3.40 | — |
| 2012 | 15.76 | 52.10 | 5.80 | 8.10 | 8.20 | 6.70 | 14.30 | 1.60 | — |
| 2013 | 17.32 | 51.35 | 3.38 | 14.71 | 10.63 | 4.48 | 10.46 | 1.28 | — |
| 2014 | 16.46 | 59.44 | 2.16 | 15.23 | 3.14 | −0.78 | 14.74 | 2.64 | — |
| 2015 | 15.41 | 73.14 | −4.17 | 10.33 | 0.28 | −6.86 | 19.08 | 4.93 | — |
| 2016 | 17.80 | 69.86 | −3.17 | 12.28 | 4.83 | −10.97 | 16.85 | 6.97 | — |
| 2017 | 26.15 | 52.93 | 0.01 | 3.06 | 8.50 | 2.05 | 2.39 | 3.35 | 21.34 |
| 2018 | 22.49 | 69.67 | −1.87 | −7.14 | −3.10 | −2.82 | 11.70 | 1.60 | 21.58 |
| 2019 | 25.58 | 66.01 | −0.50 | −3.67 | −1.36 | −1.86 | 12.67 | 1.36 | 18.46 |
| 2020 | 34.79 | 57.57 | 0.42 | −1.14 | −3.17 | 0.50 | 12.57 | 2.56 | 23.92 |
| 2021 | 31.34 | 63.62 | 0.55 | −0.54 | −6.40 | −1.57 | 10.49 | 3.87 | 22.38 |

资料来源：中国人民银行。

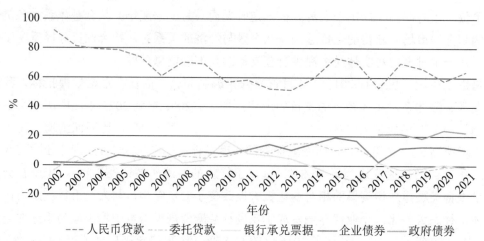

图 7-3　年度社会融资增量中各主要融资渠道相对比重的变化：2002—2021 年

资料来源：中国人民银行。

　　不同途径融资增量的变化导致了社会融资规模存量结构的改变。从其构成来看，在 2021 年 314.12 万亿元的社会融资规模存量中，对实体经济发放的人民币贷款余额为 191.54 万亿元，委托贷款余额为 10.87 万亿元，信托贷款余额为 4.36 万亿元，未贴现的银行承兑汇票余额为 3.01 万亿元，非金融企业境内股票余额为 9.46 万亿元，而企业债券余额为 29.93 万亿元。根据表 7-4，从社会融资规模存量各个渠道的增速来看，企业债券的增长要远高于其他途径，多年在所有主要融资渠道中增速最高，在 2021 年增速略有回调，仅次于人民币贷款（11.6%）和境内股票（14.7%）。

表 7-4　中国社会融资规模存量结构的变化态势：2002—2021 年

| 年　份 | 社会融资规模存量（万亿元） | 存量同比增速（%） | 主要融资渠道同比增速（%） | | | | | | |
|---|---|---|---|---|---|---|---|---|---|
| | | | 人民币贷款 | 外币贷款 | 委托贷款 | 信托贷款 | 银行承兑票据 | 企业债券 | 境内股票 |
| 2002 | 14.85 | — | — | — | — | — | — | — | — |
| 2003 | 18.17 | 22.4 | 21.4 | 26.6 | 13.3 | — | 126.0 | 132.9 | 8.0 |
| 2004 | 20.41 | 12.3 | 14.3 | 16.8 | 61.6 | — | −8.0 | 4.0 | 8.5 |
| 2005 | 22.43 | 9.9 | 13.3 | 11.0 | 11.8 | — | 0.7 | 129.1 | 4.2 |
| 2006 | 26.45 | 17.9 | 16.3 | 9.0 | 20.0 | — | 44.9 | 68.7 | 12.5 |
| 2007 | 32.13 | 21.5 | 16.4 | 21.9 | 29.0 | 84.0 | 138.4 | 41.0 | 45.8 |
| 2008 | 37.98 | 18.2 | 18.7 | 5.1 | 29.1 | 84.3 | 9.2 | 78.7 | 17.7 |
| 2009 | 51.18 | 34.8 | 31.3 | 55.5 | 35.8 | 63.4 | 36.5 | 86.2 | 18.3 |
| 2010 | 64.99 | 27.0 | 19.9 | 15.9 | 44.2 | 34.4 | 135.5 | 42.3 | 30.9 |
| 2011 | 76.75 | 18.1 | 16.1 | 13.1 | 21.2 | 13.5 | 24.8 | 36.2 | 17.7 |
| 2012 | 91.42 | 19.1 | 15.0 | 27.2 | 17.1 | 75.0 | 20.7 | 44.4 | 8.6 |
| 2013 | 107.46 | 17.5 | 14.2 | 7.2 | 39.9 | 61.1 | 12.6 | 24.2 | 6.7 |
| 2014 | 122.86 | 14.3 | 13.6 | 4.1 | 29.2 | 10.7 | −1.8 | 25.8 | 12.7 |

续表

| 年　份 | 社会融资规模存量（万亿元） | 存量同比增速（%） | 主要融资渠道同比增速（%） | | | | | | |
|---|---|---|---|---|---|---|---|---|---|
| | | | 人民币贷款 | 外币贷款 | 委托贷款 | 信托贷款 | 银行承兑票据 | 企业债券 | 境内股票 |
| 2015 | 138.14 | 12.4 | 13.9 | -13.0 | 17.2 | 0.8 | -14.8 | 25.1 | 20.2 |
| 2016 | 155.99 | 12.9 | 13.4 | -12.9 | 19.8 | 15.8 | -33.4 | 22.5 | 27.6 |
| 2017 | 174.64 | 12.0 | 13.2 | -5.8 | 5.9 | 35.9 | 13.7 | 2.5 | 15.1 |
| 2018 | 200.75 | 15.0 | 13.2 | -10.7 | -11.5 | -8 | -14.3 | 9.2 | 5.4 |
| 2019 | 251.31 | 25.2 | 12.5 | -4.6 | -7.6 | -4.4 | -12.5 | 13.4 | 4.9 |
| 2020 | 284.75 | 13.3 | 13.2 | -0.5 | -3.3 | -14.9 | 5.4 | 16.9 | 12.1 |
| 2021 | 314.12 | 10.3 | 11.6 | 6.2 | -1.7 | -31.2 | -14.2 | 8.6 | 14.7 |

资料来源：中国人民银行。

### 2. 企业融资中的债券融资

1979 年之前，中国企业融资渠道极为单一，其投资所需的资金主要来源于财政资金以及少量银行贷款，并不存在通过发行股票、债券的直接融资渠道。随着国民收入分配格局和金融体制改革的推进及不断深化，中国企业外部融资的方式日益多元化、市场化，相应地，债券在中国企业融资来源中的地位有了较大的提升。[①]

从表 7-5 可以看出，2004 年之前中国企业债券发行规模极为有限，在企业外部融资中的重要性几乎可以忽略。但这种状况在 2005 年之后发生了较大的改变。为了较为全面地了解企业部门外部融资中债券融资规模及其相对地位的变化，我们对 2004 年以来中国企业外部融资的渠道以及不同渠道的年度融资规模进行了大致的匡算（参见表 7-5）。

表 7-5　中国企业外部融资来源及其构成：2004—2021 年　单位：亿元人民币

| 年　份 | 外部融资总额 | 企业贷款 | 未承兑银行票据 | 企业债券 | 境内股票 |
|---|---|---|---|---|---|
| 2004 | 17 550 | 16 700 | -290 | 467 | 673 |
| 2005 | 22 573 | 20 200 | 24 | 2 010 | 339 |
| 2006 | 31 046 | 25 700 | 1 500 | 2 310 | 1 536 |
| 2007 | 37 818 | 24 500 | 6 701 | 2 284 | 4 333 |
| 2008 | 52 011 | 42 100 | 1 064 | 5 523 | 3 324 |
| 2009 | 91 723 | 71 400 | 4 606 | 12 367 | 3 350 |
| 2010 | 90 895 | 50 700 | 23 346 | 11 063 | 5 786 |
| 2011 | 78 706 | 50 400 | 10 271 | 13 658 | 4 377 |
| 2012 | 92 158 | 56 600 | 10 499 | 22 551 | 2 508 |

---

[①]　改革开放以来，整体上看，尽管中国企业内部融资占比有所提升，但相对而言仍处于较低的水平。从实践来看，中国企业总体上内部积累资金的能力相对较差，导致内源融资比例很低，直接后果就是企业的资产负债率不仅大大高于一些发达国家，也高于很多发展中国家。与1998年的64%相比，尽管中国规模以上工业企业的资产负债率呈现下降趋势，但到2007年仍高达58.3%，2010年则为57.4%。2011年以来，中国工业企业整体的资产负债率又出现了较为明显的上升态势，企业杠杆率处于较高的水平。

续表

| 年　份 | 外部融资总额 | 企业贷款 | 未承兑银行票据 | 企业债券 | 境内股票 |
|---|---|---|---|---|---|
| 2013 | 79 786 | 51 700 | 7 756 | 18 111 | 2 219 |
| 2014 | 92 118 | 64 800 | −1 285 | 24 253 | 4 350 |
| 2015 | 100 234 | 73 800 | −10 569 | 29 399 | 7 604 |
| 2016 | 83 878 | 61 000 | −19 531 | 29 993 | 12 416 |
| 2017 | 87 467 | 67 100 | 5 364 | 6 244 | 8 759 |
| 2018 | 106 680 | 83 100 | −6 343 | 26 318 | 3 606 |
| 2019 | 125 638 | 94 500 | −4 757 | 32 416 | 3 479 |
| 2020 | 176 120 | 121 700 | 1 747 | 43 749 | 8 924 |
| 2021 | 160 281 | 120 200 | −4 917 | 32 865 | 12 133 |

说明：企业贷款为年度新增人民币贷款中面对企（事）业单位的贷款。

资料来源：中国人民银行，WIND。

从表 7-5 可以看出，尽管 2016 年中国企业部门外部融资规模的增长较之前出现了明显回落，但 2004—2015 年间，在企业外部融资维持了较高增长速度（年复合增长率为 17.2%）的基础上，企业债券的年均增速达到了 45.3%，远高于贷款和境内股票融资的增速（分别为 38.7% 和 24.7%），其后企业债券融资规模大幅回升，从 2017 年的 6 244 亿元回升至 2021 年的 32 865 亿元，年均增长 51.5%。

为了更为全面地了解 2004 年以来债券融资在企业外部各种融资渠道中相对地位的变化态势，这里我们构建了不同债务融资口径（即窄口径、中口径和宽口径）下债券融资比例测度指标（参见图 7-4）。

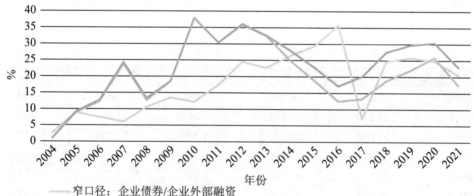

图 7-4　不同债务口径下企业外部融资中的债券比重变化：2004—2021 年

资料来源：中国人民银行，WIND。

### （1）窄口径视野下企业债券融资比重的变化

所谓"窄口径"企业债券融资比重，指的是"企业债券融资／企业外部融资"这一指标，直接测度了企业债券在其外部融资途径中的相对地位。

借助于图 7-4，可以发现 2004 年以来的近 20 年间，"企业债券融资 / 企业外部融资"这一指标从 2004 年的 2.66% 开始，虽然在 2005—2007 年经历了一个短暂的下调，整体上保持了较快的上升态势，到 2016 年已达到了 35.76% 的水平，成为企业外部融资中仅次于银行贷款的渠道。但值得注意的是，这一指标在 2017 年呈现陡降态势，仅为 7.14%，2021 年该指标恢复至 20.50%。

### （2）中口径视野下企业债券融资比重的变化

所谓的"中口径"企业债券融资比重，指的是"（债券融资＋票据融资）/ 企业外部融资"这一指标。之所以如此界定，是因为从理论上看，未承兑银行票据属于债权债务性质的金融产品，只不过相对而言期限较传统意义上的债券更短而已。考虑到"未承兑银行票据"潜在的背书流通的可能性，其不仅性质上更接近债券而非银行贷款，而且从实践来看，也是银行"脱媒"（尤其是针对大企业）的主要表现形式。

从图 7-4 显示的"中口径"企业债券融资比重指标的变化来看，我们可以注意到一个颇有意思的现象，就是尽管 2004 年社会融资规模中的未承兑银行票据年度数据为负值，2005—2013 年间票据成为企业外部融资的重要渠道，甚至在 2010 年间出现了票据融资规模为债券融资规模 2.11 倍的独特状况，但此后规模大幅回落，在 2011 年、2012 年下跌近 50% 的基础上，2013 年开始至今票据融资出现持续大额负值的现象，2016 年甚至达到了接近 -2 万亿元的水平。未承兑银行票据年度融资的大幅波动使得中口径中的企业债券证券化融资比重呈现出迥异于窄口径指标的变化态势。2010 年之前，中口径企业债券证券化融资比重从 2004 年的 1.01% 持续快速上升，于 2010 年达到了 37.86% 的最高水平，但随后该指标则出现了快速下行状况，到 2016 年仅维持在 12.47% 的水平。此后该指标一度回升，于 2020 年达到 25.83%，但 2021 年又回落至 17.44%。

### （3）宽口径视野下企业债券融资比重的变化

所谓的"宽口径"企业债券融资比重，指的是"（债券融资＋票据融资＋银行资产证券化融资）/ 企业外部融资"这一指标。[①]

鉴于资产证券化在中国的试点时间并不长，且信贷资产支持证券的规模扩张主要是在 2014 年之后，因此，我们可以看到在 2014 年之前宽口径指标几乎与中口径指标重合，但在 2014 年之后，宽口径指标与中口径指标之间的差异才日趋明显，2016 年两个指标的差值达到了近 5 个百分点。有意思的是，在银行资产证券化快速扩张的背景下，尽管 2017 年企业债券融资规模陡降，但基于宽口径的这一指标数值却仍达到了 20.11%，与 2015 年相近，2021 年该指标为 22.94%（参见图 7-4）。

### 3. 政府融资中的债券融资

在一般情况下，政府是资金净融入方。随着中国市场化改革的深入，尤其是国民收

---

① 严格意义上说，这一指标和前述两个指标不具有可比性，因为银行资产证券化融资规模并不必然对应企业融资，一部分证券化的信贷资产是面向居民的住房抵押贷款和消费贷款。但在资产证券化等结构性金融创新近年来快速发展的背景下，考虑到资产证券化改变了银行信贷投放的资金来源，这一宽口径测度指标的提出仍具有一定的参考价值。通过这一指标，我们可以看到资产证券化等结构性金融创新活动中银行其实并没有提供资金，实质上是市场投资者通过购买资产支持证券的方式为企业提供了其发展所需的资金。

入分配格局的改变，企业、居民等经济部门的主体所拥有的收入进而资产增速较为迅猛。政府为弥补市场不足而干预经济，需要通过发行国债（有时甚至直接向中央银行透支）来解决其财政支出所需的资金问题，因此，政府融资在全社会融资中仍占有相当的比重，相应地其来源结构也是理解中国经济运行中融资结构的重要内容。

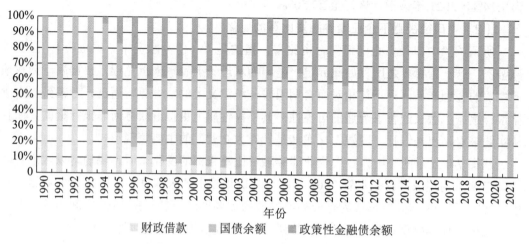

图 7-5　1990—2021 年政府融资余额结构（银行透支、国债和政策性金融债）

资料来源：《中国财政年鉴》1994—2005 年各期，WIND。

在改革初期，中国政府出现了一个中等程度的公开的或正式的预算赤字（约占 GDP 的 1%~3%），其中的 1/3 通过债券融资，相当部分则通过向央行的财政借款来融资（不过，在"政策性贷款"名义下的隐蔽的或准预算赤字实际上等于或超过这一公开的赤字数字）。到 1990 年，财政借款已经达到政府融资余额的近 50%。然而，这种对财政借款的过度依赖严重影响了央行的独立性，干扰了央行货币政策操作，因此 1993 年国务院下发通知，要求财政不得向央行新借款。此后财政借款的余额一直保持在 1 582.1 亿元不变，最终于 2003 年统一转换为国债，这意味着在此后的政府融资结构中，通过发行国债的融资方式借入的资金成为弥补赤字的唯一方式，而通过银行透支融入的资金则消失了。到 2021 年年底，国债余额已达 23.01 万亿元，政策性金融债余额达 20.46 万亿元。

此外，2009 年开始，中国的地方政府新增债券增长极为迅猛——其年度发行规模由 2009 年的 2000 亿元增长到 2016 年的 6.05 万亿元，尤其是 2015—2017 年间出现了井喷式的增长，进而导致 2016 年年底地方政府债券的存量规模达到了 10.63 万亿元，与国债存量规模极为接近，而到 2017 年年末，地方政府债券的存量规模则达到了 14.75 万亿元，超过了国债存量（13.43 万亿元），到 2021 年年末，地方政府债券的存量规模达到了 30.30 万亿元，超过国债存量 1/4（23.01 万亿元）。某种程度上说，这意味着地方政府债务融资的证券化在中国已成为一种趋势。[①]

---

① 值得指出的一点是，2015年、2016年地方政府债券的迅猛增长并非主要是新增债务，而是为了控制地方债务风险而实施的原有地方政府债务的置换——这两年共发行置换债券80 838.41亿元（债务置换率为52.8%），而新增债务规模仅17 970.61亿元。

# 7.4　中国债券融资证券化演进的内在经济逻辑：金融脱媒视角

　　如果说政府财政赤字的弥补途径从银行透支转向证券化的债券融资是财政预算管理规范化的必然选择，进而政府债券（尤其是国债）市场在中国的发展及其规模扩张较容易理解的话，那么，以企业债、公司债等为代表的中国公司层面的债券融资证券化发展轨迹则显得有些与众不同。在改革开放以来的相当长时期内（一直到2004年），企业债市场的发展举步维艰，公司债则迟迟无法推出，整体发展明显滞后于股票市场，2005年之后，尽管企业债从自我的绝对发行规模来看实现了跳跃式的增长，但直到2008年之后，企业债券在企业外部融资中的相对地位才真正实现了较为持续的平稳增长（参见表7-1、图7-5）。要想理解中国企业债券市场发展的历史进程，有必要立足金融脱媒的角度，对中国政府、企业和银行三者之间的关系变化做一个说明。

　　在中国，包括金融改革在内的经济体制改革很大程度上是政府主导的强制性制度变迁，进而包括企业债券等在内的金融创新和发展并不仅仅取决于金融机构、企业、居民等部门，而在很大程度上是由政府决定的。这意味着政府以及与政府密切相关的债券市场监管架构自然成为决定债券市场发展的主要因素。因此，从某种意义上说，之所以企业债券市场在中国长期发展较为滞后（尤其是相对股票市场而言），主要是因为政府对企业债市场发展之后可能引致的债务违约问题，也就是中国经济和金融体系里一直广泛存在的"隐性担保"（或"刚性兑付"）一直存在较大的担忧。"刚性兑付"的存在使得中国的债券投资者对于中国的债权人和债务人在债务违约过程中所享有的权利和承担的义务有着一种极不对称的判断，也就是说，因为有人会为违约而买单，所以投资者大可不必担心自己的投资和资金安全。而一旦出现类似事件，政府事实上就成了这种"隐性担保"的最终出资者。或许正是基于这种考虑，在企业债仍实行"额度控制"的背景下，在1998年《证券法》中，即便股票的发行制度放弃了之前的额度审批制，改为核准制，而公司债券发行仍要求实行审批制。股票和公司债券发行制度在立法上的一字之差，体现了当时政府对股票和债券两类证券的不同认识，而这也成为阻碍中国企业债券市场发展最为核心的原因之一——在纯粹意义上的公司债迟迟无法推出的同时，企业债的发展受制于严格的额度控制，仅限于少量中央和地方国有企业可以作为外部融资的来源。

　　在政府对企业债的发展持较为谨慎态度的同时，中国的企业一度对于债券市场也并没有太大的兴趣。之所以会这样，是因为对于中国的企业（尤其是国有企业）而言，考虑到当时中国金融体系是以国有银行为主导的金融体系，进而如果能够获得信贷支持，那么企业就可以迅速获得大额资金进行新的投资从而发展壮大。由于银行贷款流程对于企业的规模和抵押品的价值都有比较严格的要求，而且偏向大型企业，因此一个企业获得银行贷款和能够接触到金融市场的能力，很大程度上取决于企业的规模。为了能够获得银行贷款和资金支持，又由于银行贷款是中国最廉价、体量最大的融资方式，因此一个企业能够获得银行贷款，成为决定其竞争能力的一个重要因素。相反，在很长一个时期里，企业债券不仅发行规模受限，而且其成本往往要高于银行贷款，这样对于企业而言并不能带来更多财务的收益。

而对于中国的银行而言，出于维护存贷款利差等租金的考虑，也存在控制证券化的贷款市场（企业债券与商业票据市场）的强烈意图。因为对银行来说，如果其优质客户——大企业——可以自主地到证券市场上融资，这些企业就可以很容易地避开银行贷款卡特尔。企业的财务管理者与个人投资者可以直接交易或通过共同基金进行交易，而借款企业可以发行债券或商业票据。这样，二者就可以分享银行可获得的管制租金了。[1]

正是因为政府、企业和银行对企业债券市场采取了一种较为对抗的态度，在很长一段时期内（2004 年之前），中国企业债市场基本处于金融体系中一个可有可无的边缘状态。

但这种状况在 2005 年出现了一定的改变，自这一年开始，中国银行间债券市场先后推出了一系列创新性产品，其中包括了短期融资券、分离交易可转换债券和资产支持证券等可供企业选择的品种，导致企业直接融资渠道得以进一步拓宽。

之所以会出现这样一种状况，除了当时利率市场化不断推进，导致企业债券融资利率市场化程度日益提升，银行一直以来拥有的垄断性存贷利差有所缩小等因素之外，最主要的原因是银行间债券市场地位的不断提升和交易所债券市场的持续萎缩。中国的银行间债券市场创建于 1997 年，在经历了发展初期的相对停滞，进入 2000 年以后，随着中国人民银行制定的市场发展政策措施逐步落实到位，银行间债券市场参与主体急剧增加、债券产品日益丰富，交投日益活跃。而同期，交易所债券市场用于其债券回购的制度性缺陷造成的风险开始集中暴露，给投资者和国家造成严重损失，投资者大量撤离交易所债券市场，交易所的债券托管量和交易量随之大幅下降。

在银行间债券市场迅猛发展的背景下，2007 年以来，银行信贷增长规模急剧扩张，银行利用信贷支持企业的途径已经达到了一个年度临界状态。因为在当时《巴塞尔协议Ⅱ》要求的资本充足率、存贷比等流动性比率的约束日益强化，不良信贷资产责任追究等制度也日趋强化，银行在其表内的信贷以及表外的信托贷款、委托贷款之外，必须寻找一条新的金额较大的资金运用途径，而包括企业债券在内的债券投资恰恰可以满足银行自身以及来自监管部门的要求。这一判断最为明显的证据就是，根据中国社科院的一项统计报告，中国企业截至 2013 年年底总共发行企业债超过 10 万亿元人民币，而其中有超过 5 万亿元人民币的债券是通过银行间市场发行和交易的。换句话说，银行间债券市场的出现和发展为企业和银行为代表的机构之间构建了新的资金流动机制，而这一平台及机制的存在不仅满足了利率日益市场化背景下企业扩展的短期和长期资金需求，更为重要的是为银行等机构投资者提供了便捷的投资渠道。

企业和银行等机构在银行间债券市场的迅猛发展虽然满足了不同微观主体层面的需

---

[1] 一般而言，如果有一家借款人发行了债券并利用其收益偿还了银行贷款，这家银行就会直接丧失其垄断租金。毕竟银行是以市场利率发放贷款的。但就总体而言，银行可能会减少盈利。因为当一家银行的借款人转向证券市场时，它必然会带走其本应以被认为降低的利率投资的资金。每当有一家企业发行债券时，总的银行体系必然会损失低利率存款。

求，但也带来了一个政府不得不考虑的问题，那就是如果中国企业的违约和财务上的困境集中爆发，很有可能会给整个银行业带来非常严重的后果。由于银行间债券市场只向国内的机构投资者开放，所以银行间债券市场的交易只能把中国企业违约风险从一些金融机构转移到另外一些金融机构，而不能把风险分散到整个中国金融体系和居民家庭。

这一问题在 2012 年中国经济进入"新常态"之后表现得更为突出——中国经济增长速度的下降不仅使得前期银行信贷规模迅猛扩张导致的企业杠杆率和地方政府债务规模迅速上升现象变得更为明显，与之相伴随的系统性金融风险成为政府日益担忧的重要问题之一。也正是在这样一个背景下，针对商业银行信贷扩张的规模指标等原先已淡出历史舞台的控制措施又重新出现，银行投放信贷的体制性约束明显强化。与此同时，在利率市场化推进，尤其是互联网金融等体制外金融创新冲击下，银行之前的业务模式也受到了较大的冲击，出现了存款大幅流失、存贷利差缩小、信贷违约引发的风险加大，直接导致其对证券投资类产品的需求进一步增加。而与银行相对应的是，企业在利率市场化日益深化的背景中，明显感到发债融资的成本低于银行贷款，进而大型优质企业的发债意愿逐渐升温，大中型企业越来越多地通过债券的发行来筹措资金，由此导致企业债券融资开始真正成为其外部融资一个不容忽视的渠道。

容易理解，伴随着企业债发行市场的提速，债券承销市场的商业银行同业间的竞争也逐年加剧，甚至出现了部分银行在债券承销中零费率的现象。而之所以会出现这种状况，其原因直接来看是银行必须采取有效措施来应对金融脱媒。在金融脱媒日益明显的情况下，债券承销不仅能够给银行带来一定的存款沉淀，成为银行以业务"拉存款"的有效方式，而且能带来较高的中间业务收入，并维护银企关系，保持客户黏性，为其他业务的发展创造条件。而银行通过债券二级市场的参与不仅有利于其资产配置的优化，而且也有助于其一级市场活动：首先，它使一级市场的投资者确信他们能够在未来撤出投资，从而降低了一级市场流动性网络的成本；其次，银行可以从二级市场交易中掌握市场情绪的信息，进而有助于它们在一级市场的活动；最后，银行可以通过将自有资金投入二级市场并利用其客户合约中获得的市场知识来获得收益。因此，中国的商业银行实际上同时成了企业债一级和二级市场的主要参与者，并从中获得了巨大的收益。

正是这样一个企业与银行"双赢"的格局在政府日益放开企业债市场管制的背景下造就了企业债市场的迅猛发展。但作为一种证券化融资方式，债券毕竟不同于存款和贷款，企业债券发行规模的扩张自然意味着潜在违约风险的加大。从现实来看，企业债的违约问题近年来已成为了一个公众极为关注的话题，2018 年 120 只公募债出现了违约，达到了历史最高值，此后虽有下降，到 2021 年仍然有 19 只公募债发生违约。某种意义上说，只有当投资者对于债券本息偿付的"刚性兑付"预期逐渐弱化直至消失之后，中国的企业债市场才真正可以说"浴火重生"，进入了一个相对成熟的状态。换句话说，尽管现在的中国企业债市场规模已有了长足的扩张，但其市场化进程还并未达到与欧美国家类似的程度。

# 7.5 结　　语

在经历了 40 余年的改革开放之后，中国的金融体系已发生了较为明显的结构性变化，商业银行的主导性地位尽管并未从根本上撼动，但以债券市场和股票市场为代表的金融市场相对重要性有了长足的提升。从现实来看，金融市场的出现和发展引发了商业银行资产端脱媒（突出表现为银行贷款规模在社会融资规模中的占比下降）的提速。从中国人民银行公布的相关统计数据来看，人民币贷款形式的融资占比从 2002 年的 92% 下降到 2013 年的 51.4%，此后虽有所回升，但基本稳定在 70% 以下，2021 年为 63.62%，而同期企业债券融资的占比则从 1.8% 持续上升，到 2015 年和 2016 年分别已达到 19.1% 和 16.9% 的水平，成为仅次于人民币贷款的企业外部资金来源，此后企业债券的融资规模占比在经历了 2017 年的大幅下落后又迅速回升到 2021 年的 10.49%，在企业外部融资中具有重要地位。客观地说，与资产端的脱媒相比，中国债券市场的发展对银行负债端的冲击并不是很明显——现实来看，理财产品和余额宝等互联网货币基金的出现和发展才是对银行负债端冲击较大的金融创新。[①] 此外，由于中国信贷资产证券化仍处于发展早期，无论是从资产支持证券的增量或存量规模来看远没有成为金融脱媒的重要机制，相反从经济动机来看反倒成了强化银企关系的重要手段之一。

无论从理论还是现实来看，在一个像中国这样银行体系具有极强主导地位的经济体中，发展企业债市场的同时推进信贷资产证券化的深化绝非一件易事，因为从本质来看，企业债也罢，资产支持证券也罢，作为金融脱媒的载体会对商业银行传统的存贷款业务模式产生较大的冲击，推动关系型金融向商品金融（或交易型金融）的转变。而这种金融运行模式必然导致传统金融业务的流程分解，进而导致不同业务流程提供主体之间市场竞争的加剧，也就是金融脱媒。这意味着金融市场的发展弱化了商业银行等传统金融机构的相对关系优势，使其无法坐享丰厚的利润，信用评估、风险管理等关键经营技能将成为决定其成败的关键。换句话说，金融市场的发展不但会带来新的竞争，给商业银行的盈利水平和顾客关系带来压力，而且使银行家自身的技能——人力资本过时和贬值。这种来自银行内部对金融市场发展的抵制可能是包括中国在内众多新兴市场国家金融运行模式转变进程中最难克服的一点。[②]

可喜的是，伴随着中国经济金融改革开放的深入推进，经济金融的开放度不断增加的同时，市场化程度不断提升，企业、居民等微观主体的行为取向发生了较大的变化，单纯依靠现有的商业银行体系已无法满足全社会资金配置和财富管理的内在要求，客观上对企业债、资产支持证券等证券化产品的创新和拓展提出了更为迫切的现实动机。面对这样一个变动的市场环境，中国的商业银行日益感受到了业务转型的巨大挑战。因此，在中国，只要坚持深化经济金融体制改革来激发企业等微观主体的市场活力，那么

---

① 但值得一提的是，2014 年以来同业存单市场的发展也开始充当银行同业负债结构调整的主要途径之一。

② 当然，充分的信息披露和公正的法律执行等因素对于金融市场的发展也至关重要。

企业债券和资产支持证券在可预见的未来将迎来一个巨大的发展，金融脱媒也将进入一个新的阶段。

**思考题**

1. 试结合相关理论和中国实践，谈谈你对企业债券市场的发展一度滞后于股票市场这一现象的认识。

2. 中国债券市场的发展有哪些特点？你是如何理解债券市场发展的独特之处的？

# 第8章　中国金融衍生品市场的经济分析

## 8.1　引　言

以外汇期货为起点的金融衍生品市场的出现及迅猛发展无疑是近50年来全球金融最引人关注的现象。当前，衍生品市场已成为全球金融体系的重要构成之一。但从现实来看，无论是相对中国金融现货市场的发展而言，还是从国际层面的金融衍生品构成体系对比来看，中国衍生品市场整体上均处于一个发展相对滞后的状态。相应地，衍生品（尤其是金融衍生品）市场的发展就成为当前中国金融体系现代化进程中一个两难抉择的问题：一方面，随着20世纪70年代以来全球范围内金融衍生品市场的快速发展及其在各国金融体系中相对重要性的不断提升，与衍生品市场相关的金融创新风起云涌，其对实体经济运行的推动作用（尤其是借助风险配置优化和信息显示改进而实现的资源配置改善）日益得到学术界和实务界的认可，发展金融衍生品市场对于中国而言似乎迫在眉睫；另一方面，1980年代以来数次与金融衍生品相关的巨大损失事件，以及2007—2009年全球金融危机中以CDS（信用违约互换）、CDO（担保债务凭证）等为代表的衍生品所扮演的"危机放大器"或"扩散器"等角色使人们强化了对与这种"大规模杀伤性武器"产生与发展相伴随的金融不稳定性的极大担忧。事实上，在目前的中国，尽管在2006年中国金融期货交易所以及2010年股指期货推出之后，政府和市场在要不要发展金融衍生品市场的问题上形成了一定的共识，但在如何看待中国金融衍生品市场实际发挥的作用以及如何发展金融衍生品市场等问题上仍存在较大的分歧，进而导致衍生品市场（尤其是场内衍生品市场）在中国整个金融体系中仍处于较为边缘的状态。本章立足现代金融体系中衍生品（尤其是金融衍生品）市场的经济功能，通过梳理中国衍生品市场发展的历史轨迹及内在逻辑，尝试对中国金融体系现代化进程中衍生品市场的模式及其发展路径进行较为系统的思考。

## 8.2　金融演进中的全球衍生品市场： 一个简要回顾

从技术上说，衍生品就是一些合同，其价值则与作为其标的物的商品、债券、股票、货币或者一些其他基准（如股价指数等抽象的市场表征）的收益相联系。从历史来看，衍生品不仅不是什么特别新的产品，早在17世纪，日本就有了大米期货交易，荷兰也有商品期权和期货交易（当时被称为"时间交易"或"风中交易"）的纪录，1850年前后在美国的芝加哥（CBOT）则出现了被认为是现代期货发展起点的"to-arrival"合约，而且在这类市场出现之后相当长的一个时期内，商品期货等衍生品在包括美国在内的很多国家均不被视为是金融体系的一部分，而仅仅是商品市场（交易方式）的一个延伸。[①]

对于衍生品市场定位的这种理解在 1972 年 5 月 16 日芝加哥交易所（CME）推出外汇期货之后开始出现了改变。尽管当时还没有多少人意识到外汇期货推出的历史意义（米勒，1991），但外汇期货合约可以显著降低外汇敞口管理成本的预想目标的确在其推出之后得到了事实的证明——由于布雷顿森林体系崩溃之后实施的浮动汇率制度，汇率出现了大的波动，对冲需求提升，CME 的国际货币市场（IMM）实际从一开始就吸引了可观的交易量。

外汇期货市场的出现及其成功激发了芝加哥的后续交易产品创新的加速（参见表 8-1）。事后看起来很明显，打开外汇期货缺口的条件在债券市场同样存在，于是债券（利率）期货开始出现——1975 年，在 CBOT 引入了政府国民抵押协会抵押凭证（GNMA）期货后不久，CME 推出了短期国库券期货；而短期国库券之后，长期国债就自然成为下一步期货交易创新的对象（1977 年）。此后，芝加哥各家交易所的创新进一步拓展，新的交易品种层出不穷——在 20 世纪 70 年代，期货交易所年均新增品种为 5 个，20 世纪 80 年代这一数字变成了 20 个，而 1990 年代则增加到了 48 个（Gorham 和 Singh，2009）。

表 8-1　20 世纪 70 年代—90 年代的主要衍生金融工具创新

| 年　份 | 衍生金融工具品种 | | |
| --- | --- | --- | --- |
| 1972 | 外汇期货 | 1973 | 股票期权 |
| 1975 | 短期国债期货、抵押债券期货 | 1977 | 长期国债期货 |
| 1979 | 场外货币期权 | 1981 | 货币互换 |
| 1982 | 股票指数期货、中期政府债券期货、银行存单期货、欧洲美元期货、利率互换、长期政府债券期货期权、货币期权 | 1983 | 利率上限和下限期权、中期政府债券期货期权、货币期货期权、股票指数期货期权 |
| 1985 | 欧洲美元期权、互换期权、美元及债券指数期货 | 1987 | 场外平均期权、场外复合期权、商品互换、长期债券期货和期权 |
| 1989 | 3 月期欧洲马克期货、上限期权、欧洲货币单位期权、利率互换期货 | 1990 | 股票指数互换 |
| | | 1991 | 证券组合互换 |
| 1992 | 特种互换 | | |

资料来源：（英）《国际银行业专题》，《经济学家》1993 年 4 月 10 日，第 9 页。

---

[①]　这一点在美国表现得最为典型——直到1974年美国商品期货交易委员会（CFTC）成立，商品期货的监管一直是由农业部下设的一个部门来实施的。

美国芝加哥期货交易所金融衍生品创新的成功逐渐引起了国际市场的关注。在芝加哥上市金融期货合约 10 年后，英国伦敦国际金融期货交易所（LIFFE）成为美国之外的首个金融衍生品市场。1986 年建立的巴西商业交易所（BM&F）和法国国际金融期货交易所（MATIF）也非常成功。而成立于 1990 年的德国期货交易所（DTB）由于一开始就采用了电子交易系统，发展也极为迅猛。随着除美国之外的场内金融衍生品市场的不断创设及迅猛发展，场内金融衍生品交易的区域分布从 20 世纪 90 年代开始就渐趋国际化——1986 年全球衍生品交易的 90% 位于美国，而 1996 年则有 60% 以上的交易发生在美国之外。

在场内金融衍生品创新不断加速的同时，从 20 世纪 80 年代初开始，随着货币互换（1981 年）、利率互换（1982 年）等金融创新的涌现，OTC 衍生品市场（也就是根据客户要求定制的衍生品的市场，这些衍生品包括互换、远期、上限、下限、双限、互换期权等）开始了其迅猛发展的历程。尽管 OTC 衍生品起步较场内衍生品要晚，但从 1986 年开始，OTC 衍生品市场的交易规模就超过了场内市场，且进入 1990 年代之后的市场增长率保持了极高的水平（OTC 衍生品市场可以说是近 30 年来金融产品发展最为迅猛的市场），导致 OTC 衍生品市场成为全球衍生品市场最为重要的构成部分（参见表 8-2、表 8-3）。

表 8-2　发行在外的 OTC 衍生品名义金额存量及其构成变化：1998—2020 年　单位：10 亿美元

| 年份 | 1998 | 2001 | 2004 | 2007 | 2010 | 2013 | 2016 | 2017 | 2018 | 2019 | 2020 |
|---|---|---|---|---|---|---|---|---|---|---|---|
| 总计 | 80 277 | 111 059 | 258 863 | 585 926 | 601 043 | 710 338 | 482 418 | 531 912 | 544 383 | 558 505 | 582 055 |
| 外汇合约 | 21 713 | 20 665 | 34 577 | 66 575 | 67 913 | 70 553 | 68 598 | 87 117 | 90 658 | 92 177 | 97 549 |
| 直接远期与外汇互换 | 14 858 | 13 337 | 18 286 | 35 195 | 34 943 | 33 218 | 37 215 | 50 847 | 53 908 | 54 647 | 58 031 |
| 货币互换 | 2 672 | 4 467 | 9 287 | 16 445 | 21 895 | 25 448 | 20 903 | 25 535 | 24 856 | 26 288 | 27 810 |
| 期权 | 4 159 | 2 836 | 6 998 | 14 892 | 11 075 | 11 886 | 10 478 | 10 679 | 11 836 | 11 205 | 11 669 |
| 利率合约 | 56 395 | 86 871 | 205 574 | 432 404 | 492 347 | 584 799 | 368 356 | 426 649 | 436 832 | 448 965 | 466 494 |
| 远期利率协议 | 7 375 | 9 009 | 14 264 | 29 827 | 55 493 | 78 810 | 60 666 | 68 334 | 67 636 | 67 431 | 72 927 |
| 利率互换 | 40 246 | 65 375 | 162 040 | 340 666 | 385 041 | 456 725 | 275 168 | 318 871 | 326 681 | 341 292 | 355 791 |
| 期权 | 8 743 | 12 485 | 29 250 | 61 911 | 51 810 | 49 264 | 32 226 | 39 112 | 42 159 | 39 916 | 37 471 |
| 股权联结合约 | 1 563 | 2 054 | 5 059 | 9 541 | 6 262 | 6 560 | 6 140 | 6 570 | 6 419 | 6 874 | 7 084 |
| 远期与互换 | 175 | 369 | 853 | 2 461 | 1 932 | 2 277 | 2 526 | 3 210 | 2 938 | 3 199 | 3 643 |
| 期权 | 1 388 | 1 685 | 4 207 | 7 079 | 4 330 | 4 284 | 3 613 | 3 360 | 3 481 | 3 675 | 3 441 |

续表

| 年份 | 1998 | 2001 | 2004 | 2007 | 2010 | 2013 | 2016 | 2017 | 2018 | 2019 | 2020 |
|---|---|---|---|---|---|---|---|---|---|---|---|
| 信用衍生品 | 108 | 774 | 11 653 | 68 066 | 31 089 | 21 526 | 10 103 | 9 578 | 8 372 | 8 119 | — |
| 信贷违约互换 | — | — | 6 396 | 61 242 | 30 718 | 21 142 | 9 931 | 9 354 | 8 141 | 7 578 | 8 359 |
| 商品合约 | 474 | 692 | 1 542 | 9 250 | 3 357 | 2 469 | 1 671 | 1 862 | 1 903 | 2 124 | 2 051 |
| 远期与互换 | 287 | 385 | 769 | 5 981 | 2 316 | 1 634 | 1 249 | 1 414 | 1 455 | 1 520 | 1 452 |
| 期权 | 209 | 307 | 774 | 3 268 | 1 041 | 835 | 422 | 447 | 449 | 604 | 598 |

资料来源：BIS、WIND。

表 8-3　发行在外的场内衍生品名义金额存量变化：1998—2020 年　（单位：10 亿美元）

| 项目 | 1998 年 | 2001 年 | 2004 年 | 2007 年 | 2010 年 | 2013 年 | 2016 年 | 2017 年 | 2018 年 | 2019 年 | 2020 年 |
|---|---|---|---|---|---|---|---|---|---|---|---|
| 总计 | 12 741 | 21 865 | 42 970 | 71 523 | 62 311 | 57 459 | 67 245 | 80 985 | 94 849 | 95 813 | 65 950 |
| 期货 | | | | | | | | | | | |
| 小计 | 8 072 | 9 346 | 18 305 | 27 089 | 21 249 | 24 524 | 26 169 | 33 669 | 39 125 | 35 043 | 28 995 |
| 利率 | 8 040 | 9 273 | 18 191 | 26 907 | 21 077 | 24 280 | 25 944 | 33 381 | 38 868 | 34 771 | 28 668 |
| 外汇 | 32 | 73 | 114 | 182 | 172 | 244 | 225 | 289 | 257 | 272 | 326 |
| 期权 | | | | | | | | | | | |
| 小计 | 4 669 | 12 519 | 24 665 | 44 444 | 41 062 | 32 935 | 41 076 | 47 315 | 55 724 | 60 770 | 36 955 |
| 利率 | 4 621 | 12 492 | 24 605 | 44 311 | 40 917 | 32 792 | 40 954 | 47 191 | 55 585 | 60 654 | 36 831 |
| 外汇 | 48 | 27 | 60 | 133 | 144 | 143 | 122 | 124 | 139 | 116 | 124 |

说明：BIS 的场内衍生品的统计没有包括权益（含股指）类衍生品。

数据来源：BIS、WIND。

借助 BIS 关于衍生品的相关统计，可以发现如果把场内和场外衍生品名义金额简单加总，那么在过去的 40 余年间，衍生品市场的创新与成长成为全球金融体系演进中最引人关注的现象。1998 年年底全球未平仓衍生品名义金额总数就达到了 75 万亿美元（约为当年全球 GDP 的 2.5 倍），而到了金融危机刚刚爆发的 2007 年年底，这一数字就超过了 650 万亿美元的规模（约为当年全球 GDP 的 11 倍）；金融危机爆发之后全球的衍生品规模增速尽管有所下降，但绝对名义金额仍维持了上升态势（2013 年年底接近 770 万亿美元）。尽管最近几年，全球未平仓衍生品规模有所回落，但 2017 年年底的规模超过了 612 万亿美元，2020 年年底的规模超过了 648 万亿美元（约为全球 GDP 的 7.5 倍），市场整体规模远远超过了当年全球股票市值和债券市值的总和。换句话说，这意味着在金融期货出现 47 年之后，衍生品（尤其是金融衍生品）市场不仅成为全球金融体系不可或缺的构成之一，而且是规模最大、增长最快且创新最为活跃的一个领域。

值得一提的是，以 2007—2009 年爆发的全球金融危机为时间节点，全球衍生品市场的产品构成呈现出从简单到复杂，又从复杂回归简单的态势。以信用衍生品为例，尽管 2004 年之前，单一名称 CDS 等较简单的产品一直是信用衍生产品市场最主要的产品，但随着 Trac-x 系列的信用违约互换指数和道琼斯 iBoxx 指数的推出以及组合类信用衍生品创新的不断涌现，整个衍生品市场的复杂程度不断加深；2009 年之后，这一发展态势出现了逆转，在规模显著下降的同时，单一名称 CDS 等简单产品的市场份额逐渐提升，重新成为市场主流产品，而其他较为复杂的信用衍生产品市场规模出现了显著的下降，尤其是与次级贷款关联度高、结构复杂的 $CDO^2$ 及 $CDO^3$ 等产品，更是几乎销声匿迹。

# 8.3 现代金融体系中的衍生品市场：<br>功能视角的经济分析

历史地看，自 20 世纪 70 年代开始的衍生品的迅猛发展对全球金融活动所产生的重大影响应该是其他种类的证券难以匹敌的。但客观地说，衍生品的发展也引发了众多争议。因为衍生品内含的高杠杆性，可以瞬间使人暴富或破产，所以直到今天，还有很多人以怀疑的眼光看待衍生品，认为衍生品仅仅是一种高效的投机工具而已。此外，很清楚的一点是，鉴于所有的衍生品都是"冗余"证券——从理论上说，它们均可以用一系列基础资产的基本动态组合策略操作来复制，因此可以说衍生品的出现和发展没有"创造"任何事物。那么，为什么衍生品市场在过去的 40 余年间能实现如此幅度的增长呢？在我们看来，以远期、互换、期货、期权以及近年来不断涌现出来的各种"结构化"金融工具为代名词的金融创新并不是经济运行的偶然，而是经济、金融发展到一定阶段的必然产物，或者说金融衍生产品的出现和发展是金融功能深化的必然产物。

## 8.3.1 衍生品市场的经济功能之一：价格发现

众所周知，现代市场经济主要是一个分散决策的经济，换句话说，在现代市场经济中，在一个复杂的消费品供应链上工作的人并不需要了解该产品的完整生产过程——事实上，没有人需要了解整个生产过程的全貌，并且也没有人能够做到这一点。而无论是从金融运行的微观还是宏观层面看，也存在类似的情形——在缺乏中央权威的市场经济中，不仅单独经济主体储蓄和投资决策的实施需建立在关于利率期限结构、证券价格以及投资收益等变量准确、完整的信息之上，而且由于不同主体之间的各类投资既可能存在竞争性，也可能存在互补性，不同投资项目在宏观层面上的协调也必须建立在信息协调的基础之上。因此，信息的收集、加工和处理是金融体系最为基础的经济功能之一。

从现实来看，尽管以外汇期货、国债期货以及股票或股指期权等为代表的场内金融衍生品市场并不直接提供关于未来的利率、汇率等信息，但这些衍生品市场的出现和发展已经使这些信息变得多余。这实际上意味着场内期货期权市场提供的信息中含有巨大的价值，进而在人们愿意为减少一些不想承担的风险而支付一个价格的同时，也使得经济体系更加有效率。设想在不存在利率期货价格的情形下，此时要做出现在融入资金还是再等一段时间，是现在还是晚些时候贷出等相关决策会变得很困难，因为人们必须按各自的主观想法进行决策，而这种主观想法很可能与实际相距甚远。

从理论上说，金融期货、期权等场内金融衍生品之所以具有价格发现的功能，是因为场内衍生品是一个标准化合约，所有规格相同的期货合约都是其他同品种合约的完美替代品，进而可以形成一个有流动性的、完全由供求决定价格的自由市场。在这个市场中，聚集了大量的偏好有异、信息来源不同的买者和卖者，而买卖双方根据各自掌握的信息充分竞争并形成对未来市场供求的理性预期，相应地形成的价格就是竞争性交易的结果。这些价格通过复杂的交易所报价系统连续地向全世界传播，成为各类主体决策的重要参考指标。

此外，相比金融现货市场的价格发现功能实现机制，无论是从理论还是实践来看，衍生品市场的出现和发展对基础资产的信息内涵、波动，甚至交易者的信息收集动机均有不可忽视的影响。Grossman（1988）非正式地提出了这一点——他认为期权引入之后，经济信息整合的程度应可以达到交易者自由运用动态对冲策略状态的水平（由于交易成本的存在，期权引入之前这一策略要么是非现实的，要么就仅限于一些机构）。Cao（1999）借助竞争性价格信息传递与整合功能的基本模型，对（股票）期权引入前后股票价格信息内涵的变化做了深入的模型化研究，其基本结论是：①期权的引入导致知情交易者收集准确度更高的信息；②期权的引入将在增加股票预期价格的同时，减少价格的波动性（应展宇，2004）。换句话说，无论是理论分析，还是来自现实的实证证据都表明衍生品市场的发展极大地强化了基础资产价格信息内涵的准确性与完备性。

## 8.3.2　衍生品市场的经济功能之二：风险对冲

理论上说，衍生品的出现改变了传统金融交易在时间与空间上的纬度概念。也就是说，衍生品把未来的不确定性以时间价值的方式"转化"为当前契约来交易，从而帮助人们把不确定性给交易了：有抵抗力的把不确定性买进来，没有抵抗力的卖出去。现实地看，借助金融衍生品，金融工程技术已经基本能够实现在把经济体系中众多不同的风险元素（主要是市场风险与信用风险）分离的基础上，通过分析和重新包装与组合来创造各种新的产品或策略，而这些产品或策略可以让使用者精确地决定在什么价格区间他们愿意承担一些损失（或者不承担损失），在什么价格他们希望保留盈利的可能性。换句话说，在以金融衍生品与金融工程技术为核心的风险管理金融时代，风险成为与商品一样的"工具"——可以在任何时候以一个公平合理的价格在不同主体之间进行交易（或者说分配）。

从风险管理视角着眼，在信息通信技术巨大进步导致计算能力呈几何级数增长和成本显著下降的大背景下，作为一种风险管理的全新载体，与标的基础资产相比，金融衍生产品（及其交易）在（风险管理）功能实现上具有四个非常明显的优势：①交易成本低廉，即相对于原生产品而言，利用金融衍生产品的交易进行风险管理可以获得极大的交易成本节约；②风险头寸管理的精确性与灵活性，即通过对冲比率调节和金融工程技术，利用衍生产品进行风险管理时主体不仅可以精确地分割和处理风险，实现风险的完全对冲，或根据其风险偏好和承受能力将风险头寸调节至理想大小，而且更为重要的是为其随市场变化调节风险管理策略提供了很高的灵活性，实现了风险的动态管理；③信息优势，即衍生市场交易的存在，不仅提供了一种全新信息收集渠道，也使得信息的准确性有了相当的改善；④交易制度差异导致的交易处理优势，即衍生产品特有的保证金交易制度，使得衍生产品市场的参与者只需付出很少的资金便可以进行巨额资金的交易，进而为风险头寸的调节创造了"杠杆效应"等。

显然，正是由于这些独特优势，金融衍生产品以及以其为基础的动态套期（如投资组合保险策略、风险免疫策略以及对冲策略等）逐渐成为金融领域中最流行的风险管理手段。

此后，随着以市场风险管理为目标的金融衍生产品市场的日趋成熟，交易量的增长和交易成本下降，反过来又刺激了需求，这样金融风险技术改进的一种良性循环就产生了。大约从 20 世纪 80 年代中后期开始，一种以金融体系中市场和机构之间的"创新螺旋"动态关系为依托所实现的基于风险"原子化"的"商品化"的风险管理技术——金融工程技术[1] 逐渐成形，极大地推动了风险度量和定价模型的开发，而这些技术目前已被广泛应用于金融风险管理领域，其涉及的风险类型也不再局限于利率、汇率、股价波动等市场风险，信用风险的分离与交易也逐渐成为现实。[2]

### 8.3.3　衍生品市场的其他经济功能

#### （1）弱化金融运行中不同主体之间的利益冲突

作为一种制度安排，金融体系的基本功能之一就是为处理财务契约中的激励问题提供有效的手段，即在承认金融契约设计中激励问题的存在及其性质的前提下，以金融创新为基本手段，要么通过证券设计与激励问题的内在互动，要么利用企业财务政策调整以及其他一些外部协调机制（如接管机制等）来消除或弱化激励问题的负效应[3]（Merton，Bodie，1995）。

从理论上说，之所以金融活动存在较大的激励（或代理）问题，主要是指在契约双方利益不一致的前提下，契约一方（委托人）无法轻易地观察或控制另一方（代理人）的行为，或仅仅是契约实施成本的现实存在，导致代理人在机会主义[4]动机的驱使下其

---

① 从操作上看，金融工程技术的核心思想是利用各类金融衍生产品将经济活动内涵的风险分解为最基本的组成部分之后，通过这些不同基本风险元素的重新组合来创造出各种可交易的风险商品，进而借助高流动性的有效金融市场来实现风险在不同主体间的优化配置。

② 应该说，近年来期货、期权、互换等传统金融衍生产品为基础而再度衍生出来的信用衍生产品、结构化金融产品（如CDO等）、混合证券以及合成型资产证券化等出现及其规模迅猛扩张都是金融工程之于风险管理最为引人注目的现象。

③ 当然，如果反过来考察，财务契约设计中存在的激励问题也就成为金融体系演变过程中一个非常独特的内生性因素，即如何减弱激励问题经济效应的动机构成了推动金融体系不断趋于完美的基本动力之一。

④ 机会主义指运用诡计来寻求个人利益，包括逃避责任、欺诈以及其他的非最优行为，如数据的曲解、做出连自己都无法相信的承诺等。

行为表现出明显的自利倾向，甚至有时不惜以牺牲委托人利益为代价来实现自身利益。从现实来看，尽管金融活动中的利益冲突很难根除，但借助权变报酬机制设计、公司控制权市场中的兼并收购机制等措施确实存在弱化的空间（应展宇，2004）。

值得一提的是，内含期权的可转换债券等衍生品的出现和发展也为金融运行中的利益冲突弱化提供了新的方式，如 Brennan 和 Schwartz（1981）就认为，对于公司的股东和债权人而言，可转换债券的发行可伴生两种有效弱化两者之间利益冲突的方式：第一，可转换债券可抑制股东的"逆向选择"行为。这一点主要是因为对于公司可转换债券的持有者而言，无论股东试图想通过从低风险投资转向高风险投资的"资产替换"，抑或发行更多债务等其他方式来提高公司的财务杠杆，降低债权价值，提高股权价值，内含于转债的"债权转换为股权"权利事实上向他们提供了在股权价值提高情况下通过转换进而分享成果的一种保证，进而减少了股东收益，削弱了其进行这种行为的动机。换句话说，这也就意味着可转债中转换条款的存在使得转债的价值在一定意义上独立于公司风险的变化——当公司从事高风险投资时，可转换债券的价值下降了，但股权的价值可能上升，而且考虑到公司股价波动程度的扩大，转债所内含的期权价值也增加了。第二，转债特有的低息条款，使得公司通过减少利息的支付，降低了其遭受财务危机的可能性，进而在一定意义上缓解了公司的"投资不足"现象，保证了对公司发展有益的投资能够得到资金支持，促进公司的长远发展。

此外，可转换债券也可以用于解决由于管理层机会主义行为导致的管理层和股东两者之间的利益冲突问题。Isagawa（2000）利用一个非常简单的模型，论证了带有可赎回条款的可转换债券在抑制管理层机会主义行为中的独特优势。他认为如果设计恰当，使得债务有利于阻止管理层过度投资行为，转债不会发生转换，而当债务过多导致管理层出现投资不足的时候，转换的发生，可以减轻公司的杠杆程度，进而缓解投资不足，而这样一种作用是单纯的债务或者股权融资所无法实现的。Mayers（1998）从融资能力的视角出发，论证了可转换债券在不同状态对管理层机会主义行为的约束作用。

**（2）改进资源的跨期跨区域（尤其是跨越国境）优化配置效率**

无论是从理论还是实践来看，衍生品市场在强化不同地区、不同国家之间的经济关联，促进资源的跨区域配置方面有着极为重要的作用——如果没有互换等衍生品的出现和发展，各个国家的金融市场将会在一定时期内呈现一种相互割裂的状态，而互换等衍生品实际上发挥着连接全球不同市场的功能：利率互换交易可以将短期和长期利率，或是资本市场利率和银行贷款利率连接在一起，进而当不同地区、不同国家利率之间的利差足够大时，就会吸引足够的业务，最终使利差得以缩小；类似地，货币互换交易起着将长期和短期美元和非美元利率连接在一起的作用，或者说将美元债券市场借款利率和借款条件与不同非美元债券的市场的借款利率和条件联系到了一起。

现实地看，以互换为代表的衍生品交易主体能够高效地在世界上所有的金融市场中每天 24 小时连续不断地运作，寻找互换等衍生品交易的可能性，并在以此为参与者提供附加价值的同时，迅速就这些可能性与客户沟通。一旦一笔交易完成，市场就会立即得知有关情况，交易中任何新的内容就会被模仿，接下来的几笔同样类型的交易，可能会收取更高的手续费或者成本更高一些，以反映出它们的创新性。然后，用不了多久，利差就会变窄，优势将会消失，市场就会等待下一次机会。之所以能够有这样的速度和效率，是因为竞争的力量，再加上出色的通信设备以及银行和客户的市场敏感度都得到了急剧提升，技术能力也大大加强。互换等衍生品市场运转得越快、越有效，一个国家不同地区之间乃至不同国家之间各种关联的效率就越高，相应的资源配置的效率也就得到了有效的改进。

### 8.3.4　衍生品市场的崛起与现代金融体系的形成

众所周知，尽管就金融功能实施效率的提升而言，衍生品市场的出现及其迅速崛起有其内在的理论逻辑，但衍生品出现和崛起更为现实的背景是宏观经济金融运行环境的深刻结构性变化。换句话说，衍生品市场的出现及迅猛崛起的部分原因是诸如布雷顿森林体系的崩溃等外在事件，但也许更重要的，它应该是金融市场更深层次变革共生的产物，反过来，在这一变革中衍生品也做出了重大的贡献。

之所以有这样一个判断，首先是因为当我们回顾金融衍生产品的发展历程进而探索金融创新的动力源泉时，可以发现初期的金融创新很大程度上是"需求导向"的，也就是说市场中产生了对某类金融产品的强烈需求，而金融机构则顺势而为，提出了相应的金融创新，较为明显的是前文提及的外汇期货、利率期货以及股指期货等产品。这种需求的产生主要是由于经济环境的改变。对于这种变化，现在更为专业化的称谓是伴随着经济自由化、经济全球化进程出现的"金融的放松管制"或"金融自由化"趋势。这也可以被认为是金融创新的制度根源所在。

虽然从理论上说"需求与满足需求的手段同时出现"，但是需求的满足不可能是无条件的。这时就出现了所谓的"供给导向型"金融创新，比如几乎与外汇期货同时期CBOT推出的股票期权交易。股票期权的成功，离不开我们今天所熟知的布莱克—斯科尔斯期权定价公式的推出和计算机技术的发展。这就是技术——我们认为金融创新的第二个源泉——的力量。[①] 随着经济金融的不断发展，技术在金融创新中的作用日益明显，成为创新的重要驱动力。

金融创新的第三个动力是默顿（1995）提出的所谓"创新螺旋"，也即由一项创新衍生出另一项创新。一项全新的创新出现以后，可能有两种影响：或者受启发而发现一个更好的创新，或者在原有的创新之上开发出更有意义的创新。这就意味着一种创新的出现，使另一种创新成为可能，同时也降低了创新的成本和难度。

金融创新的第四个动力源泉是各国法律法规的不断变化。这可能具有些讽刺意义——原来旨在限制金融机构活动所构建的庞大的金融法规体系，现在竟然成为金融创新永恒的源泉，各种旨在逃避各种管制、规避税收、降低成本的金融创新源源不断。而

---

① 显然，这里的技术主要指的是金融工程技术，既包括类似布莱克-斯科尔斯期权定价公式、投资组合保险策略设计这样的学术发现，也包括新的计算机算法、网络技术等工具的出现。

且，不管在哪里，法律、法规总是在不断变化，"管制—反管制—管制"的"螺旋"永远在继续，这些变化为创新提供了动力和机会……

金融衍生产品是金融创新活动的结果和载体。从而，金融创新的必然性也就意味着金融衍生产品出现和发展的必然性。

在思考衍生品市场崛起的动因之外，我们应该清醒地意识到一点，那就是衍生品市场的发展实际上远比股票、债券等基础资产市场的发展要更为艰难。仅以期货等交易所衍生品合约为例，要想取得市场的成功其就必须具备一些基本要素，诸如对于作为标的物的基础资产或工具而言，其应当具有同质性的同时要存在一个具有市场深度和流动性的现货市场；包括交割规定在内的合理产品设计，借此提升合约到期时现货和期货价格之间的趋同程度的同时确保合约的定价容易理解，进而对保值者和投机者均有吸引力；与其他合约的互补性，提高交叉保值的效率；竞争性合约的存在与否以及有效监管等。

容易理解，衍生品市场成功所需外部条件的满足绝非易事。仅以流动性为例，可以发现鉴于衍生品只有在基础工具市场产生连续价格的情况下才能定价，进而在很大程度上，交易所交易衍生品的增长依赖于市场参与者是否能够产生日内"优良资金"（在结算银行中的存款），来满足潜在的由于价格剧烈波动产生的大量日内追加保证金需求[①]，因此，在股票、债券等基础资产发展之外，是否存在以流动性调剂为核心功能的发达货币市场也是决定衍生品等创新金融工具成功的关键所在。

正是因为衍生品市场的出现和发展需要建立在相对成熟的货币市场和资本市场基础之上，所以衍生品市场无疑是金融发展的高级阶段的必然产物，进而也可视为现代金融体系形成的一个重要标志。理论上说，如果一个国家或地区没有通过制度创新来提供在流动性好的市场上交易的衍生品和满足特定需要的定制衍生品，金融风险就无法实现原子化进而商品化（或者说具有流动性），金融风险定价的透明度和信息效率就难以实现根本性的提升，金融运行的效率就仍存在较大的改进空间。而衍生品的出现改变了公司和银行管理其金融业务的方式，在推动金融中介与市场之间激烈竞争的同时又使得两者之间实现了功能的互补，进而使金融业的焦点与结构出现了根本性的变革。事实上，衍生品市场的存在增加了整个经济的风险暴露，同时强化了经济体对技术和需求变化的调节能力，进而增加了经济产出。这也正是现代金融体系内在演进的终极目标所在。

## 8.4　金融发展中的中国衍生品市场

从历史角度看，一方面中国衍生品市场的总体发展轨迹与美国、欧洲等发达国家大致类似，也就是经历了一条"先商品，后金融；先场内，后场外"的道路；另一方面，

---

[①] 类似地，动态保值技术也依赖于在下跌的市场中出售大量基础工具和在上涨的市场中购买大量基础工具的能力。

金融衍生品市场的发展颇为曲折，场内市场发展呈现不连续性，场外市场的构成体系和具体衍生产品发展顺序等方面则颇具中国特色。

## 8.4.1 中国衍生品市场发展的历史轨迹

与美国、欧洲类似，中国衍生品的发展始于商品市场。1990 年 10 月，经国务院批准成立的郑州粮食批发市场在以现货交易为主的基础上，首次引入期货交易机制，实际上迈出了中国衍生品市场发展的第一步。在经济金融体制改革深化的大背景下，商品市场的交易创新很快拓展到了金融市场，1992 年 6 月 1 日，全国外汇调剂中心（中国外汇交易中心的前身）就推出了人民币外汇期货，开展了人民币与美元、日元、德国马克的期货交易，中国的金融衍生品市场也就此掀开了发展的序幕。

从历史角度看，在 1992—1995 年间，由于金融衍生品在当时属于金融监管的盲区（既没有明确的行政主管部门，且缺失与衍生品市场运行相配套的法律法规），中国的场内金融衍生品呈现出一个盲目发展的态势。在极短的时间内，外汇期货（1992 年 6 月）、国债期货（1992 年 12 月）、股指期货（1993 年 3 月）、可转换债券（1992 年 11 月）以及认股权证（1994 年 10 月）等多种金融衍生品就得以推出并大都随后直接向社会公众开放。[①] 但"其兴也勃焉，其亡也忽焉"，这些场内金融衍生品推出之后短至半年，长至三年，随着 1995 年以"327 国债期货风波"为代表的一系列重大风险事件的爆发，相关的交易逐步停止。1995 年 5 月 17 日，证监会发布《关于暂停国债期货交易试点的紧急通知》，终止了交易所的国债期货交易；1996 年 6 月，出于稳定证券市场，实施全国统一配股政策的考虑及权证的存在对其他国家股、法人股转配不公平问题的担心，证监会取消了交易所认股权证的交易。[②]

当场内金融衍生品交易在 1995 年到 1996 年陆续暂停之后，伴随着 1997 年中国银行具有远期交易性质的远期结售汇业务的推出，场外市场事实上成为此后 10 余年间中国金融衍生品存在并得以发展的唯一舞台。一般认为，中国大规模的场外金融衍生品发展始于 2005 年 6 月 15 日中国外汇交易中心 / 全国银行间同业拆借中心推出的债券远期交易。此后，银行间远期外汇交易（2005 年 8 月 15 日）、人民币利率掉期交易（2006 年 2 月 9 日）、外汇掉期交易（2006 年 4 月 24 日）、利率互换交易（2007 年 4 月 6 日）和人民币对外外汇期权交易（2011 年 4 月 1 日）逐渐在中国出现。[③]

随着 2006 年 9 月 8 日中国金融期货交易所的成立，中国场内金融衍生品开始有了

---

[①] 以国债期货为例，1992年12月，上交所首先向证券公司推出了国债期货交易。由于交易清淡，1993年12月进一步向社会公众开放。1994年至1995年初，国债期货得到迅速发展，全国开设国债期货的交易所从2家增加到14家（包括2家证券交易所、2个证券交易中心和10家期货交易所），各地挂牌的合约达到60多个品种。

[②] 外汇期货存续了约1年时间，1993年中国外汇调剂中心就终止了该类交易；海南证券交易中心于1993年推出的股票指数期货交易则仅仅运营了半年时间就停止。

[③] 从2005年起，银行间债券市场还推出了资产支持证券，但到2009年就没有新证券发行。

发展的平台。[1]但中国金融期货交易所设立伊始，仅仅推出了沪深300指数的模拟盘交易，因此直到2010年4月16日该合约正式上市交易之后，中国才真正有了场内金融衍生品交易。2015年之后，中国金融期货交易所陆续推出了中证500股指期货（2015年4月）、上证50股指期货（2015年4月）、5年期国债期货（2013年9月）、10年期国债期货（2017年3月）、2年期国债期货（2018年8月）和沪深300股指期权（2019年12月）。

在银行间金融衍生品和场内金融衍生品不断创新和发展的同时，交易对手方应限于机构（包括专业交易对手方和非专业交易对手方）的金融衍生品的证券公司机构间市场[2]与证券公司柜台交易市场也从2013年开始出现。证券公司柜台市场始于2013年1月，机构间市场的首只产品正式上线于2014年8月。

此外，经中国证监会批准，上海证券交易所于2015年2月9日上市交易了上证50ETF期权合约品种，成为中国内地交易市场的第一只期权品种。

## 8.4.2 中国主要衍生品子市场

### 1. 远期市场

远期市场主要由人民币远期利率协议交易、债券远期交易和外汇远期交易构成。

债券远期合约是双方约定在未来一个时刻（或时间段内）按现在确定的价格买卖标的债券的合约。债券远期交易有8个期限品种，最短为2天，最长为365天，交易成员可在此区间内自由选择交易期限，不得展期。

远期利率协议指交易双方约定在未来某一日交换协议期间内在一定名义本金基础上分别以合同利率和参考利率计算的利息的金融合约。其中，远期利率协议的买方支付以合同利率计算的利息，卖方支付以参考利率计算的利息。这里的参考利率应为中国人民银行公布的基准利率或授权发布的具有基准利率性质的市场利率。

外汇远期合约是指交易双方按约定的汇率在未来日期买卖约定数量的某种外币的金融合约。目前，国内主要外汇银行均开设远期结售汇业务，中国外汇交易中心开展了人民币外汇远期/掉期交易和外币对远期/掉期交易。

### 2. 期货市场

我国期货市场目前由商品期货、股指期货和国债期货三种类型产品构成。

商品期货主要依托上海、大连和郑州三家商品期货交易所运行。

---

① 场内交易的权证在中国也存在过一段时间。2005年8月，作为股权分置改革的配套措施，宝钢股份有限公司发行了第一只股改权证，至2008年6月最后一只股改权证到期，沪深两个交易所共发行股改权证21只。从2006年开始，中国证券交易所还出现过可分离交易债券及其权证。自2006年11月首只可分离交易债券及其权证在上海证券交易所上市，至2011年8月最后一只可分离债券的权证到期，证券交易所共发行19只分离交易的公司债券。目前，沪深两个交易所已无权证交易。

② 在中国，证券公司机构间市场又被称为机构间私募产品报价与服务系统，是经中国证监会批准设立的为机构投资者提供私募产品报价、发行、转让及相关服务的专业化电子平台。

　　股指期货是以股票价格指数为基础变量的期货合约，其交易单位为基础指数的数值与交易所规定的每点价值之乘积，采用现金结算。目前我国推出的三个股指期货合约各有侧重，涉及的股价指数代表了不同上市公司样本群体的价格变化态势——沪深 300 指数以 A 股市场中规模大、流动性好的最具代表性的 300 只股票为样本，上证 50 指数的样本范围是上海证券交易所规模大、流动性好的 50 只股票，中证 500 则是综合反映沪深证券市场内小市值公司整体状况的指数，基本可以满足不同目标投资者控制股市价格风险，尤其是系统性风险的需要。

　　国债期货是以某个名义国债为交易对象的期货合约，实质上是利率期货。不同于股指期货，国债期货采取实物交割方式，交割时实际存在的国债可通过期货交易所公布的系数转换为一定数量的合约规定的名义国债。目前我国推出了三个国债期货品种，分别是以面值为 200 万元、票面利率为 3% 的名义中期国债，面值为 100 万元、票面利率为 3% 的名义中期国债和面值为 100 万元、票面利率为 3% 的名义长期国债为标的的 2 年期、5 年期和 10 年期国债期货合约。

### 3. 互换市场

　　我国目前常见的有利率互换、货币互换、股票收益互换以及信用违约互换等类型。

　　人民币利率互换是指交易双方约定在未来的一个时期内，根据约定的人民币本金和利率计算利率并进行利息交换的金融合约。利率互换的参考利率应为中国人民银行公布的基准利率或其授权发布的具有基准利率性质的市场利率。目前，中国外汇交易中心人民币利率互换参考利率包括上海银行间同业拆放利率、国债回购利率、1 年期定期存款利率；互换期限从 7 天到 3 年，交易双方可协商确定付息频率、利率重置期限、计息方式等合约条款。

　　货币互换一般指的是交易双方达成的，在未来一个时期内，约定将一种货币的本金和固定利息与几乎等价的另一种货币的本金和固定利息进行交换的金融合约。货币互换交易一般依托银行柜台市场开展。

　　股票收益互换指证券公司与客户根据协议约定，在未来某一期限内针对特定股票的收益表现与固定利率进行现金流交换的协议。2012 年，中国证券业协会启动了相关业务试点工作，主要依托证券公司柜台市场进行。

　　信用违约互换是信用衍生品的一种，合约的购买者将定期向出售者支付一定的费用（也称为信用违约互换点差），而一旦出现约定的信用事件（如债券主体无法偿付本息），购买者将有权利将债券以面值递送给出售者进而获得债券面值和市价之间的差额。2016年银行间交易商协会推出了 CDS 产品。

### 4. 期权市场

　　场内期权市场主要涵盖商品期权和包括 ETF 期权和沪深 300 股指期权在内的金融期权两大类。截至 2021 年底，郑州、上海和大连三个期货交易所共上市 20 个商品期权产品，中国金融期货交易所上市交易 1 个金融产品，沪深两个证券交易所上市 3 个金融期权产品。

场外期权主要指的是证券公司在机构间市场或柜台根据与交易对手达成的协议，与交易对手直接开展期权交易。场外期权业务从 2013 年开始试点，合约标的主要为以沪深 300、中证 500、上证 50 为主的股指，A 股个股，黄金期现货及部分境外标的。

### 5. 其他衍生品市场

除了一般衍生品外，我国还存在存托凭证和结构化金融衍生品等其他衍生品。

中国存托凭证是指由存托人签发、以境外证券为基础在中国境内发行、代表境外基础证券权益的证券。目前，存托凭证仍处于试点阶段，主要面向符合国家战略、掌握核心技术、市场认可度高，属于互联网、大数据、云计算、人工智能、软件和集成电路、高端装备制造、生物医药等高新技术产业和战略性新兴产业，且达到相当规模的创新企业。2020 年，科创板"首单 CDR"九号机器人有限公司成功发行。

结构化金融衍生品是运用金融工程结构化方法，将若干种基础产品和衍生品相结合设计出的新型产品。目前中国流行的结构化金融衍生品包括两大类：一类是资产支持证券，另一类是由商业银行开发的结构化理财产品。资产支持证券是资产证券化的产物，也就是以像住房抵押贷款、应收账款等流动性较低的资产（池）产生的现金流为支持，创设的具有较高流动性的可交易证券。结构化理财产品指的是收益与某种利率、汇率或者黄金、股票、能源价格通过事先约定的计算方式相关联的产品。

## 8.4.3　中国衍生品市场的现状分析

尽管经过 20 余年的持续探索与创新，目前的中国已经形成了一个与发达国家颇为类似的场内和场外协同发展的衍生品市场体系（参见图 8-1），但从最近几年场内和场外市场的发展对比来看，从沪深 300 股指期货推出直到 2015 年，场内市场的交易规模持续走高。2010 年就达到了 41 万亿元人民币，到 2015 年则达到了创纪录的 417 万亿元人民币，年均增长速度达到 159%，无论是交易规模总量还是增长速度均远远地超过了（包括利率和外汇交易在内的银行间）场外市场（参见图 8-2 和表 8-4）。

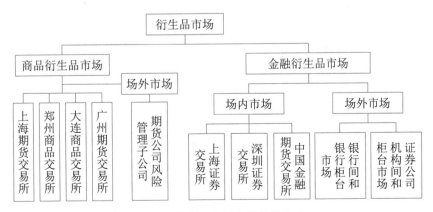

图 8-1　中国衍生品市场体系构成

图 8-2　中金所交易的衍生品年度成交金额（单位：万亿元人民币）

资料来源：中国金融期货交易所。

表 8-4　中国银行间市场金融衍生品交易规模

| 年　份 | 人民币债券远期（亿元） | 人民币利率互换（亿元） | 人民币远期利率协议（亿元） | 标准利率衍生品（亿元） | 人民币外汇掉期（亿美元） | 人民币外汇远期（亿美元） | 人民币外汇期权（亿美元） |
|---|---|---|---|---|---|---|---|
| 2005 | 177.99 | | | | | | |
| 2006 | 664.46 | 355.7 | | | 508.6 | 140.6 | |
| 2007 | 2 518.1 | 2 186.9 | 10.5 | | 3 154.67 | 223.87 | |
| 2008 | 5 005.5 | 4 121.5 | 113.6 | | 4 403 | 174 | |
| 2009 | 6 556.37 | 4 616.4 | 60 | | 8 018.02 | 97.67 | |
| 2010 | 3 183.4 | 15 003.4 | 33.5 | | 12 800 | 327 | |
| 2011 | 1 030.1 | 26 759.6 | 3 | | 17 710 | 2 146 | 10.1 |
| 2012 | 166.13 | 29 021.4 | 2 | | 25 200 | 866 | 33 |
| 2013 | 1.01 | 27 277.8 | 0.5 | | 34 000 | 323.7 | 217.5 |
| 2014 | | 40 347.2 | | 413.5 | 44 995 | 529 | 1 299 |
| 2015 | 19.6 | 82 304.1 | | 5014 | 83 600 | 372 | 2 887.57 |
| 2016 | | 99 184.2 | | 8 | 100 229 | 1 529 | 7 471 |
| 2017 | | 144 073 | | | 134 640 | 1 034 | 3 712 |
| 2018 | | 214 911 | | | 164 000 | 875 | |
| 2019 | | 181 394 | | | 164 000 | 760 | |
| 2020 | | 195 565 | | | 163 000 | 1 044 | |
| 2021 | | 211 166 | | | 203 000 | 1 089 | |

资料来源：中国人民银行《货币政策执行报告》（2005—2021 年）。

　　但场内金融衍生品的这种迅猛发展态势随着 2015 年 5—8 月间中国股票市场异常波动的发生而戛然而止。在中金所大幅提高交易保证金比率且对投机性交易施加极为严格的限仓措施之后，2016 年中金所发生的交易量仅为 18.22 万亿元人民币（约为 2015 年交易规模的 4.3%），而场外利率和外汇衍生品交易则继续保持了较高的增长态势，全年交易规模按人民币计算超过了 80 万亿元，进而出现了金融衍生品场外交易远超场内交易的市场结构性变化。进入 2017 年，中国金融衍生品的市场交易格局继续维持了 2016 年的发展态势——尽管 24.59 万亿元的场内交易量较 2016 年有了近 25% 的增长幅度，且其后 2021 年的场内交易量更是达到了 118.17 万亿元，但这几年场外交易量的增长也接近类似的速度，进而导致场内和场外市场之间交易量差距进一步扩大（参见图 8-2 和表 8-4）。借助表 8-4，我们还可以发现从现有的衍生品构成来看，无论是交易所市场还是场外市场，外汇类衍生品的交易规模远较利率类衍生品要大。

　　此外，在银行间与银行柜台衍生品市场快速发展的同时，2014 年以来，证券公司机构间市场与证券公司柜台市场衍生品交易也发展颇为迅猛。以证券公司柜台衍生品市场为例，2015 年新增场外衍生品交易合计名义本金达到了 9 468 亿元，2016 年和 2017 年尽管较 2015 年有所回落，但截至 2017 年新增场外衍生品交易合计名义本金也接近 7 500 亿元，全年交易笔数达到了 33 972 笔，2019 年新增场外衍生品交易合计名义本金超过 18 000 亿元，全年交易笔数达到 57 184 笔，2021 年新增场外衍生品交易合计名义本金超过 84 000 亿元，全年交易笔数达到 218 382 笔，是一个颇为活跃的场外市场（参见表 8-5）。截至 2019 年 12 月末，证券公司场外衍生品未了结合约初始名义本金余额 6 226.54 亿元，其中互换业务未了结初始名义本金 1 583.62 亿元，期权业务未了结初始名义本金 4 642.92 亿元。

表 8-5　证券公司场外衍生品交易情况：2015—2021 年 [①]

| 业务类型 | 项　目 | 2015 年 | 2016 年 | 2017 年 | 2018 年 | 2019 年 | 2020 年 | 2021 年 |
|---|---|---|---|---|---|---|---|---|
| 互换 | 交易笔数（笔） | 38 235 | 15 133 | 16 325 | 7 389* | 32 053 | 72 124 | 144 128 |
| | 初始名义本金（亿元） | 5 454.87 | 1 997.71 | 2 478.11 | 2 053.76 | 5 582.16 | 21 551.07 | 47 727.35 |
| 期权 | 交易笔数（笔） | 3 145 | 20 848 | 17 647 | 9 721* | 25 132 | 38 451 | 74 254 |
| | 初始名义本金（亿元） | 4 013.16 | 3 474.48 | 5 011.36 | 6 718.31 | 12 556.31 | 26 045.99 | 36 310.66 |
| 合计 | 交易笔数（笔） | 41 380 | 35 981 | 33 972 | 17 110* | 57 184 | 110 575 | 218 382 |
| | 初始名义本金（亿元） | 9 468.04 | 5 472.19 | 7 489.47 | 8 772.06 | 18 138.50 | 47 597.06 | 84 038.01 |

资料来源：中国证券业协会。

### 8.4.4　中国衍生品市场：基于国际比较视角的再思考

　　如果我们把中国的场内和场外衍生品加在一起，那么衍生品市场的增长一直到 2015 年为止可以说维持了较高的增速。从 2005 年规模化的场外衍生品市场重新启动开

---

① 表格中列出的2018年的场外衍生品交易笔数的数据截止时间为2018年4月末，涉及数据以*标记。

始，2015 年全年场内和场外的各类金融衍生品交易达到了 500 多万亿元人民币，远远超过了股票、债券等基础资产的交易规模总量。但问题是如果我们换一个角度，从国际比较来看中国衍生品市场的发展可以说不仅仍远滞后于中国股票、债券等基础资产的发展，而且相比发达国家的衍生品交易也显得较为落后。

为了了解这一点，我们首先看一下中国股票、债券等基础资产市场的国际地位。借助于世界银行关于各国上市公司总市值的统计数据，可以发现中国沪深两个证券交易所尽管发展起步较晚，但到 2009 年年底时两个交易所的 A 股总市值就约合 3.57 万亿美元，超越了日本（3.53 万亿美元），进而成为美国（15.08 万亿美元）之后的全球第二大市值市场，而到了 2015 年的时候中国上市公司总市值占全球的比重上升到了 13.2% 的水平，进一步强化了其市值世界第二，的地位，到 2018 年虽然中国的上市公司总市值占全球比重降低为 9.2%，但仍然保持在世界第二，经过 2019—2020 年的连续上升，2020 年中国上市公司总市值占全球比重再次达到 13.0%，稳居世界第二（参见表 8-6）。

表 8-6　1993—2020 年上市公司总市值　　　　　　　单位：亿美元

| 年份 | 美国 | 英国 | 日本 | 中国 | 全球 | 中国占全球比重（%） |
|---|---|---|---|---|---|---|
| 1993 | 52 511 | 11 503 | 29 063 | 20 | 140 169 | 0.0 |
| 1995 | 69 520 | 13 299 | 35 453 | 421 | 177 881 | 0.2 |
| 2005 | 170 008 | 30 582 | 47 529 | 4 018 | 432 097 | 0.9 |
| 2010 | 172 835 | 31 070 | 38 278 | 40 278 | 514 529 | 7.8 |
| 2015 | 250 675 | 31 826 | 48 949 | 81 880 | 618 944 | 13.2 |
| 2016 | 273 522 |  | 49 553 | 73 207 | 649 985 | 11.3 |
| 2017 | 321 207 |  | 62 228 | 87 113 | 792 333 | 11.0 |
| 2018 | 304 363 |  | 52 968 | 63 249 | 686 505 | 9.2 |
| 2019 | 338 908 |  | 61 911 | 85 155 | 788 256 | 10.8 |
| 2020 | 407 196 |  | 67 192 | 122 145 | 936 862 | 13.0 |

资料来源：世界银行。

中国债券市场在世界地位的变化也与股票市场类似。尽管在 2000 年前后，中国的国内债券市场规模（仅 2 023 亿美元）还远远低于很多发达国家，但到了 2017 年年底，中国的国内债券市场规模已突破了 10 万亿美元大关，成为仅次于美国和日本的全球第三大债券市场，2018—2020 年，中国国内债券市场规模继续增长，连续三年高于日本，2020 年年底超过 17 万亿美元（参见表 8-7）。

表 8-7　全球国内债券规模的国际比较　　　　　　　单位：亿美元

| 年份 | 2000 | 2005 | 2010 | 2016 | 2017 | 2018 | 2019 | 2020 |
|---|---|---|---|---|---|---|---|---|
| 中国 | 2 023 | 8 992 | 30 551 | 91 786 | 114 190 | 124 786 | 141 966 | 178 289 |
| 美国 | 146 503 | 218 581 | 293 531 | 358 223 | 382 930 |  |  |  |
| 日本 | 65 718 | 90 245 | 14 227 | 109 665 | 115 742 | 120 723 | 123 989 | 142 178 |

续表

| 年份 | 2000 | 2005 | 2010 | 2016 | 2017 | 2018 | 2019 | 2020 |
|---|---|---|---|---|---|---|---|---|
| 英国 | 6 955 | 18 899 | 35 380 | 28 675 | 54 270 | | | |
| 法国 | 10 376 | 16 129 | 25 403 | 25 630 | 30 690 | | | |
| 韩国 | 3 540 | 7 302 | 12 763 | 17 566 | 20 349 | 20 575 | 21 254 | 24 514 |

资料来源：BIS。

相对于股票和债券市场而言，中国衍生品市场的国际地位明显要靠后。借助国际清算银行的相关统计，可以看到在 2010 年之前主要新兴经济体（EME）OTC 外汇衍生品交易量的国际分布中，中国（内地）所占的份额可谓微乎其微，2010 年的交易规模不仅远低于中国香港和新加坡，也较韩国、俄罗斯、印度、墨西哥要低，仅与土耳其持平。随着中国衍生品市场的发展，2019 年，中国（内地）OTC 外汇衍生品交易量明显提升，规模虽仍不及中国香港和新加坡，但已超过韩国、俄罗斯、印度、墨西哥，占新兴经济体交易规模的份额达到 7%（参见表 8-8）。

表 8-8  新兴经济体 OTC 外汇衍生品交易的地区分布（2004—2019 年）

| 年　份 | 2004 | 2007 | 2010 | 2013 | 2016 | 2019 | 2019 |
|---|---|---|---|---|---|---|---|
| | 单位：10 亿美元 | | | | | | 份额（%） |
| 新兴经济体总额 | 222 | 430 | 535 | 718 | 958 | 1279 | 100 |
| 发达经济体总额 | 1546 | 2546 | 2689 | 3508 | 3502 | 4643 | 363 |
| 亚洲 | 184 | 354 | 442 | 595 | 942 | 1183 | 92 |
| 中国香港 | 70 | 143 | 194 | 223 | 345 | 520 | 41 |
| 新加坡 | 91 | 153 | 175 | 280 | 396 | 486 | 38 |
| 中国内地 | | 1 | 11 | 93 | 43 | 93 | 7 |
| 印度 | 3 | 24 | 14 | 16 | 19 | 21 | 2 |
| 韩国 | 10 | 18 | 25 | 28 | 28 | 36 | 3 |
| 其他 | 9 | 16 | 22 | 27 | 111 | 27 | 2 |
| 拉丁美洲 | 7 | 14 | 21 | 43 | 32 | 32 | 3 |
| 巴西 | 1 | 1 | 5 | 10 | 12 | 12 | 1 |
| 墨西哥 | 5 | 11 | 12 | 25 | 14 | 13 | 1 |
| 其他 | 1 | 3 | 4 | 8 | 6 | 7 | 1 |
| 中东欧 | 19 | 43 | 50 | 64 | 51 | 46 | 4 |
| 波兰 | 5 | 7 | 6 | 5 | 7 | 6 | 0 |
| 俄罗斯 | 6 | 16 | 19 | 35 | 26 | 24 | 2 |
| 土耳其 | 2 | 3 | 11 | 21 | 16 | 13 | 1 |
| 其他 | 6 | 17 | 13 | 3 | 29 | 3 | 0 |
| 其他区域新兴经济体 | 12 | 19 | 22 | 16 | 18 | 18 | 1 |

| 年 份 | 2004 | 2007 | 2010 | 2013 | 2016 | 2019 | 2019 |
|---|---|---|---|---|---|---|---|
| 南非 | 8 | 11 | 10 | 16 | 18 | 18 | 1 |
| 其他 | 4 | 8 | 12 | 0 | 0 | 0 | 0 |

注：数据为当年 4 月日均值；涉及的衍生品包括直接外汇远期、外汇互换、货币期权和其他外汇衍生品。

资料来源：国际清算银行（3 年一度的中央银行调查）。

进入 21 世纪之后，中国整体衍生品市场发展较为迅猛，成为新兴经济体中外汇类场外衍生品增长最为迅猛的一个国家。根据 BIS 的调查数据，2016 年 4 月人民币 OTC 外汇衍生品日均交易规模达到了 1 500 亿美元（较 2013 年 4 月增长了 55%），跃居全球 OTC 外汇衍生品交易规模的第八位，超过了巴西里亚尔（1080 亿美元）、韩元（830 亿美元）和墨西哥元（810 亿美元），此后，人民币 OTC 外汇衍生品交易规模随着市场总体规模的增加而继续增加，2019 年 4 月，人民币 OTC 外汇衍生品日均交易量达到 2 840 亿美元，仍是全球 OTC 外汇衍生品市场中的第八大交易货币和交易量最大的新兴市场货币。但值得一提的是，随着中国经济金融全球化，尤其是人民币国际化进程的不断推进，在人民币计值的在岸衍生品市场快速发展的同时，中国香港、新加坡等地的人民币离岸衍生品市场也得到了迅猛的增长[①]。BIS 的调查数据显示，2016 年 4 月，在中国香港（占人民币离岸衍生品交易的 39%）、新加坡（26%）、英国（20%）和美国（12%）等地完成的以人民币计值的 OTC 离岸衍生品交易份额已占到全部人民币 OTC 衍生品交易的 73%。这意味着如果别除人民币离岸衍生品市场交易的话，中国内地衍生品市场在国际的排名要更为靠后，远滞后于股票和债券市场的地位。

## 8.4.5  中国衍生品市场演进逻辑的经济分析

中国衍生品市场的出现及其演进有着颇为明显的中国特色——在其诞生伊始的 1990 年代初，中国的利率市场化还未真正启动，人民币汇率形成机制也处于官方汇价和外汇调剂市场汇价并存的双重汇率制度阶段，银行的商业化改革尚未启动，包括银行等在内的经济主体仍在很大程度上受到多类指令性计划的制约。换句话说，在当时的中国经济中，市场被政府政策所抑制，包括利率汇率在内的价格受到了严格的政府管制，市场的波动性也处于较低的水平。因此，从理论上说，当时的中国经济金融运行环境并不具备孕育和发展衍生品的基本条件。

但正如我们在之前所回顾的那样，外部条件的缺失并没有完全阻碍金融衍生品的登堂入室。在"摸着石头过河"的渐进式经济金融转轨策略下，尽管中国政府也意识到外汇期货等衍生品在中国远未达到推开的程度，但在 1992 年确立建设中国特色社会主义

---

[①]  此外，美国的 CME 早在 2005 年前后就推出了人民币计值的期货合约，巴西、中国香港、南非、新加坡、中国台湾和韩国分别于 2011 年 8 月、2012 年 9 月、2013 年 5 月、2014 年 10 月、2015 年 7 月和 2015 年 10 月推出了人民市场内期货合约。目前主要的离岸人民市场内期货合约交易集中在中国香港、新加坡和中国台湾。

经济的大目标之后，经济发展面临的巨额资金缺口要求政府能够更有效地借助国债来动员资金，开展基础设施项目建设，而国债流动性的缺失使得财政部的国债发行面临巨大的阻力，原本应作为利率风险管理有效工具的国债期货被当时的财政部作为增强国债流动性进而提升国债吸引力的试点措施引入了中国金融舞台。

但市场的运行有其内在的规律，进而国债期货的实际交易很快就偏离了政府的初衷，转变为一个允许过度投机甚至交易欺诈的对象。在利率市场化尚未启动，外部监管缺失、交易所交易制度不完善等背景下，保值贴补率等由政府制定的非市场化经济指标变化成为交易双方投机（甚至可以说赌博）的对象，最终酿成了"327 国债期货风波"等一系列事件，迫使监管部门关停场内金融衍生品，进一步健全期货市场的规章制度，规范交易行为来加强市场的风险控制，防范过度投机。①

从历史来看，国债期货这一场内衍生品试点的失败对于中国后续衍生品，尤其是场内金融期货与期权的发展可以说影响极为深远。中国内地之所以在金融衍生品（尤其是场内金融期货与期权）发展上长期举棋不定，可能主要是出于以下几个方面的担心：

一是市场稳定，即对与金融衍生品市场发展相伴随的过度投机进而可能引发市场（甚至整个经济）巨幅震荡的风险的担忧。从历史角度看，近一二十年来，有一些金融市场的扰动转变成了全面的危机，且危机在与衍生品相关联的国内与国际市场得到放大，以超过 20 世纪 90 年代前所能想象的方式传递到全球并导致更多的混乱。理论上说，金融衍生品市场存在使金融危机更具传染性且使得处理危机的政策效果降低的四个主要途径：①其缺乏市场透明度，即缺乏对在不同价格水平上市场参与者对供给与需求状况的了解；②对风险的动态保值及履约价格的集中度，即在价格快速变动时期，与动态保值相关的标的资产交易量比在价格相对平稳期要大，而更多的买入和卖出对市场会产生更大的波动压力；③对市场流动性的高度及无规则的依赖性；④创造大量的高杠杆投机性头寸。这种状况在 1997 年的东南亚金融危机以及 2007 年开始的全球危机中均可得到验证。对于内地市场而言，本来投机气氛就较为浓厚，市场的波动幅度就较为显著，一旦金融衍生品引入后对市场稳定的可能冲击更是颇为担忧。

二是市场监管。首先，金融衍生品监管是金融监管领域的一个难点，其有效监管架构与制度如何设置在发达国家都存在巨大分歧和缺陷，对于中国内地这样的新兴市场而言，任务显得更重也更艰难；其次，从实践来看，尽管金融衍生品在中国也曾做过试点，并且新《证券法》为混业经营管理打开了法律之门，但囿于长期以来内地分业监管模式以及现有的人行、证监会、银保监会并立的局面，内地金融衍生品市场确立全面系统监管原则所面临的挑战十分巨大，如何在现有框架下协调好机构权力的矛盾和冲突，避免监管真空的出现而利用监管机能的整合和联动，显然需要长期的沟通；最后，即便监管架构和制度构建相对完善了，长期习惯传统领域的现有监管机构及人员的素质是否可能在短期内跟进，也是一个大问题。

---

① 证监会于1995年9月、10月连续发布《关于期货交易所进行会员制改造的意见》《关于进一步控制期货市场风险、严厉打击操纵市场行为的通知》，1996年2月发布《关于进一步加强期货市场监管工作请示的通知》。

三是国有资产流失。如果说 2004 年 12 月中航油（新加坡）公司的巨亏（5.5 亿美元）仅仅是一个起点并为中资公司敲响了警钟，那么问题是对中国内地企业而言，吃一堑似乎并没有长一智。在 2007 年夏以来次贷危机进而全球金融危机肆虐下，中资企业衍生品业务一片狼藉：几乎是在一夜之间，中国中铁、中国铁建、深南电、中信泰富、中国平安、上海实业等众多央企或国有控股企业的损失都暴露出来，其中一些企业也许只是"缴纳了昂贵的学费"，而另一些企业却已深陷其中，难以自拔。这种状况，再加上衍生品特有的"零和博弈"特性，管理部门不得不担心一旦放开内地金融衍生品市场，其是否可能成为国有资产快速流失的一个场所。

四是中小投资者利益保护，即在目前资本市场中小投资者的比重仍较高的情况下，政府担心现有机构利用金融衍生品以及杠杆特性，凭借其对金融衍生品市场的主导性，操纵或影响现货市场价格短期走势，损害中小投资者利益。

五是与金融现货市场发展的匹配性。从理论上，金融衍生品市场必然是"双向"且可随时交易（"T+0"）的市场，其价格的确定也是建立在高度流动的货币和资本现货市场基础之上。这意味着现货市场的"双向"交易和流动性是发展金融衍生品的必备前提。但在中国，是否以及如何允许股票现货卖空这个问题直到 2010 年都迟迟没有得到解决，货币市场目前也主要由银行主导，适合企业以及个人（间接投资）的产品稀缺，资本市场和货币市场间的资金流动也存在诸多限制。

尽管中国对场内衍生品市场的发展顾虑重重，但中国经济金融体制改革的步伐并未停滞。在银行商业化改革的基础上，利率市场化进程以 1996 年 1 月同业拆借利率的放开而正式启动，汇率并轨和有管理的浮动汇率制度也于 1994 年正式开始，汇率利率形成机制的市场化程度不断提升。基于这样一个背景，当 2001 年中国正式加入 WTO，中国经济全面融入全球化时代的来临带来了国际贸易、国际投资规模的迅猛增长，人民币汇率波动风险的管理和控制自然成为国内外经济主体需要考虑的重要因素。在美国 CME 推出场内人民币金融期货合约的同时，中国银行间市场中 OTC 外汇衍生品交易的恢复也就非常自然了。由于 OTC 外汇衍生品交易依托的是银行间债券市场，于是从债券现货向债券远期交易的转变就成为市场发展的第一步，紧接着就是人民币利率互换、汇率掉期交易和人民币远期利率协议的推出，到 2011 年 OTC 外汇期权交易推出之后，场外市场的产品结构基本定型。随着 2010 年 6 月 19 日以来形式多样的有管理的浮动汇率形成机制的建立，外汇市场人民币兑美元交易价日浮动幅度的逐渐扩大（2012 年 4 月，浮动幅度由 0.5% 扩大至 1%，2014 年 3 月由 1% 再度扩大至 2%，2015 年 8 月在启动人民币汇率中间价形成机制改革的同时，浮动幅度扩大至 3%），市场供求日益成为人民币汇率的主要因素，相应地旨在管理外汇风险或投机的外汇衍生品的交易也得到了持续的放大。

中国场内金融衍生品的发展重启随着 2006 年中国金融期货交易所的成立被提上了日程。但有意思的是，在中金所成立之后的 3.5 年时间里并没有真实的产品交易。要想理解这一点，有必要了解中国 2005 年 4 月启动的股权分置改革引发的后续市场影响。作为中国资本市场一项影响深远的重大制度变革，股权分置改革结束了上市公司两类股份、两个市场、两种价格并存的历史，强化了各类股东的共同利益基础，为进一步发挥市场定价机制和资源配置功能，提高上市公司治理水平和推进市场创新发展创造了基础条件。这一重大制度性变革改变了市场预期，引发了一场期待已久的上涨行情——上证综合指数从2015年4月1 180点的水平一路上行，于2017年10月达到了历史性高点6 124点。容易理解，鉴于沪深300指数期货模拟盘推出的2016年9月正处于这样一个特殊（单边上行）的市场运行阶段，中国政府有关部门担忧股指期货的推出可能会进一步推波助澜，进而导致市场出现更大幅度的波动，因而迟迟没有将模拟盘转变为正式交易品种。此后几年间，中国资本市场改革持续推进，诸如证券公司综合治理、大力发展机构投资者、发行制度改革、创业板推出、融资融券试点等，使股指期货的推出条件日益成熟，机构投资者资产管理规模不断扩大、业务不断创新，对于股指期货的需求更为迫切，再加上2008年全球金融危机爆发之后，市场指数一路下行，潜在风险得到了有效释放，股指期货终于在2010年4月得以正式挂牌交易。

在股指产品挂牌交易之后的4年间，中金所仅借助沪深300指数一个产品，交易量就从无到有，实现了跨越式的增长，2013年全年的成交金额达到了141万亿元人民币（包括5年期国债期货的0.31万亿元），到2015年上证50、中证500期货合约推出之后，全年交易达到了创纪录的417.76万亿元人民币（其中国债期货仅6.01万亿元人民币交易额），实现了全球股指期货市场规模上的最快发展。但2015年的股市异常波动使这一趋势出现了逆转，2016年和2017年的股指期货交易金额分别仅为9.32万亿元人民币和10.51万亿元人民币（分别为2015年的2.26%和2.55%），相反国债期货的交易量有了明显上升（14.09万亿元人民币），2017年甚至超过了股指。这种状况的出现既有股指期货交易制度（含保证金制度、限仓制度）变化和国债期货产品创新的原因，也和中国利率市场化进程的持续推进以及固定收益类证券规模的持续扩张有着密切的关联。

整体上看，在经历了前十余年的摸索之后，中国近10余年来的金融衍生品的市场化程度有了较为显著的提升，其最突出的表现就是衍生品的市场交易规模基本可以通过GDP、进出口总额、外部资产和负债等因素予以解释（参见表8-9）。

表8-9　中国衍生品交易规模决定因素的实证分析

| 变　量 | 总交易量 | | 外汇衍生品交易量 | | 利率衍生品交易量 | |
|---|---|---|---|---|---|---|
| | （1） | （2） | （3） | （4） | （5） | （6） |
| GDP | 0.50*** | -0.03 | 0.29*** | -0.24 | 0.21*** | 0.21 |
| | (6.70) | (-0.09) | (7.39) | (-0.74) | (5.34) | (0.92) |
| 进出口总额 | 0.13 | -0.15 | 0.09 | 0.50 | 0.04 | -0.65 |
| | (1.07) | (-0.19) | (1.38) | (0.58) | (0.65) | (-1.05) |
| 债券市场规模 | | 0.49*** | | 0.35** | | 0.14 |
| | | (4.89) | | (3.15) | | (1.80) |
| 外部资产 | | -10.42*** | | -7.92** | | -2.50 |
| | | (-3.42) | | (-2.36) | | (-1.04) |

续表

| 变 量 | 总交易量 | | 外汇衍生品交易量 | | 利率衍生品交易量 | |
|---|---|---|---|---|---|---|
| | （1） | （2） | （3） | （4） | （5） | （6） |
| 外部负债 | | 9.09*** | | 4.29** | | 4.80*** |
| | | (6.53) | | (2.80) | | (4.38) |
| 常数项 | -3.4e+04*** | -7695.64 | -1.9e+04*** | 37111.71 | -1.5e+04*** | -4.5e+04* |
| | (-4.93) | (-0.26) | (-5.25) | (1.12) | (-4.12) | (-1.89) |
| 调整的$R^2$ | 0.80 | 0.96 | 0.84 | 0.81 | 0.71 | 0.90 |
| 观测值 | 54 | 15 | 54 | 15 | 54 | 15 |

注：（1）1、3、5 列为 2005 年 Q2—2018 年 Q3 的季度数据；2、4、6 列为 2015 年 Q1—2018 年 Q3 的季度数据；（2）所有解释变量滞后一期；（3）括号内为 $t$ 值；（4）*，**，*** 分别表示在 10%，5%，1% 的置信水平上显著；（5）利率衍生品交易量包括场外衍生品交易量和中金所交易的国债期货交易量。

# 8.5 衍生品市场的发展与中国金融体系现代化

自 2012 年中国经济进入"新常态"以来，中国经济金融运行的大环境发生了较大的改变，在经济增长从高速转向中低速的同时，金融改革的市场化、全球化和法制化方向日益明确，金融发展的重点也从规模扩张转向效率提升，相应地衍生品市场的发展也成为中国金融体系走向现代化的迫切要求。

## 8.5.1 中国衍生品市场发展的机遇和挑战

### 1. 机遇

从现实来看，当前的中国衍生品市场面临着极为难得的发展机遇：

第一，在经济进入"新常态"的大背景下，国内外环境的巨大改变客观上使中国经济运行面临的不确定因素变得极为多元和复杂，同时经济运行振荡的潜在幅度也出现了加大的态势，各类经济主体的金融风险管理（进而对金融衍生品）需求处于急剧放大的进程之中。

第二，随着经济体制改革市场化、法制化的深入推进，政府与市场两者之间的行为边界在中国变得更为清晰（或者说有章可循、有法可依），政府的市场抑制政策（尤其是价格管制)将显著放宽，来自政府的隐性担保将逐渐退出，利率和汇率市场化持续推进，金融市场的波动性也将呈现相应的扩大态势，客观上对衍生品提出了更为现实的需求。

第三，在股票、债券等基础性金融资产市场规模已取得迅猛增长的背景下，中国资本市场领域的改革和发展目前持续推进：以多层次资本市场建设为依托，证券发行制度正努力实现从核准制向注册制的重大转变；在融资融券推出之后，做市商等证券交易制度安排也纳入改革的议程；证券投资基金、养老基金等机构投资者也实现了较大的增长，进而导致市场的投资者结构呈现出机构化发展态势等。这为衍生品市场的发展提供了良好的基础条件。

第四，伴随着中国货币市场产品的结构性变化与规模扩张，再加上中国人民银行日益多样化、市场化的流动性补充机制的建立，中国金融市场的流动性供应机制日益完善。

第五，中国经济与金融日益融入全球的步伐在进一步加快，在人民币国际化程度不断提升的同时，资本市场和金融机构业务开放的进程目前呈现出加速的态势。中国与全球经济金融之间的关联正在进一步强化。

## 2. 挑战

第一，以股票市场为代表的金融基础资产市场波动过于剧烈。从现实来看，中国股票市场的换手率和波动率均长期高于成熟市场股市，根据世界银行给出的国际比较数据，2015年，中国股票市场波动率高达27倍，而法国、德国、日本等波动率较高的国家则仅为18倍左右，美国、英国等市场更为成熟的国家波动率只有中国的一半左右。

值得一提的是，与中国股市高波动、高风险相伴随的并不是高收益。事实上，中国股市的收益率在大多数年份都低于其他国家。股票等基础金融资产市场风险与收益的这种显著失衡使长期投资者很难获得较理想的回报，客观上加剧了短线炒作的市场氛围。

第二，中国金融市场的流动性提供网络尚存在一定的缺陷，商业银行与资本市场之间的资金流动渠道相对较少，一旦市场出现流动性问题，中央银行以最后贷款人身份提供的资金很难通过货币中心银行的行为来稳定市场异常波动。

第三，金融市场投资者主体构成不尽合理，其中股票市场投资者结构中散户占据主导地位，根据中国结算2022年3月公布的最新数据，我国自然人投资账户占全部账户的比重已高达99.80%；债券市场中以商业银行为代表的机构投资者则占据了绝对主导地位，2021年年末，商业银行是中国债券市场持债规模最大的机构，占比为65.27%；从国债的持有者结构看，商业银行持有的国债占比高达59.77%。

中国股票、债券等基础资产市场中的这种与成熟国家有较大差异的投资者结构客观上使得衍生品市场的参与者也不尽合理。以股指期货为例，原本主要应该是机构投资者参与的市场大量散户也参与其中，而散户的交易仓位控制、止损线设置等风险控制措施很难有效实施，导致市场的投机性氛围过重，一旦出现股票市场异常波动，则会进一步放大，引发颇为严重的系统性事件。

第四，衍生品市场发展面临的监管约束极为严格。一方面，目前中国不仅包括OTC市场在内的创新性金融衍生品需要极高的政府层级许可才能进入市场，而且已有衍生品的交易规则调整权限也集中于政府高层，市场一有异常就可能出现较大的调整，致使市场对监管预期的高度不确定性，成为影响市场发展最为重要的因素之一。另一方面，国内场外市场衍生品推出的主协议与国际衍生品市场中起主导作用的ISDA（国际互换与衍生品协会）主协议之间存在较大的差异，使得国内外投资者之间场外衍生品交易面临较大的法律风险。

## 8.5.2　现代金融体系中衍生品市场整体架构及中国的实现路径

在中国金融体系的现代化进程中，衍生品市场发展的目标应该是形成一个场外和场内市场协同、标的资产类型完整且期限多样化、市场微观结构合理的市场体系。

### 1. 衍生品市场的组织结构：交易所和 OTC 市场共生基础之上的协同发展

从世界范围来看，衍生品 OTC 市场和有组织交易所市场的共存是一个普遍现象。之所以会这样，是因为尽管交易所市场比 OTC 市场更具流动性，更适用于那些具有较大价格波动的基础资产，同时也可以实现价格发现这类显著的社会收益，但问题是客观上清晰地定义和度量基准风险，并通过标准化建立一个有流动性的市场绝非易事。无论是从理论还是实践来看，决定是否适合在交易所交易有两个关键因素：潜在用户的数量和价格波动，进而在因总量有限或是差异化 [1] 明显而导致需求有限的时候，OTC 合约较期货等交易所产品有明显的优势。

在看到 OTC 衍生品和交易所衍生品差异的同时，我们还应该意识到两个市场之间存在极为密切的关联（或者说协同效应）。某些金融产品创新进而投资只有在风险能够对冲的情况下才会变得具有吸引力，因此两者之一的供应会增加对另一者的需求，进而实现共生式的发展。以套期保值功能的实现为例，通常情况下，对于为某一方定制的一个衍生品，在 OTC 市场上交易商往往不能立即找到两个匹配的对手方，此时交易商会自己作为头寸的另一方直接找到产品下家，同时利用交易所交易产品对这些 OTC 衍生品敞口头寸进行对冲。这意味着交易所衍生品的存在可以降低利用 OTC 衍生品套期保值或基础资产动态保值的成本，而 OTC 衍生品以及动态保值的增长会增加对交易所衍生品的需求。

基于这样一种理解，可以看到中国当前衍生品交易所市场和 OTC 市场发展失衡的状况已在客观上成为制约衍生品市场功能发挥的宏观约束因素之一。因此，对于中国而言，如何实现衍生品交易所市场和 OTC 市场的协同发展也就成为现代金融体系构建的重要问题。

从现实来看，要想实现中国交易所衍生品市场的发展，重点应围绕几个方面开展活动：

第一是明确衍生品的监管权限，在此基础上适当下沉新合约的批准权限。在美国，所有交易所新合约上市前要得到美国商品期货交易委员会（CFTC）的批准，提出申请的交易所必须说明合约符合商业需要，可以有效地用来保值，并有足够的可交割供应量来防止市场操纵，有助于价格发现并且符合"公众利益"。在中国，尽管由于市场状况的差异，完全照搬美国式监管存在较大的难度，但适当简化、下放交易所产品创新权限目前显得较为迫切，否则在经济金融日益市场化、国际化的背景下较难适应来自市场不断增长的需求。

第二是适当引入交易所之间竞争的基础上，修改和完善交易所的组织。事实上，由于境外多家交易所推出了以人民币计值的外汇衍生品，而境内外汇场内衍生品则处于缺

---

① 差异化可能是由于需求导致或者人为偏好。后者情况下，通过标准化可以产生更高的流动性并最终在交易所交易。

失的状态，致使境内交易所市场在竞争上处于一种明显的劣势。要想转变这种市场状况，中国需要在尽快推出境内外汇衍生品的基础上，在合约设计、与其他合约的互补性等方面下大功夫，提升合约的竞争力。而要实现这一点，进一步修改和完善交易所的组织，尤其是交易所市场微观结构就显得极为迫切。换句话说，中国需要通过对交易所市场现有的保证金交易、限仓、大户报告等诸多交易制度进行进一步的调整和完善，来降低市场各类交易成本，提升市场整体的流动性和透明度。

第三是改变目前仅有股指和利率以及股指期权等少数场内衍生品的状况，加快交易所内上市产品的多元化，更好地满足各类经济主体在经济金融不确定程度不断加大背景下的保值、投机或套利需求。

第四是加快金融期货经纪类中介机构体系的培育和建设，构建一个良好的支持交易所市场的金融期货信息中介服务体系。

第五是培育一批业绩导向的机构投资者，鼓励证券投资基金等机构积极介入衍生品市场。

就中国OTC衍生品市场的发展而言，鉴于OTC市场内生的缺乏透明度、缺乏流动性和缺乏竞争力定价的特征，发挥商业银行和证券公司等金融中介机构的主动性和积极性就成为关键所在。首先，要加快商业银行、证券公司等核心业务能力转变的进程，使这些金融机构逐渐意识到，随着金融脱媒进程的加速，评估和管理涉及客户衍生品交易头寸的信用额度和OTC风险管理头寸中的信用风险，将会取代评估日益萎缩的工商业贷款的信用风险，成为影响机构未来发展甚至生存的重要业务技能。其次，要适当改变银行间OTC衍生品市场与证券公司OTC衍生品市场之间的分割状态，适当引入银行和证券公司之间的竞争，更好地激发机构的创新热情。再次，考虑到对交易对手风险和缺乏信息披露的担忧，参与者对与信用评级高的对手在OTC市场进行交易有强烈偏好，金融机构层面出于交易以及在技术发展、信息获得与学习中的规模经济，进而OTC衍生品市场集中度很高的现实，适当改变交易规则，尤其是加强OTC衍生品交易的信息收集和中央结算变得至关重要。最后，为了更好地融入经济金融全球化，吸引更高的国际认可度，中国OTC相关专业协会要适当修改完善OTC产品的主协议，减少OTC衍生品的交易成本以及不确定性，控制交易的（跨国）法律风险。

## 2. 衍生品市场的产品结构：基础资产覆盖完整基础上的有限复杂化

要想更有效地发挥衍生品市场的功能，产品构成的多样性或者说完整性是必需的前提。事实上，尽管最近几十年间全球衍生品有了巨大的发展，但现实世界距离阿罗-德布鲁基准模型所构想的理想世界仍存在很大的距离。当然，随着时间的推移，技术的发展在不断地降低通信的成本和后台与交易操作的成本，来自象牙塔的理论创新及其与金融实务的融合在不断地开拓新的应用，衍生品需求也从一小批专家扩展到更广泛的人群，相应地越来越多的衍生品合约将在经济上变得可行进而成为现实。

现实地看，不用说与美国、英国等成熟经济体来比较，就是仅与中国经济发展阶段类似的巴西、印度等新兴经济体相比，中国大陆交易所和OTC衍生品构成显得极为简单。

根据中国金融期货交易所的相关统计，2014 年巴西、南非、印度、俄罗斯等"金砖国家"金融期货品种可比口径分别达到 70 个、62 个、49 个和 45 个，中国香港、中国台湾和韩国的产品数量也分别为 26 个、20 个和 18 个，既有期货也有期权，完整覆盖了股权、利率、外汇等主要资产系列，而中国大陆到目前为止交易所衍生品仅有股指期货、国债期货和股指期权等三大类、20 余个产品，OTC 市场的品种也较为集中，主要涉及利率和外汇等基础资产。显然，这样的衍生品结构难以支撑中国从金融大国向金融强国的跨越，衍生品创新进而产品结构的丰富也就成为中国金融体系现代化面临的现实挑战。

在我们看来，坚持"从简到繁、由易到难"的衍生品发展思路，尽快在交易所市场推出外汇类衍生品，同时加快信用类衍生品在 OTC 市场的发展是中国衍生品市场发展面临最为迫切的问题。

前已叙及，外汇期货是人类推出的第一个现代意义金融衍生品，进而也是国际上非常成熟的一个衍生品。在中国 40 余年的改革开放之后，人民币汇率政策（包括汇率制度）较之前发生了极为显著的改变，汇率的弹性得到不断增强，同时市场在汇率决定中扮演的角色也越来越重要。考虑到中国目前已然是世界第二大经济体，世界贸易大国（2020 年中国进出口贸易总额达到 4.6 万亿美元）以及巨额跨境资本（2020 年中国是全球第一大 FDI 流入国）使得人民币汇率风险成为影响众多经济决策的重要因素，相应地外汇衍生品在中国具有极大的发展空间。在市场条件具备且境外（离岸）以人民币计值外汇场内场外衍生品迅猛发展的同时，如何通过境内外汇衍生品的发展获得人民币（远期）汇率的定价权就变得至关重要。

尽管随着近年来国内信用债市场的快速发展，包括资产支持证券、信用风险缓释工具、信用风险缓释凭证等在内的信用类衍生品从无到有，也获得了一定的发展，但整体上看，中国信用衍生品市场仍处于发展初期，国际上较为成熟的单一名称 CDS 等简单信用衍生品尚在探讨阶段。考虑到信用衍生品提供了更系统化的评估和转移信用风险的方法，可以给商业银行等金融机构一个管理风险的灵活工具，在中国这样一个以商业银行为主导的金融体系中可以发挥极为重要的功能——创造一个活跃的信用衍生品市场，可以使商业银行、机构投资者等使用者根据其对经济和金融发展的预期，在目标经济行业动态地管理特别对手或对手群的信用风险，避免过多地集中于某种信用风险敞口风险的同时降低信用约束，进而放开信贷额度以更有效地使用它们成本高昂的资本。随着中国商业银行信贷投放以及债券投资规模的迅猛增加，信用风险管理的这种需求越来越显性化，相应地为信用衍生工具在中国的发展提供了巨大的空间。

**思考题**

1. 在现代金融体系中，金融衍生品市场有哪些独特的经济功能？

2. 在你看来，中国金融衍生品市场发展相对滞后的原因是什么？金融衍生品市场发展中面临的主要问题有哪些？

# 第9章 中国资产支持证券市场的经济分析

起源于美国的（表外）资产证券化一度被视为 19 世纪 70 年代最为重要的金融创新之一。

从现实角度看，自 1970 年年末美国政府为提高住房抵押贷款市场流动性而通过吉利美这家政府发起机构（GSEs）推出抵押贷款过手证券之后，随着越来越多私人机构的参与，资产证券化市场发生了质的变化，资产类型也逐渐从住房金融延伸到更广泛的场景中，进而培育出一个崭新的金融生态，从根本上改变了包括美国在内许多国家商业银行等金融机构的融资方式，影响了社会的资本形成方式。在中国，尽管资产证券化在近几年的发展速度较快，但从历史来看，其发展历程却颇为坎坷，目前的资产支持证券（尤其是信贷资产证券化）就规模及相对地位而言仍属于辅助角色，其对中国金融运行的脱媒式冲击也处于萌芽状态。

## 9.1 金融创新视野下的资产证券化：内涵及其演进

### 9.1.1 资产证券化的经济内涵

作为一种结构化金融创新，无论在学界还是在监管部门，对资产证券化目前都没有形成统一的概念，或者说不同国家的监管当局或不同的学者对资产证券化有各自的理解：就监管当局而言，美国 SEC 的界定较为权威，它认为资产证券化是"创立主要由一组不连续的应收款或其他资产组合产生的现金流支持的证券，它可以为固定的或循环的，并可根据条款在一定的时间内变现，同时附加其他一些权利或资产来保证上述支持证券按时向持券人分配收益"；而就学术界而言，较为权威的是加德纳（Gardener，1991）为资产证券化做的界定："它是使储蓄者和借款者通过金融市场得以部分或全部地匹配的一个过程或工具，此处的开放市场信誉取代了由银行或其他金融机构提供的封闭市场信誉。"

简单地说，资产证券化是以非流动性的收益性资产为担保创设流通性证券的过程，或者说是一种"现金流的商品化过程"，即通过把现存或未来资产产生的现金流（减去现金支出）转变为同质并可流通的证券加以出售的一个过程。但作为一种结构性融资方式，资产证券化和普通证券发行不同的是，证券的创造过程主要依据投资者风险 - 收益以及期限等不同偏好而进行，因此，一般资产证券化的结果会创造一系列的证券，吸引不同的投资者。

## 9.1.2 传统资产证券化的基本形式

从证券化过程中抵押证券的性质及其产权归属来看，资产证券化的实现形式基本可以分为三类：转递证券（pass-through）、转付证券（pay-through）和抵押支持证券（mortgage-backed securities）。

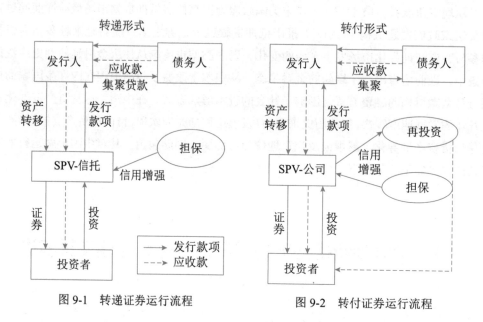

图 9-1 转递证券运行流程　　　　图 9-2 转付证券运行流程

### 1. 转递证券

图 9-1 是对转递证券运行流程的一个简单描述。一般来说，转递证券具有如下几个特征 [1]：

- 投资者对作为支撑的资产池按投资比例直接拥有权益；
- 一般每月偿付本息一次，即 SPV（特殊目的实体，是指接受发起人的资产组合，并发行以此为支持的证券的特殊实体）在每月收到资产收益后，向投资者按比例支付收益；
- 所有投资者投资收益的获得不仅按比例，而且是同时（当然，根据最初的设计安排，投资权益可以划分为不同的权益等级，如"高级证券"与"次级证券"等，此时不同权益持有者的收益获得就存在次序之分）；
- 如果 SPV 提前收到支付的资产收益，必须马上支付给投资者；
- 不存在收益的再投资问题。

---

① 从这些特征来看，在转递证券模式中 SPV 是一个"消极"的中介。但有时在转递证券结构中，SPV 也会向投资者对利息的支付作出一定的担保（如部分保障转递证券），此时 SPV 就不再是"消极"的了。

## 2. 转付证券

图 9-2 是对转付证券运行流程的一个简单描述。一般说来,转付证券具有如下几个特征: [①]

- 对于该结构发行者而言,ABS(资产支持证券)类似于一种债务凭证,但一般是表外项目;
- 投资者对作为支撑的资产池按比例拥有权益;
- SPV 的再投资对象是高等级证券(如 AAA 级证券等安全投资);
- 投资者按计划规定的时间得到收益,而且这种支付一般由银行来进行;
- 提前支付的款项用于投资高等级证券;

## 3. 抵押支持证券

抵押支持证券是介于转递证券与转付证券之间的一种资产证券化结构,但却是 ABS 最初的形式。与上述两种结构不同的是,在抵押支持证券结构中,作为抵押的金融资产产生的收益并不被指定用于偿付资产债券的本息,而仅仅是一种担保,从而当抵押物价值下跌时,一般要求发行主体必须转让新的资产。抵押支持证券一般只能利用资产进行融资而不能出售资产。

# 9.1.3 合成型资产证券化

作为与传统型资产证券化相对应的一个概念,合成型资产证券化可能是当前金融领域中最为复杂也最为神秘的结构金融设计之一,同时也是当前商业银行所能采用的一种具有较高调整精度的信贷资产信用风险管理技术。

### 1. 合成型资产证券化的经济内涵

关于合成型资产证券化结构的经济内涵,国际清算银行(BIS,2004)曾在《统一资本计量和资本标准的国际协议:修正框架》(即《巴塞尔新资本协议》)中对其做过一个较为规范的界定:"在该类(资产证券化)结构中,至少要有两个不同风险档次的证券(不同的档次代表不同程度的风险);资产池信用风险的转换,部分或全部是通过信用衍生工具或担保来实现的,它们能够对资产的信用风险进行规避;信用衍生工具可以分为资金来源预置型 [ 如信用连接票据(credit linked note,CLN)] 或资金来源非预置型 [ 如信用违约互换(credit default swap)];相应地,投资者的风险依赖于资产池中资产的收益。"

从 BIS 的这一概念界定我们可以看出,与旨在把资产通过(真实出售)的形式转移到发起人资产负债表之外借以规避资本或其他监管或实现低成本融资的传统型资产证

---

① 显然,与转递证券结构中的SPV不同,转付证券中的SPV是一个积极的中介。

券化不同，合成型资产证券化应该是在一个一致性结构框架中融合传统资产证券化与信用衍生产品特性的金融创新，或者说一种资产负债表内信用对冲，即在发起人无须实质转移表内资产（即发起人保持原有信贷关系）的情况下利用信用连接票据（credit-related note）、信用价差期权（credit spread option）、总收益互换（total return swap）、信用违约互换（credit default swap）① 等信用衍生产品或担保转移信用风险，实现规避资本充足率（或其他）监管约束、低成本融资以及效率提升等目的的一种结构金融活动。因此，保护购买方（protection buyer）和保护出售方（protection seller）也就成为合成型资产证券化中最主要的两类主体——以资产池（reference portfolio）② 所有者身份出现的保护购买方在继续通过资产池所有权的情况下利用信用衍生产品的发行把资产池的信用风险转移到保护出售方。

由于结构设计中融资杠杆安排的差异，合成型资产证券化可以区分为资金预置型与资金非预置型两大类：

（1）资金预置合成型资产证券化（funded synthetic securitisation）。在这种结构中，在交易开始之初，投资者（即保护出售方）如同购买债券一样要支付一定数量的货币。在交易进行的整个期间，投资者可以得到周期性的支付回报。尽管在法律上，由于结构流程设计的差异这种回报可能称为利息或保险费（premium），但其经济实质就是一种利息（当然，高票面利率同时也反映了信用衍生产品对应的风险溢价）。到交易期终，如果一切运行良好（信用衍生产品对应的信用事件未发生），投资者将把本金收回。

（2）资金非预置型（unfunded synthetic securitisation）。在这种结构中，以保护出售方身份出现的投资者在交易开始之初并不需要提供货币，而仅仅提供了一个或有承诺。一旦信用事件发生，他们将提供货币支持。在交易的持续期间，投资者同样可以为他们提供的这种担保服务收取费用（当然，也可能在交易达成之初一次性收足担保费用，但在基于总收益率互换这样的交易中，这种支付发生在整个交易期间）。③

---

① 信用连接票据是一种试图复制另一种债务工具（如银行贷款组合）的债务工具，其收益与风险随着标的资产组合的状况而变化，投资者的收入包括风险补偿和到期还本。

信用价差期权是基于某一特定信用价差的期权，期权的购买者通过支付一定的期权费可以锁定标的资产与某一基准（政府债券或LIBOR）之间的信用价差。对于看跌期权购买者而言，可以对冲信用价差变宽而导致的基础资产的价值损失。

在总收益互换中，合约一方（银行）将目标贷款或债券在其账簿上建立头寸，然后将资产的所有经济因素转移给另一方（投资者），包括价格变动、息票支付、手续费、预付和摊销支出；作为回报，投资者支付银行一个基准利率，如LIBOR加上一个价差，或是持有该资产的融资利率。互换将以事先确定的间隔以互换市值为基础进行结算，任何正向变动银行支付给对手，任何负向变动则支付给银行。

信用违约互换是转移标的资产信用风险的一种双边合约，合约买方定期支付一笔固定的费用以换取合约卖方对标的资产发生信用风险时的支付。对于信用违约互换的买方而言，其功能相当于担保。

② 值得指出的是，合成型资产证券化中作为抵押的资产池既可以公司贷款、公司债券等一种或多种资产组合的形式（reference obligations）出现，也可以整个公司实体的形式（reference entity）出现。

③ 从现实操作来看，由于资金非预置合成型资产证券化结构内生的一些经济缺陷（如对于发起人而言，一不能有效利用资本市场提供的融资便利，二承担了信用事件发生后交易对手违约的风险），所以一般仅在单一的发起人与单一的信誉较高的投资者之间达成，而且一般来说，为了规避对手风险，未经发起人同意，对应信用衍生产品不得在市场上交易。

但值得指出的是，现实中的合成型资产证券化往往是资金预置型与非资金预置型的结合（习惯称为部分资金预置型，partially funded），在融资结构设计上体现出一定杠杆性，即由发起者或 SPV 通过发行 CLN 获得的资金仅占资产池规模的一定比例（一般要低于 20%），其余超过资产池价值 80% 的部分则通过和 OECD 银行之间的信贷违约互换实现信用风险的转移，而这部分在交易设计之初是不需要提供对应资金支撑的。

### 2. 合成型资产证券化的基本流程结构 [①]

从操作流程上看，与必须通过设立特殊目的实体（SPV）实现破产隔离与支持资产真实出售的传统型资产证券化不同，合成型资产证券化结构既可通过 SPV 的设立实现（参见图 9-3），也可以不设立 SPV，由发起银行直接实现（参见图 9-4）。

#### （1）有 SPV 介入的合成型资产证券化结构

当 SPV 介入时，（部分资金预置型）合成型资产证券化结构设计大致如图 9-3 所示。

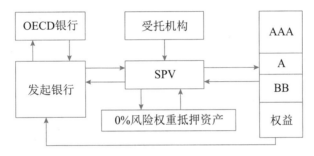

步骤 1：贷款发起银行（信贷风险保护购买方）为了获得抵押资产池信贷风险发生时的损失补偿，定期向 SPV 支付一定保险费用（premium）。

步骤 2：以抵押资产池为支撑，SPV 向投资者发行信用衍生产品（这里指的是通过发行信用连接票据形式实现的资金预置型合成型资产证券化）并收取证券销售资金收入。一般来说，发起行是对该抵押索取级别最低的权益证券的投资（或持有）者。

步骤 3：SPV 把其收取的保护费用和证券销售资金集中用于投资，主要用来购买 0% 风险权重的政府债券等资产。当 CLN 到期时，这些资产（减去原抵押资产信贷损失）被用于 CLN 本利偿付。

步骤 4：AAA 证券的风险主要是通过发起银行与另外一家 OECD 银行之间的信用违约互换或购买银行担保来实现转移。在信贷损失发生前，发起行一般要向这些 OECD 银行定期支付一定费用，一旦信贷损失发生，并且损失额过大导致无法清偿 SPV 发行的各种证券（包括发起行持有的权益证券）的价值时，OECD 银行有义务补充这一差额。

步骤 5：受托机构监控 SPV 资产来保护各类票据持有者和作为潜在损失补偿来源 OECD 银行的利益。

图 9-3　使用 SPV 的合成型资产证券化（CLO）结构

当交易按照上述结构完成后：①如果在交易期间内，发起人无法向 SPV 支付保险费（如破产），那么，SPV 就将终结交易，把受托机构监控的高流动性资产变现返还给投资者（这意味着投资者不受发起人自身信用风险的影响）；②如果信用衍生产品中界

---

[①]　由于合成型资产证券化的对象一般是普通的银行工商业贷款，其对应的资产支持证券在金融领域通常称为"抵押贷款义务（collateralized loan obligation，CLO）"。

定的某一信用事件发生（造成资产组合损失超过某一促发点），那么发起人就向SPV提出支付要求，根据约定SPV也将把受托机构监控的高流动性资产变现向发起人支付。在SPV向发起人支付对应款项之后，发起人需要把对应的资产池所有权转移给投资者①（按照约定，可有两种不同的转移方式，即现金结算与实物结算）；③如果整个交易期间内没有任何信用事件发生，那么到期时SPV需将受托资产本金归还给投资者。

### （2）无SPV介入的合成型资产证券化

如果没有SPV的介入，合成型资产证券化结构的实现流程大致如图9-4所示。

从图9-4可以看出，虽然没有SPV的介入以及由此伴随的破产隔离等结构设计，发起行借助与OECD银行之间的信贷违约互换（步骤2）与不同优先级档信用连接票据（步骤3、4）等信用衍生产品以及传统型资产证券化中常见的内部信用增强技术，仍可在资产不真实出售条件下实现对应信用风险转移。

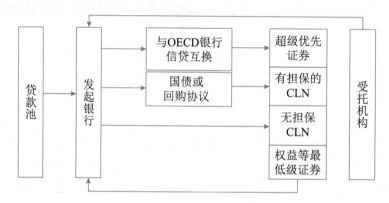

步骤1：贷款发起银行（信贷风险保护购买方）挑选并设定一个抵押资产池（组合）并对这一抵押资产组合预期的利息和本金支付进行结构化操作——发行具有不同信用级别的证券（信用连接票据）。

步骤2：通过与一家OECD银行之间的信用违约互换（credit default swap）安排，发起行把与抵押资产信用相关的最高信用级别票据的风险转移给相应的OECD银行。

步骤3：发起行发行以其自身作为直接债务人的有担保CLN。一般来说，这些CLN票据发行的资金主要投向高信用等级的国债或回购协议，并以此为担保弱化信用风险。

步骤4：发起行发行以其自身作为直接债务人的无担保CLN。这些CLN一般没有明确的担保来源。

步骤5：作为信用增强的一种结构安排，发起行一般会以权益等最低等级证券投资者的形式出现。这些证券在资产清偿次序上处于最末段，直接承受抵押资产的最初损失风险。

步骤6：受托机构监控SPV的资产来保护各类票据持有者和作为潜在损失补偿来源OECD银行的利益。

图9-4　没有SPV的合成型资产证券化（CLO）结构

由于没有SPV的介入，该资产证券化交易结构建立之后：①如果对于CLN的持有者（投资者）而言，一旦发起人（破产）无法支付与其对应的利息，就可以行使对应抵押物的索取权来减少损失；②如果某一信用事件发生，那么和上一种结构类似，在发起人通知CLN持有者的前提下，发起人可不再进行支付，而不同风险级别的

---

① 当然，按照各档CLN当初风险级别的约定，损失首先由低档证券持有者承担，依次向上档累进。

CLN 持有者按照损失大小按顺序承担相应亏损并获得了对应的资产池所有权（或对应价值）。

## 9.1.4 传统资产证券化与合成型资产证券化的比较分析

对于银行而言，如果仅从介入经济动机或总体目标取向——资产负债表结构的改善与银行经营效率的提升——着眼，其在传统型资产证券化与合成型资产证券化技术之间的选择应该并没有太大的差异。但如果把这两种类型的资产证券化结构放在一起并做一个简单比较的话，我们可以清晰地发现由于实现两者在信用风险转移结构设计上的显著差异——一个是表内转移，另一个则是表外转移，进而导致对于银行而言，不仅两种类型证券化技术的适用范围、交易中明确的与隐含的风险敞口等不尽相同，而且整个融资结构涉及的其他主体所扮演角色及其承担的风险也存在一定的差异（参见表 9-1）。

表 9-1 传统型 CLO 和合成型 CLO 的比较

| | 传统型 CLO | 合成型 CLO |
|---|---|---|
| 资产池 /<br>信用质量 | • 贷款的历史业绩和分散化程度<br>• 资产类型和信用评级<br>• 组合构成和支付率<br>• 抵押贷款价差 | |
| 结构设计 | • 来自服务方或第三方（通过对冲、互换和担保等）的信用增强和流动性支持<br>• 贷款池的选择和置换标准<br>• 信用事件的确认；提前摊还促发后各档证券的赎回与工作程序<br>• 不同情景下不同等级证券收益与损失的配置规则 | |
| 结构设计 | • 资产转移的法律完整性和监管层的同意（SPV 破产隔离，真实出售）<br>• 来自资产组合混合、利率、结构设计、期限不匹配的风险 | • 对于发起行而言，有 / 无 SPV 下结构性权益的法律完整性<br>• 损失确定和清算、转移时间表<br>• 来自发起行信用级别下降的风险敞口<br>• 抵押品低流动性和价值下跌 |
| 发起人 /<br>服务提供方 | • 对于发起行而言，贷款服务和资产池特征的选择：承销标准、处理违约时的操作惯例的有效性、债务人关系等 | |
| 发起人 /<br>服务提供方 | • 服务能力：组合资产利息本金托收汇兑的管理，坏账容忍政策，服务责任和义务（合格性标准）的坚持<br>• 替代服务方的可获得性与票据回购条款 | |
| 抵押风险 | | • 信用评级下降 / 波动的范围和市场流动性<br>• 与发起行和市场价值之间潜在的关联度 |

续表

| | 传统型 CLO | 合成型 CLO |
|---|---|---|
| 发起行信用风险 | • 充当互换交易对手方能力（如果允许） | • 利差出现时支付信用保护费用的能力<br>• 充当交易其他角色（如回购协议或对冲协议对手方）的潜在风险敞口 |
| 资本市场 | • 结构化评级的敏感性和事件风险与所谓"标题风险"价差<br>• 债务结构设计（如转手结构与子弹型结构）<br>• 二级市场流动性 | • 在部分资金预置结构中高优先级票据的杠杆程度<br>• 对受托机构和信用评级机构的高度依赖（有能力保障投资者利益与准确的信用评估） |

（1）结构设计。结构设计上的差异可能是合成型资产证券化有别于传统型的根源所在。从结构设计上看，与传统型资产证券化旨在通过 SPV 实现破产隔离，利用更新、从属参与等法律活动实现资产从原有发起人向 SPV 的真实出售，并通过信用增强为投资者防范资产组合混合、利率、结构设计、期限不匹配等风险不同，作为一种无须资产真实出售的表内信用风险转移技术，合成型资产证券化结构设计最为关键的要点包括：①对于发起行而言，有 / 无 SPV 下结构性权益的法律完整性；②信用事件导致的损失确定和清算、转移时间表；③来自发起行信用级别下降的风险敞口；④抵押品低流动性和价值下跌等。

从合成型资产证券化的整个结构设计来看，信用事件的确认并由此伴随的损失确定和清算、转移时间表可能是最为复杂的一个环节。

（2）资产池 / 信用质量。从适用范围来看，由于传统型资产证券化完全资金预置的结构设计特点导致其投资者对支撑资产池质量的高度依赖，所以对于发起行而言，其资产筛选标准一般非常严格。[①]从现实来看，尽管随着 CLO 结构的出现，传统型资产证券化已经摆脱了对高同质性资产的限制，但如果贷款人面临所有权转移的限制性契约条款或维持长久业务往来的要求，或者其贷款组合跨越了国界的限制，在操作上就无法在一个法律框架内实现传统型表外融资结构中关于真实出售导致的原有信贷关系断裂（break clean）要求，资产证券化在相当多的情况下也就无法成为现实。

鉴于合成型资产证券化内涵的信用风险表内对冲的特性摆脱了资产（真实）出售的法律限制，甚至在结构设计中无须 SPV 的介入，其面临的法律（如 SPV 地位、破产等问题）与经济限制较传统型资产证券化要弱，相应地其出现极大地扩展了结构融资的应用范围。

---

① 如稳定和可预期的现金流；标准化的合约文件（即资产具有很高的同质性）；资产抵押物易于变现且变现价值较高；债务人的地域和人口统计分布广泛；资产的历史记录良好（即违约率和损失率较低）；资产的相关数据容易获得；没有来自法律的对于资产所有权转让（更新、从属参与和转让等）的限制等。

（3）发起行/服务提供方要求。在传统型资产证券化中，发起行的职责主要发生在资产池转移（真实出售）之前。由于这一活动涉及的资产数量众多，且需要每个资产逐笔进行确认（尤其要考察是否有限制资产转移的条款）并按照合格资产的要求选择和打包。一旦资产出售之后，发起行的职责就相对弱化，与资产池相对应的各类服务（如本金、利息的托收；提前摊售、违约的处理等）既可以由发起行来承担也可以移交给一些专业机构。

在合成型资产证券化中，由于资产仍然保留在发起行的资产负债表内，尽管发起行不再需要承担资产组合打包的职责，但所有与贷款服务相关的活动都是由发起行来完成的。

（4）抵押风险。鉴于在传统型资产证券化中，各种内外信用增强技术的广泛采用使得投资者对抵押物质量或信用变动风险一般无须太多关注，[①] 但在合成型资产证券化中，由于保护买卖双方的权利义务与抵押物信用风险高低及变化紧密相关，所以对于交易各方来说，抵押物信用评级下降/波动的范围和市场流动性以及发起行和抵押物市场价值之间潜在的关联度等都成为交易的重要影响因素，不仅直接促发权利与义务的履行，而且成为交易定价的关键。

（5）发起行信用风险。在传统型资产证券化中，一旦完成了资产的真实出售，一般发起行除充当服务方并收取服务费之外，其信用风险对交易结构没有实质影响（除非发起行直接参与交易相关的利率互换，承担了稳定资产池现金流稳定性的责任，此时其信用状况对交易结构会产生影响）。但在合成型资产证券化结构中，发起行承担的责任要远远高于其在传统型中的定位。首先，作为信用保险的购买方，它需要在交易期间内定期支付信贷违约互换的保险费；其次，在很多交易结构设计中，它还充当了债券回购出售者的角色（如图9-4步骤3所示，一旦信用事件发生造成的损失超过促发值，发起行作为保护购买方需要购回债券），也存在一定的风险敞口，所以发起行的信用风险变化对于整个交易结构的完成具有实质性的影响。

（6）资本市场要求。相对于传统型资产证券化结构而言，合成型资产证券化由于有信用衍生品的介入，其生成的证券特性相对更为新颖、奇异（如信用敏感度较高且具有一定的杠杆程度等），使得其质量对信用评级机构与受托机构的依赖程度更高，进而对资本市场的成熟度提出了更高的要求。

容易理解，如果我们认识到传统型资产证券化与合成型资产证券化之间上述众多差异的存在，[②] 那么对银行而言，在选择运用这两种结构金融技术时，就需要在优劣比较中针对特定的目标寻求一个恰当的均衡（参见表9-2）。

---

① 市场价值CLO除外，因为在该结构下，如果抵押资产池质量下降导致市场价值下降到一定促发值，可能会引发清算行为，导致整个交易结构的终止。

② 当然，在承担差异的同时，我们必须看到同为结构化融资技术，两种类型的资产证券化结构在信用增强技术、证券分档等结构设计上存在很多相似之处。

表 9-2　传统型资产证券化与合成型资产证券化的优劣比较

| 优点 | | 缺陷 | |
|---|---|---|---|
| 传统型 | 合成型 | 传统型 | 合成型 |
| • 结构较为成熟，为投资者与信用评级机构所熟悉<br>• 能够同时解除监管资本和经济资本约束<br>• 资产转移的"真实出售"可以实现支持资产池的表外化<br>• （相对合成型结构而言）由于市场成熟度较高，交易价差较小 | • 单一信用风险（尤其是约定无法转移资产）的有效转移<br>• 资产池转移的可逆转性<br>• 和其他交易结构结合创造新型复合结构的可创新性<br>• （相对传统型结构而言）在无须承担重新结构化成本背景下贷款组合的调整灵活性<br>• 结构简单，证券化目标资产标准更高的透明度，实施时间短<br>• 允许非资金预置与部分资金预置结构 | • 对资产池信息系统报告能力有极高的需求<br>• 资产转移的可靠性不仅取决于合约条款，还受到各国司法体系的约束<br>• 在有些国家，对服务持续性的要求可能迫使发起行必须得到原始贷款人的同意<br>• 与合成型结构相比，实施的时间相对较长<br>• 与合成型结构相比，管理成本很高<br>• 仅发行资金预置型证券 | • 仅仅能够解除经济资本约束<br>• "杠杆化"结构（票据发行规模通常不高于资产池规模的10%）<br>• 信用事件的确认以及违约发生后工作程序极为复杂<br>• 市场中知情交易者数量极少导致与传统型结构相比，交易价差极大 |

# 9.2　（信贷）资产证券化与银行：金融脱媒视角的经济分析

在中国这样一个银行主导型的金融体系中，资产证券化的兴起与银行密不可分。

## 9.2.1　（信贷）资产证券化：银行视角的一个经济分析

对于银行而言，信贷资产证券化从技术上看就是银行以传统上由于信息不对称导致的流动性极低（即银行只能持有到期）的贷款（预期本利偿付现金流）为担保而创设名称各异的资产支持证券的活动。

但问题是，虽然形式上资产证券化是资产性质的流动性变换，对银行而言，究其实质，如果不考虑资产证券化操作流程的一些复杂的结构化设计（如破产隔离、信用增级、证券分档等），那么信贷资产证券化就可被视为是一种基于比较优势原理的信贷功能分解技术或活动，即把传统上融合在一起的银行信贷活动分解为"发起""融资""监督服务""风险处理"等多种金融服务，并由包括银行在内的众多不同机构来分别提供这些服务。

从理论上说，不确定条件下旨在实现经济资源跨期或跨区域优化配置的传统银行中介服务，或者说银行（依托存款）拿当前的一笔现金换取借款人对未来收益承诺的信贷（或信用）活动，实质上是众多性质不同的金融服务的集成，包括：

"发起"：指的是与潜在借款人的甄别、金融契约的设计和定价等相关的经济活动；

"融资"：指的是与金融资源的供给相关的活动；

"服务"：指的是贷款本息的托收、汇兑以及信用的监控、违约的处理等；

"风险处置"：指的是信用、利率、流动性和汇率等风险的对冲、分散化和吸收承担。

现代契约理论认为，市场和企业都可视为一种市场合约，人们对企业和市场的选择实质上是对不同市场合约的选择；更进一步，企业是以一种市场合约（劳动市场）代替另一种市场合约（中间产品市场），并不是用非市场合约代替市场合约。从这样一个视角着眼，如果我们把金融中介定位为金融市场中的企业，那么，信贷资产证券化这一金融创新的出现及其迅速流行就可以理解为银行等金融中介无须维持所有信贷相关金融服务"垂直一体化"的传统业务模式（也可以理解为一系列内生性金融服务契约的集合），进而通过业务构成的分解及外包，把传统中介活动内含的收益与风险按照比较优势原理以各类资产支持证券为载体、金融市场为平台实现重新配置的过程，实现金融（服务）契约性质从内生向外生、从单一期限向多期限、从风险收益相对凝固向高流动等特征的转换。

## 9.2.2　信贷资产证券化与银行：竞争视角

尽管 50 余年以来证券化技术为银行带来了许多极为明显的直接或间接利益，但如从（传统）银行中介功能存在性的视角着眼，我们却不无惊讶地发现，资产证券化的兴起改变了银行传统信贷中介提供服务构成的竞争态势，进而可以说直接对银行这一独特金融中介存在的经济基础形成了挑战（或者说威胁到了传统银行中介活动所具有的垄断性和比较优势）。

### （1）信贷资产证券化的兴起与银行垄断性

理论上说，银行在传统金融业务中的垄断性地位的获得尽管存在类似监管约束（如特许准入制度等）的外部原因，但规模经济、范围经济、专属信息生产等内生因素也至关重要。历史地看，基于自身良好信誉的存款货币（转账）创造机制以及广泛的分支机构或客户网络不仅使银行充当了经济运行中支付体系的主要载体，更为重要的是形成了较高的成本准入门槛，把很多意图介入信贷活动的潜在竞争者挡在银行业之外。[①]

从实践来看，与资产证券化技术相伴随的垂直一体化的传统信贷中介活动分解使银行所面临的业务竞争态势发生了根本性变化，而这一变化已经并将在未来极大地削弱银行拥有的垄断地位：

首先，资产证券化这一金融创新极大地扩展了金融信贷服务的提供主体范围，进而使银行可能面临来自全社会各行各业潜在竞争对手的直接挑战。之所以会形成这样一种竞争态势，是因为在与当前的信息技术革命相伴随的以资产证券化为核心的结构金融技

---

① 容易理解，这里的成本准入门槛既包括显性成本，如建立分支机构、雇佣人员，同时也包括隐性成本，核心是其信息先发优势——一旦银行有了关于借款人的信息，逆向选择就会使得其相对于潜在贷款人而言就存在低成本提供信贷的竞争优势。

术兴起之后，潜在的竞争者可以轻易地跨越传统意义上的准入门槛，再也无须通过设置分支机构并进行信息投资之后提供集"发起、融资、监督服务、风险处理"于一体的传统信贷业务与银行开展竞争，而仅仅需要凭借其特有的比较优势（这往往根植于其自身所提供的非金融业务，如百货公司拥有的信誉、客户网络等），专注于其中的一类或多类，依靠（较银行）更高的效率介入信贷活动并获得可观的回报。

其次，资产证券化使银行面临的非对称性竞争态势愈演愈烈。所谓银行面临的非对称性竞争主要指的是信息技术、金融技术的发展，管制的放松使得当前非银行金融机构以及非金融机构日益通过业务多元化介入传统的银行业务领域[①]，相反对于银行业务的多元化，特别是允许其介入非金融性商业业务的管制却并没有放宽。容易理解，资产证券化导致更多的非银行、非金融机构介入银行业务进而获得业务协同、管理协同等竞争优势，而银行却由于监管的限制无法介入其他商业业务。这种非对称竞争态势的存在不仅极大地削弱了银行的垄断性，而且降低了银行的业务竞争力。

最后，资产证券化的兴起一定程度上导致了众多来自政府金融服务准入监管约束制度的失效。传统上，为了确保银行体系的稳定性及其效率进而防范银行危机，各国对于银行准入及银行业务范围等均有着严格的管制。但资产证券化的兴起及其伴生的信贷服务分解使得即便没有获得银行业务特许证，任何一个非银行或非金融机构实质上可以或已经介入了银行业务。因此，如果根据"实质重于形式"原则判断的话，资产证券化使得来自政府的银行准入监管导致的传统垄断地位已无法维系。

### （2）信贷资产证券化的兴起与银行比较优势

前已叙及，传统信贷活动中银行所拥有的比较优势在理论上主要体现为规模经济、范围经济引致的成本优势和信息优势。近年来以信息技术革命为基础的交易成本和信息收集、处理成本的不断降低，已经从根本上动摇了银行的传统比较优势，导致大量的基于银行专属信息的"关系型融资"正日益被以企业以往的信用记录、会计数据等容易获得并被不断验证的"硬信息"为基础的"保持距离型融资"所取代。从某种意义上说，相对潜在竞争者而言，以比较优势为基础实现流程分解的资产证券化的快速兴起加速了银行传统比较优势的下降进程。

首先，资产证券化等金融创新导致的银行竞争态势的变化使其传统中介服务成本不断提高。这主要是因为：①利差不断缩小。一方面是共同基金、保险公司等为获得资金来源（威胁到了银行核心存款的稳定性），导致银行存款吸收成本不断上升，另一方面随着公司资金来源渠道的多元化，贷款利率调整空间受到了极大的抑制。②交叉补贴等行为受到限制，或者说银行无法以企业发展支出较低的前期贷款收益为代价获得成熟期的高回报，极大地限制了其业务开展对象与定价策略。③原先的成本结构（如创建分支机构和网络等）不但无法成为限制潜在竞争的门槛，而且逐渐演变为竞争的制约因素，等等。

---

① 近年来，一个极为明显的趋势是技术革命使包括计算机公司和软件公司在内的非银行业企业具备了提供许多传统银行产品的能力，银行业与商业的联合在经济上变得可行并且有利可图。

其次，资产证券化的兴起使得潜在竞争者的替代产品（服务）提供成本有了显著的降低，增强了其市场吸引力。

最后，由于资产证券化引致的期限、风险、流动性特征各异的金融产品创新，在使市场渐趋完全化的同时，也满足了市场内在需求，所以使市场对金融产品（服务）偏好发生了变化，间接地威胁到初始银行产品（服务）的相对比较优势。

或许正是考虑到资产证券化兴起对银行可能引致的上述诸多消极效应，再加上近些年来实践中银行大举介入证券化导致的各类信贷资产支持证券发行规模的飞速增长，有些学者（一般冠以市场学派）把资产证券化视为"使储蓄者和借款者通过金融市场得以部分或全部地匹配的一个过程和工具，此处的开放的市场信誉取代了由银行或其他金融机构提供的封闭市场信誉"（Gardener，1991）。

## 9.2.3　信贷资产证券化与银行：互补视角

作为一种创新型融资技术，资产证券化的兴起果真意味着银行传统信贷业务的消亡吗？对于这个问题，理论和现实都恐怕无法给出一个肯定性的答复。之所以如此，主要是因为除强化竞争引致的消极效应之外，资产证券化与银行之间还存在一个相辅相成、相互促进的互补关系。

首先，从银行角度看，银行不仅承担了证券化资产池中信贷资产初始发起人的角色，而且在信贷资产证券化流程的一些关键技术环节（如信用增强）中扮演着极为重要的角色，甚至可以说直接决定着资产证券化的成败（即资产支持证券为外部投资者所认可）。

信用增强是一种契约安排，在这种安排下，银行保留或承担资产证券化的风险，在实质上向契约中的其他当事人提供某种程度的额外保护（BIS，2004）。典型意义上的信用增强可通过优先/次级结构、利差账户或超额抵押等内部增强手段和金融担保、银行信用证等外部增强手段予以实现。从风险分担视角着眼，信用增强意味着一旦资产池信用质量出现问题（导致无法清偿资产支持证券的本息），初始发起人——银行依然要承担相应的后果（损失）。之所以在证券化流程要初始发起人承担相应的风险，是因为作为理性主体，外部投资者意识到银行作为拥有原始信贷资产内部信息的唯一主体，资产证券化的完成会产生由信息不对称引致的利益冲突[①]，最终可能导致资产支持证券市场的崩溃，而这就意味着从理论上说，发起人承担资产池剩余风险[有时是"第一损失（First Loss）"]的功能相当于信贷中抵押，既可以增加外部投资者资产补偿规模，同时也可以充当信号显示机制和最小化代理成本，在表明资产池信用质量的基础上维持监督管理资产池的足够激励强度。

从这个意义上考察，如果我们认为信息处理与风险管理是银行存在的核心竞争力的话，那么，随着资产证券化的兴起，当某些风险（包括市场风险与信用风险）变得更加

---

① 一个典型的情况就是如果资产证券化实现了完全意义的表外化，资产池信用质量与初始发起人无关的话，那么银行有强烈的动机向外部投资者高估初始低信用级别信贷资产的出售价格。

可标准化进而可以被出售给其他金融部门的时候，银行体系将可能出售并取而代之以更加复杂的风险——此时，这种风险更好地利用并补偿了银行特有的风险管理能力。这一方面促进了银行业务的不断拓展与深入（或者说更多的信贷资产被银行创造出来），另一方面使得银行的经营战略与资产负债表变得更不为外人所知。

其次，从借款人（尤其是大公司）角度看，我们发现资产证券化融资技术并不能也没有完全替代银行信贷。从现实看，即便在美国这样一个资产证券化技术非常成熟的国家，且证券化融资的成本往往较银行信贷更低，众多大企业依旧存在非常强烈的获得银行信贷的内在要求。从理论上说，这种状况的出现主要是因为对于企业（借款人）而言，维系或获得银行信贷这一融资渠道具有以下几个功能：一是作为一种保险，企业可利用银行信贷额度获得资金来源，避免陷入资本市场处于不利状态时的困境；二是允许企业实现多元化负债结构；三是充当资本市场中的信号显示机制，表示企业信用经过了银行（基于专属信息）的甄别和判断；四是为资本市场中企业证券（尤其是商业票据、债券等债务性证券）的发行提供担保支持。因此，当金融体系高度发达的时候，无论是出于多元化的目的进而减少融资的波动性，还是为了确保资产支持证券的发行，对于借款人而言，资产证券化和银行两种途径都是不可或缺的。

再次，从投资者角度看，不仅其对信贷资产支持证券的接受程度与银行等中介提供的信用增强密切相关，而且即便考虑到资产支持证券在到期期限分布结构、收益性、流动性、安全性等特性上提供了更多的资产选择空间，但毕竟到目前为止，信贷资产证券化还无法完全创造功能上近似于银行存款（货币）的证券，或者说货币需求动机依然存在（出于交易目的甚至还可能产生新的货币需求动机）。

最后，从监管者角度看，由于其对资产证券化业务最关注的是资产证券化的各个参与主体承担了哪些风险，是否对风险进行了有效的管理以及是否根据所承担的风险计提了相应的监管资本等问题，所以大多数国家都将资本监管作为资产证券化监管的核心：如果确实通过真实出售有效转移了风险，就无须为这部分资产计提监管资本；如果还保留了相当数量的风险，则必须计提相应的监管资本。

在2004年颁布的《新巴塞尔资本协议》"资产证券化框架"中，巴塞尔委员会不仅引入了"证券化风险暴露"的概念，而且对确认风险转移提出了非常明确的操作要求。从协议的相关内容可以发现，银行凭借信贷资产证券化完全规避相对应的"风险暴露"需要满足极为严格的操作要求，或者说在很多证券化结构（如市场价值型CDO、期限错配的合成型CDO等）中，资产证券化和银行密不可分，银行无法把与资产池相关的信用风险、市场风险完全置身事外，依旧面临着监管资本约束。

## 9.2.4　信贷资产证券化与银行：功能视角的一个综合考察

如果从功能金融视角着眼，鉴于对于市场经济中金融体系的基本功能——不确定性条件下资源的跨时期、跨区域以及跨部门配置不存在任何异议，因此，我们不仅可以把以银行为代表的金融中介以及以资产证券化为载体的金融市场视为实现这一功能的不同制度安排（其根源在于，金融功能很少随时间和地域的变化而变化，进而远比金融机构要稳定），而且现实中金融机构的（组织、业务等）变化是由功能决定的，机构之间的竞争与创新最终使金融功能更有效率，进而包括资产证券化和银行在内的何种制度模式以及组织机构最好，主要取决于时机和现有的技术（Merton，1995）。

近年来，伴随着技术、信息等经济环境以及法律等政治环境的进一步变化，信息透明度、即时性的提高，交易成本的降低对银行传统信贷活动客观上产生了巨大的冲击和影响，不仅使得实践中各国金融体系的内部结构（透明的证券市场、半透明的以投资基金为代表各类非银行金融机构以及如商业银行与保险公司等不透明金融中介的相对地位）发生了很大的改变。大量的传统上由中介提供的产品最终都走向了市场，导致金融中介的部分功能正在被金融市场的制度性安排所替代，而且由于学习成本的不断下降，在规模迅猛扩张的同时金融市场的创新日新月异，涌现出了大量的创新产品服务、全新的市场以及交易技术（或策略），极大地深化了金融体系的资金集聚与分配、资源转移、风险管理、信息显示以及弱化利益冲突等核心功能。资产证券化无疑是这场金融革命中最有生命力的创新之一。

但正如 Merton（1995）提及的那样，金融市场规模增长和内部结构的深化并不意味着金融中介的式微，在中介与市场间相对重要性方面，应更注重相互关系的变化，而不是这种关系所达到的水平。换句话说，不仅要考虑现实金融领域金融中介（以资产负债规模来衡量）的重要性明显下降的现实，还要考虑金融市场与中介之间一般结构变化与功能分工。

从这样一个视角着眼，我们可以发现 50 余年金融革命的重要成果之一就是形成了金融市场和金融中介之间业务分工基础上的"静态竞争、动态互补"动态金融创新螺旋：尽管金融市场的业务分工为标准化或者说成熟的金融产品（服务于大量的消费者且定价被交易双方所充分理解），而金融中介则更适合于量少且带有"度身定做"性质的金融产品，但一旦外部环境成熟（尤其是信息不对称的困难得到克服），（以孵化器身份出现的）金融中介高度定做的产品就会从中介转向市场，在市场中进行交易，使得金融体系朝着一个充分有效率的理想目标演进。这意味着金融中介和金融市场处在一个先后具有内在联系的逻辑链条之上，履行着不同金融产品"创造"和"打造"功能的制度安排（其中，中介通过创造构成新市场基础的产品和加大已有产品的交易量来帮助市场成长，而市场则通过降低生产这些产品的成本，帮助中介创造更具特色的新金融产品。由此在现实中可能出现一种金融产品往往在中介和市场间做周期性的摆动和循环，直至达到某种稳定状态）（Bodie 和 Merton，1995）。因此，"静态竞争、动态互补"可能是关于信贷资产证券化与银行之间关系最为贴切的一种理论表述。

当然，如果从业务战略转型视角着眼，那么，以传统信贷服务分解为内核的信贷资产证券化的兴起，必然导致大量的传统银行业务与金融市场的融合，相应的银行业务结构与收入结构也都可能发生较大的改变。

首先，资产证券化使银行的性质及功能定位发生了变化。从性质上看，资产证券化兴起之后，银行可能会仅仅充当发起者与信用风险的打包者，而资金与风险的实际承受者则是其他主体。这实际上意味着资产证券化的兴起为银行被重构为一个金融服务公司或独立业务的联合体（不再是一个单纯意义上的传统信用中介）提供了可能。

其次，资产证券化将使银行表内剩余资产负债业务的不透明度日益提高（与之伴随的是银行在未来可能面临更高的权益资本成本要求）。由于信贷资产证券化尽管通过结构金融技术，将大部分与资产池相关的信用风险和市场风险转变为可在金融市场上交易的证券，但信用增强导致与之相应的剩余风险（作为第一损失责任）却依然停留在银行体系内部，需要由银行来承担，所以，对于银行的外部人（包括融资者、监管者在内），资产证券化将使得内外部关于资产负债信用质量及风险判断的信息不对称程度更为强化，一定程度上弱化了其对银行运行的控制力（由此可能导致银行管理人具有更高的自主权）。显然，这一状况的加剧必然导致更高的外部投资者风险补偿要求，也就是较高的银行权益资本成本。[①]

再次，资产证券化的兴起可能改变银行原有的资产负债结构。这一点主要体现在两个方面：一是业务负债依赖度降低的同时资产流动性得到了相应的提升；二是银行资产构成中证券交易和信贷业务比重的结构性变化。前一点无须多言，是资产证券化的内生之义。而后一点的出现则与银行资本约束及资本成本幻觉紧密相关。当银行大举介入证券化活动之后，随着其面临的监管资本约束的缓解，银行除进一步开展信贷发起活动之外不仅有足够的风险（经济）资本从事包括金融衍生品在内的证券交易活动，而且由于存在"搭便车"导致的低资本成本幻觉和风险外溢，很多银行觉得证券交易业务较传统信贷而言操作限制更小（仅有内部控制和外部监管约束），同时也更有利可图。[②]

再次，资产证券化的兴起可能导致银行表内资产增长速度的（相对）减缓，同时表外业务的多样化趋势日趋明显。这一点毋庸赘言。

最后，资产证券化兴起导致的银行业务功能定位的变化将使得其传统的存贷利差收入在收入结构中的地位日趋下降，来自表外业务的以服务收费为主的非利息收入逐渐成为银行收入的主要来源。

## 9.3  中国的资产证券化：历史与现状

从规范意义上看，中国资产证券化发展的起点一般认为是 2005 年[③]。在这一年3月，中国人民银行、发改委、银监会等十部委共同组成了信贷资产证券化业务试点工作协调

---

[①]  值得注意的是，仅就证券化资产（池）而言，资产证券化技术是一种增强其可靠性和透明度的有效机制，进而降低融资成本。某种意义上说，这可以视为MM定理的一个诠释。

[②]  这里提及的"搭便车"效应指的是，由于银行信贷充分的分散性，传统上银行投资者无须承担非系统性风险，一般要求风险补偿成本较低，但这在（证券做市商服务的）交易活动中一般无法获得，所以在"一价股权成本"的日常资本管理中，银行证券交易部门并没有被赋予足够的风险（得到了传统关系型业务的补贴），其导致的风险也不是由一个部门承担，而依然是银行整体。

[③]  1990年代初，资产证券化的最初尝试出现在房地产领域，随后拓展到企业资产证券化。但严格意义上说，这些活动均未得到来自政府的认可。而2003年9月由中信证券和瑞士信贷共同为工商银行设计的不良资产证券化方案可能是较为正式的突破，但由于其不具有推广意义，所以也未被视为正式起点。

小组，组织和协调信贷资产证券化的试点工作。3月21日，经国务院批准，中国建设银行和国家开发银行资产证券化试点工作正式启动。稍后，证监会发布《证券公司专项资产管理办法的通知》，也启动了企业层面的资产证券化尝试。[①]12月19日，建设银行在银行间债券市场成功发行首期建元个人住房抵押贷款支持证券——建元2005-1。

借助于表9-3、图9-5和图9-6，可以看到2005年全年资产支持证券发行规模达到了130.74亿元，存量为118.21亿元。此后3年，银行信贷资产证券化试点规模稳步增长，而面向企业的专项资产管理计划则在2006年出现较快扩张之后就止步不前，相应的资产支持证券存量规模呈现平稳增长态势。但遗憾的是，尽管2007年4月，国务院批准资产证券化扩大试点，第二轮试点启动，且试点机构扩大至浦发银行、浙商银行、兴业银行、工商银行等，但在2008年全球金融危机爆发之后，出于审慎原则和对风险的担忧，监管机构暂停对资产证券化的审批，由此导致自2009年起近3年的时间里，资产证券化在中国的发展陷入了停滞状态，新增发行业务接近于零（仅2011年有1笔专项计划发行），由此导致资产支持证券的存量规模也随着证券到期不断萎缩，2011年底仅有68.56亿元（约占债券总存量规模的0.03%）。

进入2012年，随着国务院、中国人民银行和银监会相继表态支持发展资产证券化业务，资产证券化在中国重新启动。[②]但从表9-3来看，资产证券化此次重启初期银行信贷资产证券化的新增规模要远大于企业专项资产管理计划。之所以出现这种现象，是因为银行信贷资产证券化涉及的规则、规定最先出现了较大的变化和完善——2013年8月国务院常务会议决定进一步扩大信贷资产证券化试点。同年12月，人民银行和银监会印发《关于进一步规范信贷资产证券化发起机构风险自留行为的公告》，为商业银行发起信贷资产证券化的资本占用问题松绑。这些改变极大提升了信贷资产证券化的发行效率，使信贷资产证券化的发行规模从2012年和2013年的192.62亿元和157.73亿元跃升到2014年的2 819.80亿元。

银行信贷资产证券化在2014年的迅猛扩张显然对面向企业的资产支持专项计划（前身即专项资产管理计划）的推进也带来了巨大的激励[③]。2014年11月20日和21日，银监会和证监会先后颁布《关于信贷资产证券化备案登记工作流程的通知》和《证券公司及其基金管理子公司资产证券化业务管理规定》，标志着中国资产证券化正式开启备案制时代。在新增5 000亿元ABS试点规模的同时，2015年4月，中国人民银行推出了注册制，鼓励一次注册多次发行。此外，2015年交易商协会先后发布了《个人汽车贷款资产支持证券信息披露指引（试行）》《个人住房抵押贷款资产支持证券信息披露指引（试行）》《棚户区改造项目贷款资产支持证券信息披露指引（试行）》《个人消费贷款资产支持证券信息披露指引（试行）》及配套表格体系。基于这样一个背景，

---

① 从严格意义上说，鉴于专项资产管理计划没有实现真正意义上的真实出售和破产隔离，因此还不能称之为真正意义上的（表外）资产证券化。

② 5月，央行、银监会和财政部出台《关于进一步扩大信贷资产证券化试点有关事项的通知》，明确试点总规模为500亿元。

③ 2013年9月，中国人民银行公布新一轮资产证券化试点额度为4 250亿元。这实际上为2014年起信贷资产证券化的快速扩张创造了可能。

2015 年资产支持专项计划发行 2 043.9 亿元,比上年增长 409%,实现了爆炸式增长,银行信贷资产证券化则发行 4 056.33 亿元,比上年增长 44%。[①]

进入 2016 年,随着 4 月至 10 月交易商协会《不良贷款资产支持证券信息披露指引(试行)》《微小企业贷款资产支持证券信息披露指引(试行)》及配套表格体系的发布,银行信贷资产证券化的基础标的日益多样化,在全年 3 908.53 亿元信贷资产支持证券中,CLO 产品占比从 2015 年的 76.75% 下降到 2016 年的 36.78%,RMBS、汽车贷款 ABS和公积金贷款支持证券的占比分别从 6.4%、10.5% 和 1.7% 增长到 26.9%、15% 和 8.9%。此外,2016 年的资产支持专项计划在发行规模和发行数量上均延续了快速增长的趋势,发行规模较 2015 年增长 135%,达到了 4 812 亿元,发行数量较 2015 年增长 71%,达到了 1 948 只。

2017 年之后,包括银行信贷资产证券化和企业资产支持专项计划在内的资产支持证券发行额保持了极高的增长速度,2021 年达到 24 956.62 亿元。两类产品存量规模则达到 41 726.6 亿元,首次突破了 4 万亿元大关(参见表 9-3、图 9-5)。

此外,从表 9-3 来看,2012 年起,在银行信贷资产证券化和资产支持专项计划之外,中国还出现了资产支持票据(ABN)。在 2015 年前,资产支持票据普遍采用"特定目的账户 + 应收账款质押"的结构设计,2016 年公开发行的 5 单资产支持票据则均采用了特定目的信托的操作模式,进而能够满足"破产隔离"和"真实出售"的要求。从发行规模来看,ABN 在 2012 年之后从无到有,保持了较高的增长态势,2021 年达到了6 440.55 亿元。截至 2021 年年底,ABN 存量规模达到了 9 443.01 亿元。

表 9-3  中国资产支持证券的发行状况:2005—2021 年

| 年 份 | 资产支持证券总额<br>(亿元) | 证监会主管 ABS<br>(亿元) | 银保监会主管 ABS<br>(亿元) | 交易商协会 ABN<br>(亿元) |
|---|---|---|---|---|
| 2005 | 130.74 | 58.8 | 71.94 | 0 |
| 2006 | 322.01 | 206.21 | 115.8 | 0 |
| 2007 | 178.08 | 0 | 178.08 | 0 |
| 2008 | 302.01 | 0 | 302.01 | 0 |
| 2009 | 0.00 | 0 | 0 | 0 |
| 2010 | 0.00 | 0 | 0 | 0 |
| 2011 | 12.79 | 12.79 | 0 | 0 |
| 2012 | 281.42 | 31.80 | 192.62 | 57.00 |
| 2013 | 279.70 | 73.98 | 157.73 | 48.00 |
| 2014 | 3 309.83 | 400.83 | 2 819.80 | 89.20 |
| 2015 | 6 135.23 | 2 043.90 | 4 056.33 | 35.00 |
| 2016 | 8 887.10 | 4 812.00 | 3 908.53 | 166.57 |
| 2017 | 15 575.52 | 9 013.28 | 5 977.29 | 584.95 |
| 2018 | 20 132.48 | 9 557.15 | 9 318.35 | 1 256.98 |

---

① 从产品构成来看,2015年CLO是银行信贷资产支持证券的主体,在106单中占据了75单,规模占比为76.75%。

续表

| 年　份 | 资产支持证券总额<br>（亿元） | 证监会主管 ABS<br>（亿元） | 银保监会主管 ABS<br>（亿元） | 交易商协会 ABN<br>（亿元） |
|---|---|---|---|---|
| 2019 | 23 623.51 | 11 097.29 | 9 634.59 | 2 891.63 |
| 2020 | 28 864.56 | 15 740.09 | 8 041.90 | 5 082.57 |
| 2021 | 31 397.17 | 16 141.29 | 8 815.33 | 6 440.55 |

资料来源：WIND。

总体来看，经过了将近 20 年的发展，中国资产支持证券的存量结构经历了较为明显的改变，规模也有了长足的扩张。截至 2021 年年底，资产支持证券存量已达到 51 169.61 亿元，占债券总存量的 3.93%，成为中国金融市场不可或缺的一部分（参见图 9-5、图 9-6）。

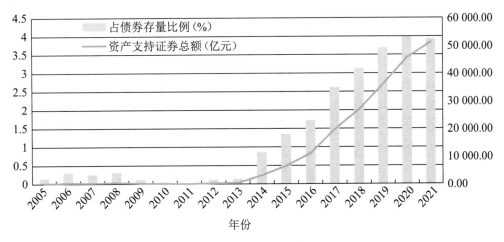

图 9-5　中国资产证券化存量规模变化态势：2005—2021 年

资料来源：WIND。

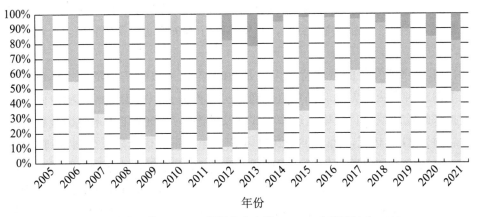

图 9-6　中国资产支持证券的存量结构：2005—2021 年

资料来源：WIND。

# 9.4 中国资产证券化演进的特殊性分析

从历史来看，信贷资产证券化在中国最初的试点背景及动机完全不同于20世纪70年代美国储蓄贷款协会对资金流动性和利率风险有效管理的目标追求。在2005年选择的两家试点银行中，中国建设银行不仅不缺乏流动性，甚至恰恰相反，存在愈演愈烈的流动性过剩问题，而对于国家开发银行而言，国家对其信贷规模和发债规模都有明确的规定，尽管资产证券化对于其自身而言具有释放贷款规模、补充信贷资金、赚取无信贷风险的贷款服务收入等多重目标，但作为政策性银行，国家开发银行利用资产证券化的方式融资事实上是增加了一条同市场机构争夺资源的渠道，在融资市场上对市场机构有挤出效应。换句话说，在中国这样一个银行主导型金融体系中，鉴于整个银行体系存在较为严峻的流动性过剩问题，以建设银行等为代表的国有控股大型商业银行并没有现实的长期、滚动操作资产证券化的意愿，试点信贷资产证券化更多的是出于宣传、打通资产证券化技术通道的考虑。当然，对于国家开发银行而言，鉴于其当时试图重新定位自身职能，挟政策优势大举进入商业银行的业务领域，资产规模和业务范围急剧扩大，资产证券化对于其扩张显然有极强的支撑作用，进而其资产证券化的意愿极为强烈。

不同机构资产证券化动机的差异直接导致了初次试点期间的中国信贷资产证券化发展状况。从2005年资产证券化试点启动，到2008年暂停资产证券化审批期间，中国一共完成了17次信贷资产证券化发行（其中建设银行和国家开发银行均发行了3次，工商银行、中国信达、上汽通用汽车金融均发行了2次，浦发银行、浙商银行、兴业银行、招商银行、中国东方各发行1次），发行总额595.89亿元，其占银行信贷总额的比重微乎其微。[①] 值得指出的是，这次试点期间不良资产的重整资产证券化发行次数达到了7次，发行资产支持证券总额达到了264.93亿元，占到了总发行额的44.5%。试点期间如此之高的不良资产证券化而非优质资产证券化足以说明当时对资产证券化的认识存在一种较为强烈的不良资产处置倾向，很少有银行愿意将大额的优质信贷资产用于资产证券化。事实上，2005—2008年间的资产证券化试点由于整体发行规模偏小、二级市场流动性差，大多由银行相互持有到期，对整体银行体系流动性管理和风险分散未起到应有作用。

2012年资产证券化的重启背景无疑是2008年以来银行信贷资产规模迅猛扩张。其间，中国政府为应对国际金融危机，通过扩大内需来保持宏观经济稳定而采取了强力信贷扩张政策却使信贷规模呈现井喷式增长的态势：2007年年末中国金融机构本外币贷款总额为27万亿元，而2008—2011年间的年度银行信贷规模分别达到了5.0万亿元、10.5万亿元、8.4万亿元和7.9万亿元，致使2011年年末的中国金融机构本外币贷款总额达到了58.2万亿元（较2007年年末增长115%），2016年年底的规模则达到了105.19万亿元（2014年和2015年年底分别为84.9万亿元和95.77万亿元）。容易理解，

---

① 2007年年底，中国银行人民币信贷存量就达到了27万亿元。

在信贷存量增长迅猛，潜在信贷风险不断累积的环境下，商业银行普遍存在强烈的盘活存量资产，以转移信用风险、缓解资本压力的诉求，由此导致其对信贷支持证券以及与之类似结构化金融创新反响热烈。现实地看，中国商业银行基于同业市场的结构化金融创新早在 2008 年就初露端倪，当时，部分商业银行为了释放信贷规模，增强信贷投放能力，开始探索出了"信贷资产腾挪"的途径，其中最为典型的是两个渠道：一是银信合作，将银行理财资金投向信贷资产，二是信贷资产双买断，也就是所谓的"即期买断＋短期回购"模式。① 但当 2009 年下半年各家商业银行借助"信贷资产双买断"业务开展大规模的银行信贷资产腾挪之后，银监会于 2009 年 12 月下发通知，明确"禁止资产的非真实转移，在进行信贷资产转让时，转出方自身不得安排任何显性或隐性的回购条件；禁止资产转让双方采取签订回购协议、即期买断加远期回购协议等方式规避监管"，自此信贷资产双买断模式正式退出中国金融舞台。问题是，即便这种业务模式被叫停，日益膨胀的信贷规模迫使中国金融机构同业，尤其是商业银行同业之间的业务创新却无法停下来。事实上，中国 2008 年以来的金融同业一直沿袭信贷资产双买断的创新思路，创造出了"同业代付""买入返售（含信贷资产、票据和信托受益权）"等中国式同业业务创新的业务模式来反复腾挪各种信贷类资产，以实现规避信贷规模管控、增加中间业务收入、降低资本消耗以及调整相关会计指标等目的，导致银行同业业务一度出现了爆炸式增长——仅从上市的 16 家商业银行披露的数据看，2012 年的同业资产就从 2010 年的 5.25 万亿元增加到 10.52 万亿元，两年增加了 1 倍。

银行同业业务的迅猛扩张尽管符合商业银行微观层面的利益取向，但对于中国人民银行、银监会等监管部门而言，这类业务的无序发展和规模激增，不仅使得资金流向的监控难度加大，而且更为重要的是出现了风险失控的局面，如 2013 年年中出现的"钱荒"直接的导火线就是市场关于光大银行对兴业银行同业拆借到期资金可能因头寸紧张而违约的担忧，而日益复杂的同业资金网络使得当时的资金交易系统出现历史最长延时，银行间市场出现大面积违约现象的同时，资金市场几乎失控，SHIBOR 全线上涨，隔夜拆放利率飙升，一度达到了史无前例的 30% 水平。在这样的背景下，随着 2012 年 8 月银监会《关于规范同业代付业务管理的通知》、2012 年 10 月和 2013 年 6 月《关于加强银行承兑票据业务监管的通知》和《关于排查农村中小金融违规票据业务的通知》、2013 年 3 月《关于规范商业银行理财业务投资运作有关问题的通知》等一系列监管文件的下发，银行同业市场的规范化程度有所提高，市场的无序扩张有所缓解。

在这样一个背景下，当中国人民银行、银监会等监管部门放开了资产证券化的行政限制之后，资产支持证券作为一种较为规范的金融创新在 2014 年之后就迎来了井喷式扩张（发行量从 2014 年的 3 309.83 亿元跃升到了 2021 年的 31 397.17 亿元），进而成为包括商业银行等在内的金融机构通过表外化来盘活规模庞大的存量金融资产最为关键

---

① 在这种业务模式中，转让行与受让行签署买断合同，信贷资产从转让行资产项下转出的同时，双方签订远期回购合约，受让行将该笔信贷资产放在表外。通过这种交易，这笔信贷资产在转让行和受让行的资产负债表上"消失"了，相应地银行需计提的风险拨备也减少了。

的途径之一，同时也成为很多在银行信贷规模限制下无法获得资金的经济主体的重要融资方式。[①]

## 思考题 ▶

1. 什么是资产证券化？在你看来，资产证券化发展的经济动因是什么？

2. 试结合资产证券化在中国的发展，谈谈你对中国当前推进资产证券化所面临问题及未来改革着力点的认识。

---

[①] 当然，从中国的现实来看，在日益强化控制金融风险，尤其是系统性金融风险的背景下，如果监管部门的政策调整，银行间市场和证券交易所市场证券化发行也可能进展缓慢，进而不排除各类创新型金融资产结构化交易异军突起，成为银行等金融机构业务调整的主流渠道。

# 参 考 文 献

[1] 《径山报告》课题组.中国金融改革路线图 [M].北京：中信出版集团，2019.

[2] 《径山报告》课题组.中国金融开放的下半场 [M].北京：中信出版集团，2018.

[3] 阿尔弗雷德·施泰因赫尔，等.金融野兽：金融衍生品的发展与监管 [M].上海：上海远东出版社，2003.

[4] 阿兰·莫里森等.投资银行：制度、政治和法律 [M].北京：中信出版社，2011.

[5] 陈雨露，马勇.中国金融大趋势 [M].北京：中国金融出版社，2011.

[6] 冯光华，等.中国资产证券化市场发展报告 2017[M].北京：中国金融出版社，2017.

[7] 高广春.资产证券化的结构：形成机理和演变逻辑 [M].北京：中国经济出版社，2008.

[8] 赫伯特·西蒙.管理行为：管理组织决策过程的研究 [M].北京：北京经济学院出版社，1988.

[9] 科斯等.变革中国——市场经济的中国之路 [M].北京：中信出版社，2014.

[10] 肯特，莱文.金融结构和经济增长：银行、市场和发展的跨国比较 [M].北京：中国人民大学出版社，2006.

[11] 拉詹，津加莱斯.从资本家手中拯救资本主义 [M].北京：中信出版社，2004.

[12] 刘逖，叶刚.对我国股市流动性不足及其危害的几点思考 [R].上海：上海证券交易所创新实验室，2006.

[13] 刘逖.证券市场微观结构理论与实践 [M].上海：复旦大学出版社，2002.

[14] 青木昌彦，帕特里克.日本主银行体制 [M].北京：中国金融出版社，1998 年.

[15] 谭崇台.发展经济学 [M].山西：山西经济出版社，2000.

[16] 吴敬琏.中国经济改革进程 [M].北京：中国大百科全书出版社，2018.

[17] 吴晓求.市场主导型金融体系：中国的战略选择 [M].北京：中国人民大学出版社，2005.

[18] 吴晓求.中国资本市场分析要义 [M].北京：中国人民大学出版社，2006.

[19] 吴晓求.中国资本市场制度变革研究 [M].北京：中国人民大学出版社，2013.

[20] 夏斌，陈道富.中国金融战略 2020[M].北京：人民出版社，2011.

[21] 项俊波.结构经济学：从结构视角看中国经济 [M].北京：中国人民大学出版社，2009.

[22] 辛乔利.现代金融创新史 [M].北京：社会科学文献出版社，2019.

[23] 熊彼特.经济发展理论 [M].北京：中国社会科学出版社，2009.

[24] 应展宇.储蓄 - 投资转化中的资本市场：功能视角的经济分析 [M].北京：中国人民大学出版社，2004.

[25] 应展宇.流动性提供中的银行与市场：一个比较分析框架 [J].世界经济，2004(09)：49-59+80.

[26] 余永定，覃东海.中国的双顺差：性质、根源和解决办法 [J].世界经济，2006(03)：31-41.

[27] 约翰·伊特韦尔，等.新帕尔格雷夫货币经济学大辞典 [M].北京：经济科学出版社，2000.

[28] 张健华.中国金融体系 [M].北京：中国金融出版社，2010.

[29] 张立洲，刘兰香.中国式投行 [M].北京：中信出版集团，2015.

[30] 张立洲等.票据革命 [M].北京：中信出版社集团，2019.

[31] 周业安.金融市场的制度与结构 [M].北京：中国人民大学出版社，2005.

[32] Allen F, Gale D. Comparing Financial Systems[M]. Cambridge: MIT press, 2000.

[33] Allen F. Stock markets and resource allocation[J]. Capital Markets and Financial Intermediation, 1993, 81: 81-108.

[34] Carruthers B G. Diverging derivatives: Law, governance and modern financial markets[J]. Journal of Comparative Economics, 2013, 41(2): 386-400.

[35] Crane D B, Froot K A, Mason S P, et al. The global financial system: A functional perspective[J]. Journal of Finance, 1995, 52(2): 915.

[36] Diamond D W, Dybvig P H. Bank runs, deposit insurance, and liquidity[J]. Journal of Political Economy, 1983, 91(3): 401-419.

[37] Diamond D W, Verrecchia R E. Optimal managerial contracts and equilibrium security prices[J]. The Journal of Finance, 1982, 37(2): 275-287.

[38] Diamond D W. Financial intermediation and delegated monitoring[J]. The Review of Economic Studies, 1984, 51(3): 393-414.

[39] Diamond D W. Liquidity, banks, and markets[J]. Journal of Political Economy, 1997, 105(5): 928-956.

[40] Diamond P A. The role of a stock market in a general equilibrium model with technological uncertainty[M]//Uncertainty in Economics. Academic Press, 1978: 209-229.

[41] Eaker M R , Crane D B , Froot K A , et al. The Global Financial System: A Functional Perspective[J]. Journal of Finance, 1995, 52(2):915.

[42] Fama E F, Jensen M C. Separation of ownership and control[J]. The Journal of Law and Economics, 1983, 26(2): 301-325.

[43] Grossman S J, Stiglitz J E. Information and competitive price systems[J]. The American Economic Review, 1976, 66(2): 246-253.

[44] Grossman S J, Stiglitz J E. On the impossibility of informationally efficient markets[J]. The American Economic Review, 1980, 70(3): 393-408.

[45] Grossman S. Further results on the informational efficiency of competitive stock markets[J]. Journal of Economic Theory, 1978, 18(1): 81-101.

[46] Grossman S. On the efficiency of competitive stock markets where trades have diverse information[J]. The Journal of Finance, 1976, 31(2): 573-585.

[47] Hellwig M. Liquidity provision, banking, and the allocation of interest rate risk[J]. European Economic Review, 1994, 38(7): 1363-1389.

[48] Holmström B, Tirole J. Market liquidity and performance monitoring[J]. Journal of Political Economy, 1993, 101(4): 678-709.

[49] Jacklin C J. Demand deposits, trading restrictions, and risk sharing[J]. Contractual Arrangements for Intertemporal Trade, 1987, 1: 26-47.

[50] Jensen M C, Meckling W H. Theory of the firm: Managerial behavior, agency costs and ownership structure[J]. Journal of Financial Economics, 1976, 3(4): 305-360.

[51] Manne H G. Mergers and the market for corporate control[J]. Journal of Political Economy, 1965, 73(2): 110-120.

[52] Rajan R G, Zingales L. Which capitalism? Lessons form the east Asian crisis[J]. Journal of Applied Corporate Finance, 1998, 11(3): 40-48.

[53] Von Thadden E L. Intermediated versus direct investment: Optimal liquidity provision and dynamic incentive compatibility[J]. Journal of Financial Intermediation, 1998, 7(2): 177-197.

[54] Von Thadden E L. Liquidity creation through banks and markets: Multiple insurance and limited market access[J]. European Economic Review, 1999, 43(4-6): 991-1006.

[55] Zingales L, Rajan R G. Banks and markets: The changing character of European finance[R]. National Bureau of Economic Research, 2003.